キャラクター大国ニッポン

世界を食らう日本IPの力

エンタメ社会学者
Re entertainment代表取締役
中山淳雄

中央公論新社

はじめに

ＩＰ（知的財産）ビジネスの興り

１９８０年代の米国から始まったＩＰビジネス

ＩＰという言葉が飛び交いだしたのは、実は最近のことだ。日本でいえば２００２年の小泉内閣が「知的財産立国宣言」に言及した21世紀に入ってから[01]。１９５４年のゴジラから始まり、１９６６年のウルトラマンも１９７４年のハローキティも１９８４年のドラゴンボールも、日本には誕生以来恒久的に続くかのように何十年と映像やゲームやグッズが出続けるキャラクターは多いが、「ＩＰビジネス」として運用されるようになったのはここ20年の話だ。

マンガやアニメが米国から輸入されて日本式のものが始まったように、「ＩＰビジネス」もまた、米国からの輸入品である。そもそも米国ハリウッドが映画産業として世界展開していくのも１９８０年代。戦後テレビの浸透で凋落《ちょうらく》の一途を辿っていた映画市場が１９７８年に１千万ドルの投資で１・５億ドルの利益をあげた『スター・ウォーズ』から反転[02]、１９８０年代後半に『インディ・ジョーンズ』や『バットマン』などが米国を飛び出してシネコンブームと

01　1980年代からの米国のプロパテント政策やWIPO、GATTなどを通じた多国間交渉の圧力の中で日本のパテント政策が画策された。1997年に「21世紀の知的財産権を考える懇談会」などで日本も一気にプロパテント型を推し進める

02　ハロルド・ヴォーゲル『エンターテインメントビジネス』リットーミュージック、1993年

ともに海外で視聴されるようになり、ＶＨＳという形で高単価に買われる商品ができると映画制作費も高騰、シリーズ化も精力的に行われる「映画のグローバルビジネス化」時代が１９９０年代に到来。米国は電気機器に自動車に半導体にと自前の看板事業が日本を中心としたアジア勢にどんどん奪われる中で、金融や産業技術と並行し、映画も「知的財産＝ＩＰ」として国富を盛り返すビジネスモデルに画策されたのだ。

　そんな動きに追随していったのが日本であった。「人口の減少が予想される日本では、今後コンテンツ産業の市場規模の縮小が予測される」「日本のコンテンツ産業の海外依存度は、アメリカのそれが17・8％であるのに対して、わずかに1・9％。日本がいかに国需に頼っているかが分かる[03]」といった危機意識のもと、２００１年に経済産業省の中に「メディアコンテンツ課」が立ち上がり、冒頭の小泉内閣時に「知的財産戦略会議」がスタート。まさにその機を狙ったかのようなタイミングで米国のジャーナリストのダグラス・マッグレイによる「Japan's Gross National Cool」という論文が２００２年に注目を浴び、「クール・ジャパン」という言葉に昇華された。２００３年に内閣官房に知的財産戦略推進事務局が設置され、これが菅《かん》内閣時の「新成長戦略」で「クール・ジャパンの海外展開」がいわば国策として掲げられる流れにつながっていく。

03　https://www.worldcareer.jp/made-in-japan/detail/id=59

知財オープン時代からクローズ時代へ

そもそもＩＰとはインテレクチュアル・プロパティ＝知的財産の略語であり、そこにはキャラクターだけでなく工業技術の特許から、会社ロゴの商標までもが含まれる。初期のＩＰは技術特許がメインであり、深くは経済戦争に根差している。英国人ベッセマーが１８５５年に画期的な鋳鋼方法を発明し、英国は「先願主義（特許に最初に出願した人間が権利を持つ）」に基づいて米国に適用しようとし、米国は米国人ウィリアム・ケリーが１８５１年に先に発明していたという「先発明主義（出願ではなく、先に発明した者が権利を有する）」を主張。この日英権利対立が現在まで続くダブルバインドな基準を遺しているが、権利を保有して一定期間発明にかかったコストや先見性に報いるという仕組みは「大発明時代」にもつながり、１８８６年のベルヌ条約によって国境をまたいだ適用がされるようになって以降、国際的音楽家から劇作家、小説家といった権利ビジネスを行う人々が巨万の富を一手に得るミラクルが随所で起こり始める[04]。

キャラクターとしてのＩＰでいえば自社制作のアニメ『オズワルド・ザ・ラッキー・ラビット』の権利を配給先のユニバーサル・ピクチャーズに奪われ、悔しさのあまりウォルト・ディズニーは新たに生み出したミッキーマウス（１９２８年）の著作権を徹底的に守ろうとライセンスビジネスに注力、ディズニー社はキャラクターで稼ぐ世界最先端の会社になっていく。だがミッキーにも元ネタがあり（『キートンの蒸気船』）、彼らがアニメで著作権化していった『白

04　守誠『特許の文明史』新潮選書、1994年

雪姫』も『ピノキオ』も基本的にはグリム童話などからの借用であり、今ディズニーを支える著作そのものが「むしって、まぜて、焼き付けて自分の文化の核心にしたもの」でもある。[05]オリジナルが完全なゼロイチであったためしなどない。

ただ自由な借用が許され、様々なキャラクターが生まれるのも、著作権の仕組みそのものが「緩かった」証でもある。知財としての私有財産保護を強くするとイノベーションが阻害されるため、むしろ特許を開放し広くあまねく使ってもらい、経済を豊かにしようという「アンチパテント（反特許）」時代は1930～80年代といわれる。ずっと緩い時代が続いていたのだ。だからこそ、1982年に『ドンキーコング』を1933年の『キングコング』に類似しているとユニバーサルから訴えられた任天堂も、すでに保護期間切れということで退けることができた。ハリウッドの権利収入は80年代を通してガチガチに固められ、その大手8社の収益は1980年の40億ドルから1990年の132億ドルまでたった10年で3倍になってしまった。[06]任天堂が米国に参入し、同じように成功していたのが1980年代ではなく90年代の初頭であったならば、もっと裁判は難航したことだろう。

技術優位の知的財産として造船、製鉄、自動車で世界を席巻してきた米国だったが、1970～80年代の国際競争力を失う時世に、初めてそれが反転する。知的財産権の保護・強化を米国産業の競争力回復の一つとして重視するレーガン政権の誕生は、「ＩＰ時代の幕開け」であったともいえる。

1985年の「世界的競争—新しい現実」と題する報告書から始まり、1988年には「米

05　ローレンス レッシグ著、山形浩生・守岡桜訳『FREE CULTURE: いかに巨大メディアが法をつかって創造性や文化をコントロールするか』翔泳社、2004年

06　ハロルド・ヴォーゲル著、内藤篤訳『エンターテインメントビジネス』リットーミュージック、1993年

国の知的財産権が海外で侵害され、１９８６年だけでも４３０~６１０億ドルの被害を受けている」といった公表がされた。ＩＰ時代は別に「発明者を優遇してイノベーションを促進すべきだ」という文脈で生まれたわけではない。知財によって著作者を尊重し、発明・開発を奨励する目的のみから始まったわけでもない。世界のルールメーカーである米国が、工業製品の開発・展開力で負け越しはじめ、輸入超過で貿易赤字が問題になったことで、「産業競争振興＞権利保護」から「産業競争振興＜権利保護」へと大きく舵を切る。つまりは経済戦争が口火でありきっかけなのだ。

最初のターゲットになったのが日本である。知的財産権に「スペシャル３０１条」を設けて、海賊版が流れている産業・地域には対抗措置をとれるようにした。日本の半導体はこれらのルール・チェンジにより見事にその国際競争力を失いはじめる。カメラのミノルタも、ゲームのセガもこの特許紛争に巻き込まれ、多額の和解金を米国企業に支払う結果にもなった。特許をもって日本に強気で交渉する米国のそれは「実質的には交渉ではなく、恫喝ともいえるものであった」とすら語られている[07]。

19世紀に特許政策によって英国からの攻撃をかわしてきた米国が、１９９０年代にはむしろ自国の権益を確保するために敷いたルールが「プロパテント時代」の幕開けであり、まさにこの１９９０年代に日本のアニメやゲームといったＩＰも国際競争に巻き込まれ、思わぬ収益を産んだり、思わぬ損失を被ったりしたのだ。それでもネット普及期は多くの海賊版の勃興を避けられず、途上国も含めてこのプロパテント時代が実現するのは１９９６年の先進国適用から

07　上山明博『プロパテント・ウォーズ─国際特許戦争の舞台裏』文藝春秋、2000年

10年遅れ、2006年頃である。

事実、著作権の保護期間は1790～1978年の約200年間、ずっと「平均32年以内」だった。その期間で保護期間が改正されたのは1831年、1909年、1962年とたった3回。だが、1976年の法改正で19年延長、1998年の改正で20年延長となり、現在に至るまでの半世紀の間に、なんと改正回数は11回に及んでいる。あっという間に「平均95年」と3倍の期間、著作権は保護されることになった。「ミッキーマウス延命法」ともいわれる悪名高いロビー活動の結果でもあり、これが1980年に9億ドルに過ぎなかったディズニーが100倍の約900億ドル（2023年時点）の「IP帝国」を築く一端を担った、ルール・チェンジである。

1990年代からの「プロパテント時代」、過剰な権利保護の時代は大手に優位に作用する。ラジオもテレビも音楽も映画も21世紀に巨大なメディア・コングロマリットを形成するようになった背景には、規制緩和もあるが「権利こそが利益の源泉であり、それを強力に保持するためにどんどんM&Aで巨大化していく」ことに企業戦略がシフトしたからだ。2011年にEMIレコードが分割買収されたときに、新しいアーティストと今後あらたな作品を産む「音楽レーベル部門」がユニバーサル・ミュージックに1520億円で買収されたのに対して、過去にあった135万曲もの古い楽曲の権利である「音楽出版部門」がソニー・ミュージックに買収され、1760億円と金額が高かったことも、この権利新時代を象徴していたように思う。

1つの著作権は95年と、人類史上これほどまでに長く保護された時代はない。権利を持った者には強いインセンティブがあり、逆に化学反応で新たな権利を産むほうにはディスインセンティブがかかっている、という時代の流れにおいて、日本のキャラクターＩＰが全世界で得られる収益を急拡大しているのは偶然ではないのだ。そこには明確なゲームルールの変化とそれにあわせた企業の苦難苦闘の果実が表れている。

本書では国際著作権法そのものはメインアジェンダではない。ＩＰに対する国際環境が「権利保護」のベクトルに急伸し、そのルールメイクがあったからこそ、この30年の間に収益の桁が変わるほどの成長をみせる日本のマンガ・アニメ・ゲームのＩＰが増えた、という前提をまずは念頭に置いておかねばならない。島国の特性上、国際的なコンテクストに、日本は企業としても政府としても遅れがちである。だがルールを知らないことで、「むしって、まぜて、焼き付けて」と知らず知らずに奪われているのだ。我々は一つのキャラクターアイコンが世界中でここまでインパクトをもって浸透し、それが企業の投資ドライバーとして有効であるという事実にもっと真剣に向き合わなくてはならない。２０１０年代以降、キャラクターＩＰがどれほどの大活況時代にあるかを本書はお伝えする。それは30年前から続く「プロパテント時代」の新しい波に、ようやくこの10年で乗り方を摑んだ企業だけが実現していることであり、いまだ一部の動きにすぎないのだ。

もくじ

第4章／欧米IPのグローバル展開史

第5章／ユーザー発見・共創型IPの誕生

装幀◉TYPEFACE（渡邊民人、谷関笑子）

図版作成◉明昌堂

第1章

昭和キャラクター史

特撮とアニメ
半世紀越えてなお
最盛を誇る老舗ＩＰ

昭和は日本のキャラクター史に息吹を与えた重要な時代だ。戦後の赤本ブーム・貸本インフラの普及とともに、週刊マンガ誌が始まる。テレビ放送が始まり、１９６３年「鉄腕アトム」以来、米国では考えられなかった「週間アニメ連載」というおよそ不可能な取り組みを実現してしまった。当時はチープそのもので、時間の埋め草として子供向けに生み出されたマンガ・テレビ番組・アニメから、その実多くのキャラクターが生まれている。ゴジラ、ウルトラマン、仮面ライダー、ドラえもん、ハローキティ、アンパンマン、ガンダム。平成から令和も超えて、日本の経済を牽引《けんいん》し続けるこれらのキャラクターは、すでに50〜70周年の長寿ＩＰとなった。これらＩＰの「はじまり」を知る者の多くは、なぜ２０２５年現在もこれらが愛されているのか、むしろ首をかしげるに違いない。いずれのＩＰも、幾度となく人気は「死滅」し、何度も打ち切りを受けながら、まさに奇跡としかいいようのない復活を超えて現在存在している。本章はＩＰビジネスの黎明すらない時代に、最初にキャラクターＩＰが生まれた背景とその存続理由について分析したものだ。

日本最古級ゴジラが
今、日本IPビジネスの北米最先端にいる理由

1作のみのつもりがキングコングのお陰で偶然続いた第一次ブーム

日本最古のキャラクターIPと言えば『鉄腕アトム』（1952年）がよく語られるが、そのアニメ化が1963年だったことを思えば、本来的には1954年の『ゴジラ』こそが日本最古のIPと言えるかもしれない。もちろん紙芝居から始まった『黄金バット』（1930年）や雑誌連載の『のらくろ』（1931年）など、それ以前に広まり、複数のメディアで物語が重層的に展開されるメディアミックス化されたキャラクターもいたが、現在まで実質的な命脈を保っているという意味では戦後生まれたIPから始めるのが妥当だろう。

そんなゴジラは、本来これほど長く続くはずのなかった作品であり、何度も流行が廃れ、偶然も重なり復活する、という流れを繰り返してきた〝奇跡の映画IP〟だ。ゴジラ第1作目（1954年）の制作を担当した特撮監督は、後のウルトラマンの生みの親である円谷英二《つぶらやえいじ》氏だ。円谷氏自身、子供だましの怪獣モノとして、最初の1作目で終わらせる予定だったという。[01]

1955年の2作目公開後に終了したかと思われたところに、特撮映画『キングコング』（1933年）の権利を持っていた米映画配給会社RKOが『キングコングvsフランケンシュタイン』のコラボ企画に失敗し、その話が東宝に流れてきたことがきっかけで作品が続くことになる。東宝も設立30周年の節目であったため、第3作目として『キングコング対ゴジラ』（1962年）が創られ、シリーズ連作が始まる。[02]

米国からの輸入ものであるアニメやマンガとは異なり、「特撮」だけは日本独自のお家芸。そうした特撮への誇りが作品作りのエネルギーとなった（その後、「特撮」は1960年代に『ウルトラQ』（1966年）から始まった第一次怪獣ブーム、そして仮面ライダーや戦隊シリーズへと受け継がれていく）。

そうは言っても1968〜1970年代前半は日本映画業界が絶不調であり、リストラの嵐だった時代。東宝から独立した円谷プロダクションも多分に漏れず、150人ほど在籍していたチームを1／3にまで減らし、技術力はどんどん衰退していった。[01]

息も絶え絶えに作り続けたゴジラシリーズも第15作『メカゴジラの逆襲』（1975年）の興収3・3億円で惨敗すると、ゴジラブームはいったん終了する。ウルトラマンも仮面ライダーも1970年代半ばに一度途絶え、もう特撮はここで無くなる、と言われていた。それでは、なぜその後もゴジラシリーズは続いたのだろうか。

01　浅尾典彦『アニメ・特撮・SF・映画メディア読本―ジャンルムービーへの招待』青心社、2006年
02　長山靖生『ゴジラとエヴァンゲリオン』新潮新書、2016年

30周年、ブーム第二波を生んだ１９８０年代の災害パニックホラー

ゴジラ30周年記念作として第16作目となる『ゴジラ』（１９８４年）が9年ぶりに作られた。これは『子猫物語』（１９８６年）の１３２９万ドル、『影武者』（１９８０年）の４００万ドルに続き、１９８０年代に米国で成功した日本映画トップ3にも入る実績であった。[03]

当時世界1位の米国映画市場は、悪名高いほどにドメスティックで、「字幕作品は観ない」「米国俳優が出ないと興味を持たない」「リメイクでないと受け付けない」という状態だった。１９８０〜１９９０年代において1千万ドル（10億円）を超えた外国語映画は5本しかないという排他的な市場だったことを考えると、１９８０年代ですでにゴジラは米国でそれなりの知名度があったということの証左でもある。[04]

北米展開は「輸出」ではなく「リメイク」が基本である。たとえば、役所広司が主演を務めた映画『Shall we ダンス？』（１９９６年）の輸出版の米国売上は９５０万ドル、これに対してリチャード・ギアが主演を務めたリメイク版（２００４年）は５８００万ドル、売上の桁が違うのだ。『リング』のリメイク作品である『The Ring』（２００２年）の１・３億ドルや、『ハチ公物語』のリメイク作品である『Hachi: A Dog's Tale』（２００９年）の０・５億ドルなど、90年代・00年代は日本作品が数えるほどだが米国に展開され、輸出で数億円、リメイクで数十億円といった単発のヒットが希望となっていた時代だった。その旗手が日本最古級ＩＰゴジラである。

03　記事内の映画の興行成績など：Box Office Mojo

04　周防正行『『Shall we ダンス？』アメリカを行く』太田出版、1998年

ファミリー路線でブーム第三波復活、可愛くなりすぎたゴジラ

1998年、買収後赤字続きの中でソニーが再生に乗り出し、元コロンビア、ソニー・ピクチャーズでゼロからハリウッドで制作されたのが『Godzilla』だった。もともと1992年に『GODZILLA』を作りたくてウズウズして」権利は獲得していたが、「ハリウッド特有のわがままから、東宝側に対しゴジラというキャラクターの独占権を要求するなど、あれこれと注文をつけたため……東京でソニーの大賀〔典雄〕社長と東宝の松岡功社長（いずれも当時）がトップ会談を行なうところまで話はこじれた」[05]。ハリウッドがそこまで真剣ならある程度自由にと妥協したが、走りを重視して造形を大きく変えすぎるなど、「やっていいことと、いけないことの境目」を逸脱していたようだ[06]。90年代のハリウッド映画がグローバルに無双していた時代に、いかに日米合作映画が失敗しやすかったかを裏付けるような事例だ。興行収入は2億ドルに達したが、内容に批判も多く、コスト面など含めてソニーでは失敗とされた。3作品撮る前提で10年余り日本でも新シリーズの制作は止められるという契約内容で『ゴジラvsデストロイア』（1995年）で打ち止めの予定だったが、ハリウッドでもう作らないということで、少し期間をあけて『ゴジラ2000 ミレニアム』（1999年）から再び東宝シリーズは復活する。

実は日本においては、18作目『ゴジラvsキングギドラ』（1991年）からの〝ファミリー路線〟が好調で、1990年代は第三次ゴジラブームでもあった。

05 野副正行『ゴジラで負けてスパイダーマンで勝つ』新潮社、2013年
06 富山省吾『ゴジラのマネジメント』KADOKAWA、2015年

「vsモスラ」や「vsキングギドラ」など、どんどん柔和で人類の味方のように扱われるようになるゴジラは、その果てに『ゴジラ・モスラ・キングギドラ 大怪獣総攻撃』（2001年）で、『とっとこハム太郎』と同時上映される始末。もはやターゲットユーザーがどこなのか、ゴジラそのもののアイデンティティすら崩壊していった時代でもある。この第三次も一服し、『ゴジラ FINAL WARS』（2004年）で打ち止め。「ウルトラマン」や「仮面ライダー」も大復活を遂げたこの2000年代に、「ゴジラ」は遂に息絶えたかと思われた。

ワーナー×シン・ゴジラ×ゴジラマイナスワンでゴジラは世界の頂点へ

転機はまたしても米国から訪れる。ディズニー社「マーベル・シネマティック・ユニバース（MCU）」（2008年〜）の二番煎じを狙うレジェンダリー・エンターテインメントとワーナが組んで、「モンスター・ヴァース」（ゴジラやキングコングを主人公とした一連の怪獣映画シリーズ）を作ろうというのだ。1998年版が『ジュラシック・パーク』（1993年）の二番煎じを狙ったのと同じである。

これが現在まで続く「世界」のゴジラブームの第四波である。作品としては、『Godzilla』（2014年）、『Kong: Skull Island』（2017年）、『Godzilla: King of the Monsters』（2019年）、『Godzilla vs. Kong』（2021年）と4作とも大ヒットが続き、2024年の『Godzilla x Kong: The New Empire』では全世界5・7億ドルと過去最高をマークした。

そんな世界ゴジラのヒット作が日本で17億円と比較的低調に終わったのは、前年に大ヒットし、日本映画としてははじめてアカデミー視覚効果賞までとった『ゴジラ−1・0』（2023年）が話題を集めすぎたせいもあるだろう。もともとゴジラは海外版と日本版で全く異なる状況に陥りがちだ。12年ぶりの29作目、庵野秀明監督の『シン・ゴジラ』（2016年）は5年前の東日本大震災のコンテクストも用いながら興行収入82・5億円と、歴代ゴジラ作品でダントツ1位、エポックメイキングな作品となったがあまりに日本向けすぎたコンテクストに米国では2百万ドルの売上にとどまった。

その意味では『ゴジラ−1・0』は世界と日本の軌を一にした唯一無二の作品でもあった。日本と米国どちらでも売れ、アカデミー賞まで受賞した本作は、日本においては陸戦中心で閣僚会議をメインに描かれた『シン・ゴジラ』を明確に意識し、海戦中心であくまで民間、なにより戦後まもない日本という舞台の選択により、これまで同時代でしか描かれなかったゴジラをはじめて歴史遡及的に扱った意欲作であった。

2023年、ストライキの真っ最中で30年来の大不況のさなかにあった米国ハリウッドにおいては、別の形でも受け取られた。大規模映画ばかりが目立つ中で、1〜2億ドルといった制作費が積み増しされたディズニーやワーナー映画に対して、『ゴジラ−1・0』はなんと15億円。それでもこの視覚効果を実現できるのかとハリウッドも驚く出来栄えは、白組で長い間CG制作に携わってきた山崎貴監督や制作会社ロボットの技術の粋の結晶であった。

さらには制作面のみならず、配給面・ビジネス面で映画配給会社東宝側が行った組織改革も大いに影響している。２０１４年のワーナー映画をきっかけに、東宝で自社ＩＰのゴジラを最大化するための「ゴジラ戦略会議」が設立され、映画以外のタッチポイントが探られた。この第四次ブームは、東宝自身がＩＰビジネスを展開していった試金石でもあったのだ。

『シン・ゴジラ』の公開前には新宿東宝ビルにゴジラの頭が巨大なモニュメントとして飾られ、２０２２年には海外経験の豊富な創業家一族の松岡宏泰氏が第15代東宝社長に就任し、ＴＯＨＯ Ｇｌｏｂａｌという海外事業に特化した子会社も設立。パートナーに任せていた米国事業を映画配給のみならず、商品化展開など含めて自前化していく試みをみせており、こうした10年にわたるビジネスストラクチャーからも海外向けに再構築していった末での『ゴジラ－１・０』が出した実績が、東宝自身にとってもいかに大きなものであったかがうかがい知れる。

図表1-1　ゴジラの推定キャラクター経済圏

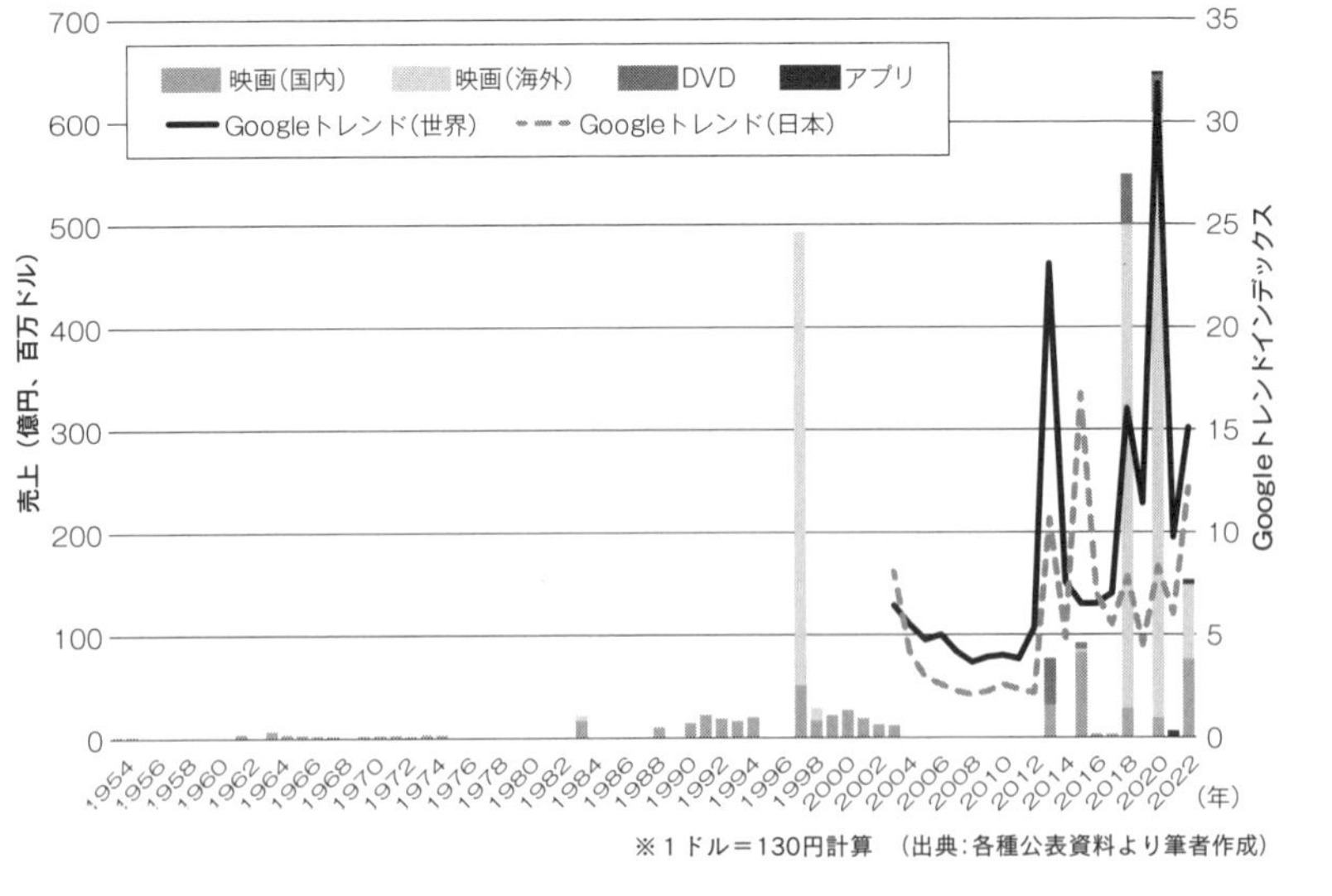

※１ドル＝130円計算　(出典:各種公表資料より筆者作成)

ゴジラの2300億円経済圏、米国展開の最先端IP

ここまでのゴジラ経済圏を図にしてみると図表1－1のようになる。いかにハリウッドでの映画化が飛び抜けた数字だったかが分かる。日本の映画シリーズの累計売上は『名探偵コナン』の1000億円超を筆頭に、『ポケットモンスター』の960億円、『ドラえもん』『ONE PIECE』が約580億円とアニメシリーズが続く。そこに全48作『男はつらいよ』の515億円をちょうど超えてきたのが全37作の『ゴジラ』である。そんなゴジラも「日本以外」の興収を入れると4倍ちかくの2000億円超、これで世界一売れた映画キャラクターとなる。

これらの有名キャラクターの中で、ハリウッドウォーク・オブ・フェイムに名前が刻まれているものはいない。ゴジラだけなのだ。日本人俳優でも早川雪洲、三船敏郎、マコ岩松と、限られた時代の限られた俳優のみが認められたハリウッドのロードに架空のキャラとして手形(?)を刻んだゴジラは、むしろ北米攻略における最先端にいる旗手ともいえるだろう。

ゴジラの歴史が黎明期《れいめい》(1954～1955年)、シリーズ期(1962～1975年)、復興期(1989～2004年)を経て遂に途絶えた後に、あにはからんやハリウッド期(2014～)とも呼ぶべき大ブームが起きており、日本でも米国でもこの10年間でゴジラが70年ぶりに大フィーバーとなっている。そのポイントとなるのは米国と日本、双方の歩み寄りだ。

07　Roland Emmerich(1955～)……ドイツのシュトゥットガルトで生まれ、SFやアクションの娯楽色の強い作品を発表し続けていることで広く知られ、「ハリウッドの破壊王」とも呼ばれている。代表作に『インデペンデンス・デイ』(1996)、『デイ・アフター・トゥモロー』(2004)など思えば米国で大規模な予算でのゴジラ映画を牽引してきたのは日本のＩＰをリスペクトする制作者たちである。１９９８年版のローランド・エメリッヒ監督[07]然り、２０１４年版のギャレス・エドワーズ監督[08]然り、「日本を見て育った監督たち」がハリウッドで実権を握るキャリアを得るようになってきていた。『ローグ・ワン／スター・ウォーズ・ストーリー』を撮ったギャレス監督は、「僕が大好きなＳＦや『スター・ウォーズ』の世界……そんなＳＦの世界に、この現実世界で最も近い場所が日本なのです。東京に来ると、まるで『ブレードランナー』に登場する未来都市に立っているような気分になる」と公言している。[09]ドイツ人のエメリッヒ監督もまた、『ミッドウェイ』（２０１９年）でその日本好きと日本への造詣の深さを遺憾なく発揮している。

ＩＰビジネスは出自を問わない。１９８０年代に日本有数のメーカーが続々と工場移転を行い、「外でつくって外で売る」ということを積極化してきた。日本もまたイギリスや韓国のように自国の強みをアイデンティティとして保持しながら、「外とつくる」ことが何よりも重要なのだとゴジラＩＰを通じて感じさせられる。

08　Gareth James Edwards（1975〜）……イギリス出身。『スター・ウォーズ』をきっかけに映画制作の道に進み、代表作に『世界沈没』（2005）、『ローグ・ワン／スター・ウォーズ・ストーリー』（2016）など

09　「映画『ザ・クリエイター／創造者』：ギャレス・エドワーズ監督が語る「日本」、AI戦争、創作の冒険」ニッポンドットコム、2023年10月20日

40年間も著作権裁判紛争、一族経営を超えて中国No.1のキャラクターに輝いたウルトラマン

手塚治虫に並ぶIPクリエイター・円谷英二

ゴジラの生みの親である円谷英二氏（1901〜1970年）は、東宝の特撮技術（特技）の監督であり、かの有名なウルトラマンの生みの親でもある。特撮技術はミニチュアや着ぐるみを駆使してあたかも実写のように見せる技術であり、1980年代にCG技術が導入されるまでは空想世界を撮るために必要不可欠な技術だった。漫画もアニメも米国輸入から始まった産業だが、「特撮」に関しては日本独自のものと言える。

1901年生まれの円谷英二氏は、18歳のときに映画業界に飛び込み、カメラマン助手などからスタートしたが、持ち前の器用さや飛行機好きの特技を生かして撮影車やクレーンを組み立て、背景やミニチュアセットを組むようになる。1933年に出合ったハリウッドRKO（現在はワーナー）の映画『キングコング』の衝撃から「特撮の道」に進むことを決める。[01]

1947年に東宝を退職した円谷氏は、1948年に「円谷特殊技術研究所（後の円谷特技

01　「生誕120年 円谷英二展プレスリリース」国立映画アーカイブ、2021年7月

プロダクション→円谷プロダクション）」を設立、大ヒット作『ゴジラ』を生み出すことになる。

当時、主流であった撮影手法「ストップモーション（コマ撮り技法）」を制作期間の短さから諦め、代わりに採用したのが、着ぐるみで演じることであった。これが思わぬヒットとなり、その後『モスラ』『バラン』など続々と特撮怪獣映画を作り続け、いつしか「特撮の神様」と呼ばれるようになる。[02]

だが円谷氏の本当の凄さは、制作者としての技術のみならず、メディアの将来を見通す慧眼《けいがん》にもあったと思われる。

円谷プロ最初期の「成功の方程式」

円谷プロは、東宝との専属契約解除後、テレビ業界への進出を画策している。「新しいもの好き」だった円谷英二氏は、長男の一《はじめ》氏をＴＢＳに、次男の皐《のぼる》氏をフジテレビに、三男の粲《あきら》氏を日本テレビにと入社させていたくらい「テレビの未来」に賭けていたのだ。

そんなテレビ向け特撮として１９６６年に始まったのが『ウルトラＱ』で（当初『アンバランス』というタイトルでスタート）、30％を超える視聴率を叩き出す。驚くべきは、30分番組の制作費として２５０万円前後が相場だった当時、円谷プロには例外的に５００万超の制作費が与えられていたことだ。[03] 時には予算を大きく超え１０００万円の製作費をかけるなど、大赤字でもウルトラマンシリーズを作り続けたこの円谷氏のこだわりは、「毎週30分アニメなんて不

02　「怪獣特撮映画、空想力と独自の工夫の軌跡」ニッポンドットコム、2014年6月16日
03　円谷皐、鍋田紘亮『円谷皐ウルトラマンを語る』中経出版、1993年

可能」とされながら30分わずか155万円で『鉄腕アトム』（1963年）の日本初のシリーズアニメ化を赤字の中でも実現した手塚治虫氏と、時期も志も重なる（参考：1963年公開の東映動画『わんぱく王子の大蛇退治』は85分で制作費7000万円）。ちなみに、手塚氏はマンガ原稿による年収900万円をつぎ込んでも赤字は埋まらなかったという[04]。

そうした精神は受け継がれ、1990年代も放送局から出る制作費の水準2000万円（ドラマ制作の場合）に対して、円谷プロは4000万円かけるという「倍額でクオリティに突っ込む」という文化が数十年の時を経て円谷プロの礎となっている。結局彼らは「血を吐きながらマラソンを続ける」ことで人気を集め、その後になって版権ビジネスやスポンサーによって回収するというモデルを〝発明〟していくのだ[05]。

そんな円谷プロだが、経営としては厳しい時代も経験し、そこからV字回復とも言える成長を遂げている。実際に、円谷プロはどのような変遷をたどり、その中でウルトラマンはどのような売上を出していくのか。ここからは、ウルトラマンシリーズの流れを追いながら詳しく解説していきたい。

ウルトラセブン・A・タロウ・レオ時代の「経営の裏側」

だが、どだい無茶なそろばんをはじいた商売である。虫プロは1973年に倒産、円谷プロも1966〜1969年で『ウルトラマン』『ウルトラセブン』『怪奇大作戦』でシリーズが終

04 中川右介『アニメ大国 建国紀 1963-1973』集英社文庫、2023年
05 デジタルウルトラシリーズプロジェクト著、円谷プロダクション監修『ビジネスはウルトラマンが教えてくれる』サンマーク出版、2002年

了、第一次怪獣ブームが一服する頃には債務超過が限界突破、東宝から救済としての資本を受け入れることになる（東宝が資本60％以上の親会社となった）。同時に社名を「円谷特技プロダクション」から「円谷プロダクション」に改名している。役員の大半は東宝からの出向組で構成されるようになり、１５０人いた社員を40人に減らすような大リストラも敢行。１９７０年に円谷英二氏の死去をもって、円谷プロの経営第一期は終息したと言える[06]。

第二次怪獣ブームは１９７０年にＴＢＳを退社して円谷プロを継いだ長男・円谷一氏の時代にすぐ訪れる。番組の再放送や対決シーンだけの５分間の「ウルトラファイト」を放送したところ神風が吹き（今でいうショート動画だろうか。当時は〝出がらし商法〟と新聞で揶揄《やゆ》されたがそれがブームの火付け役になった）、１９７１年からは再びＴＢＳで『帰ってきたウルトラマン』の放送が始まる。

自然災害との格闘などがテーマだった第一期と比べ、この１９７１～１９７５年の『帰ってきたウルトラマン』『ウルトラマンＡ（エース）』『ウルトラマンタロウ』『ウルトラマンレオ』の第二期は「家族」に焦点を当て、玩具化も踏まえて、さまざまなヒーローが生まれてくる。ただこうした「ヒーロー家族」という構成は後付けに過ぎない。バラバラに生まれるヒーローや怪獣は、円谷英二氏や誰かの頭の中で確たるものがあったわけではなく（１９９６年の平成シリーズの『ウルトラマンティガ』もM78星雲ではなく、光の巨人の継承者という設定が説明もなく付け加えられたり、ＣＧを使いたいから『ウルトラマンダイナ』は舞台が宇宙になったり……など）、大伴昌司《おおともしょうじ》[07]氏のような雑誌編集者が〝独自考察〟することで一般流布し、非公式につなげ

06　円谷英明『ウルトラマンが泣いている―円谷プロの失敗』講談社現代新書、2013年

07　大伴昌司（1936～73）……日本SF作家クラブ２代目事務局長、『怪獣図鑑』発行者。ウルトラマンの３分間の時間制限やゼットン「１兆度の火球」などは大伴が考案しのちに公式設定になったもの。円谷一と怪獣観の相違で円谷一の怒りを買い、円谷特技プロに出禁になっている。

た解釈が後で公認されたものに過ぎない。そもそもタロウとウルトラの父母は違う一族で、「ウルトラ5兄弟」という〝公式〟設定が始まるのも1972年の『ウルトラマンA』からの話、わりと色々なものがご都合主義で組み合わされた〝大人の事情〟の塊に過ぎない。

つまり、ウルトラマンも当初はIPでもなんでもなく、ただ人気の特撮番組シリーズで、ツギハギのジャリ番（子供向け番組を卑下した言い方）に過ぎなかった。俳優も「この種の仕事をするとまともな俳優扱いされない」と言われたリスクあるジャンルであり、当時は特撮出身で後に一般的な世界に飛び立てた藤岡弘、氏や篠田三郎氏くらいなものだった[08]。

ただ視聴率と商業的成功が実績となり、1990〜2000年代にそれを見て育った世代がテレビや映画の世界に入ってから、当時のクリエイターが脚光を浴びるようになってくる。

「200→5人」の大リストラ、1970年代のツギハギ経営

円谷プロは第一次〜第四次に至るまでウルトラマン怪獣ブームに踊らされ続けた。「5年サイクル」という言葉があり、火がついて10億円の版権収入があっても、翌年0・5億円と桁違いに落ちるような急転落下、それに耐えるだけの備えをせずに、儲かれば使い、ブームが去ればリストラを、ということがただ繰り返され続ける。

1973年が最後の黄金期だったかもしれない。『ミラーマン』（フジテレビ）、『ファイヤーマン』（日本テレビ）、『緊急指令10－4・10－10』（日本教育テレビ（現・テレビ朝日））と、全国

08　小谷野敦『ウルトラマンがいた時代』ベスト新書、2013年

ネットのレギュラー番組を総ナメで円谷プロが制作を担当。1971年のキャラクター商品の著作売上が20億円、1973年には小売ベースで800億円もの経済圏ができていたという。海賊版も横行していた当時、円谷プロの累積債務も一掃される規模のこの数字は今でいえば『鬼滅の刃』級の大ブームである。

だが円谷一族の不幸は、この激動の中で過労のあまりに2代目社長の一氏が1973年、41歳で急死したことに端を発する。

3代目となる次男の円谷皐氏は、派手好きなタイプでこの好調期に銀行借入を増やし、400坪の豪邸やマンション購入、ゴルフ会員権など派手な振る舞いが目につくようになっていた。1974年に第二次怪獣ブームが終息すると、それが急激な財務悪化に転化し、第二次ブームで40人から200人まで増やしていたスタッフの多くが解雇され、一時期は正社員の数が5名になることもあった。ツギハギ経営で円谷プロの制作力も徐々に傷んでいく[09]。

1980年の第三次ブームも翌年にあっけなく終わり、そのときにも制作部の解体で大ナタが振るわれる。

TBS・東宝と関係悪化？ 円谷プロの経営を苦しめた国際著作権紛争

何よりこの時期の経営の負の遺産は、その後半世紀にわたって円谷プロを苦しめる著作権問題にあった。

09 円谷英明『ウルトラマンが泣いている―円谷プロの失敗』講談社現代新書、2013年

1974年にタイの番組制作会社チャイヨー・プロダクションと合作映画（劇場映画『ジョンボーグA&ジャイアント』）を作ったが、1976年、そのときのチャイヨーへの借金20万ドルの代わりに海外展開の権利をすべて譲渡していたという契約が、皐社長が亡くなる1995年に突如白日の下にさらされる。2004年、日本の最高裁判所で円谷氏側が敗訴する結果となったが、その後チャイヨー側が1998年にタイ以外の独占権放棄を条件に、バンダイから1億円を受け取っていた事実が2011年に発覚。これをきっかけに、円谷氏側の逆転勝訴につながっていく。[10]

しかしながらチャイヨー社も2008年に日本のユーエム社に海外での諸権利を譲渡してしまっており、そこから中国代理店のTIGA、ブルーアーク社へと次々と権利委託された中で「公式版とも非公式版とも言えないウルトラマン」が2000～2010年代は円谷版と並行で生み出され続けていた。

海外のみならず国内でも1980年代にTBSや東宝とは決裂、1990年代にはバンダイとの関係悪化などがあり、タニマチのように支えた企業群も、21世紀に入る頃にはどこども関係が冷えあがっていた。

1996年から平成シリーズで再ブームにはなるが、熊本県で展開したテーマパーク事業「ウルトラマンランド」が3年目からは慢性赤字となる。旧体制からの刷新を図った5代目社長昌弘《まさひろ》氏（一の長男）も2004年セクハラ問題で辞任、2005年に6代目社長英明《ひであき》氏（一の次男）が一夫《かずお》会長と対立し解任動議。2007年に7代目も解任されて再び4代目の一夫氏

10　円谷英明『ウルトラマンが泣いている―円谷プロの失敗』講談社現代新書、2013年

が社長に戻るといった「お家騒動」が1990～2000年代に円谷ブランドを傷つけ続けた。

中国に救われたウルトラマン、海外でナンバーワンになる

円谷プロが逆境の中でも賢明だったのは、海外へのトライを続けていたことだろう。皐氏はタイとの経緯も含め、1970年代という早期から海外に積極展開を続けてきた。1円でも映像を売ってこようと考えタイや台湾に売り込んでいたネットワークもあり、1970年代半ばにハワイでウルトラマンショーをしたり、米国の現地法人「ウルトラ・コム」、ハワイにツブラヤUSAという支社を立て、マーベルプロの副社長を引き抜いて『ウルトラマンG（グレート）』や『ウルトラマンパワード』などの米国版ウルトラマンを制作し、バンダイと提携して米国展開をしていた。上海にも1991年にツブラヤアニメーションスタジオを建て、200名ものスタッフを雇用している点は先見の明があったと言える。そこでできた北米や中国での「下地」を活かし、4代目以降の時代でも著作権裁判の最中で『ウルトラマンティガ』を2004年に上海新創華文化発展（SCLA）に委託。中国では昭和ウルトラマンは知られずとも、平成シリーズは浸透させる努力を怠らなかった[11]。

それが花開いたのは2019～2020年頃だ。ユーエム社が2019年で中国での訴訟を取り下げ、2020年に米国最高裁にも上告しなかったことで実質的に著作権問題が完結、この時点で「ウルトラマンの海外展開権利が約40年ぶりに円谷プロの手元に戻った」状態となる。

11　円谷皐、鍋田紘亮『円谷皐ウルトラマンを語る』中経出版、1993年

そのタイミングで、ウルトラマンは中国で「社会現象」になる。

「宇宙英雄奥特曼」というウルトラマンの公式トレカを販売していた企業「卡遊（ＫＡＹＯＵ）」が年間１０００億円を超える規模で売り上げ、同社自身もＩＰＯを申請。２０２１年に23億元、２０２２年には41億元（約８００億円）と倍々ゲームで伸びているのだから、ウルトラマンがいかに中国で浸透していたかが分かるだろう（数字は各種資料より筆者推計）。

円谷プロの海外ＭＤライセンス収入も、21億円から60億円と3倍増である。

図表１－２のように、２０２１~２０２３年の現地のつぶやき量で言えば、『ポケモン』や『ＯＮＥ　ＰＩＥＣＥ』の数倍規模となっており、ディズニーすら超えて「中国Ｎｏ．１キャラクター」としてウルトラマンが君臨するという信じられない事態に発展している。

テーマパークも、２０２２年7月の上海から始まり、すでに中国で5カ所も展開され、果ては２０２４年10月から自社で『ウルトラマンカードゲーム』を開発、流通しはじめる。日本語・英語・繁体字・簡体字と4言語で世界15カ国に展開していくルートの先には、カードゲームで３０００億円規模の大企業となったポケモン社の姿が重なる。もうライセンス企業ではなく、ＩＰを使ったライセンス・事業会社に変貌しているのだ。

帰ってきた円谷プロ、大逆転の奇跡はなぜ起きた？

なぜこうした「奇跡」が起きたのか。これはひとえに「経営・戦略が変わったから」と言わざるを得ない。４代目かつ８代目社長の一夫氏時代に、『ウルトラマンマックス』『ウルトラマンメビウス』などの制作資金の融資が返済できずに２００７年にＴＹＯが８割を持つ親会社になっていた。そのＴＹＯがバンダイに49％、その後フィールズに51％を売却。その前年、２００９年に円谷一夫氏が会長退任、円谷プロは完全に円谷一族の手を離れる。[12]

そこからの15年はフィールズが経営を引っ張ってきたのだ。「ＩＰ戦略」を明確に掲げ、２０１１年に『月刊ヒーローズ』を展開し、雑誌メディアとしてウルトラマンを強く押し出す。２０１３年にはＴＶシリーズを復活させ、２０１４年には債務超過が解消。２０１７年に経営トップとしてディズニー・ジャパンのエグゼクティブ・プロデューサーだった塚越隆行氏を招聘《しょうへい》し２０１９年から会長に、ユニクロやトミ

図表1-2　IP別に見る、中国における「つぶやき件数」の比較

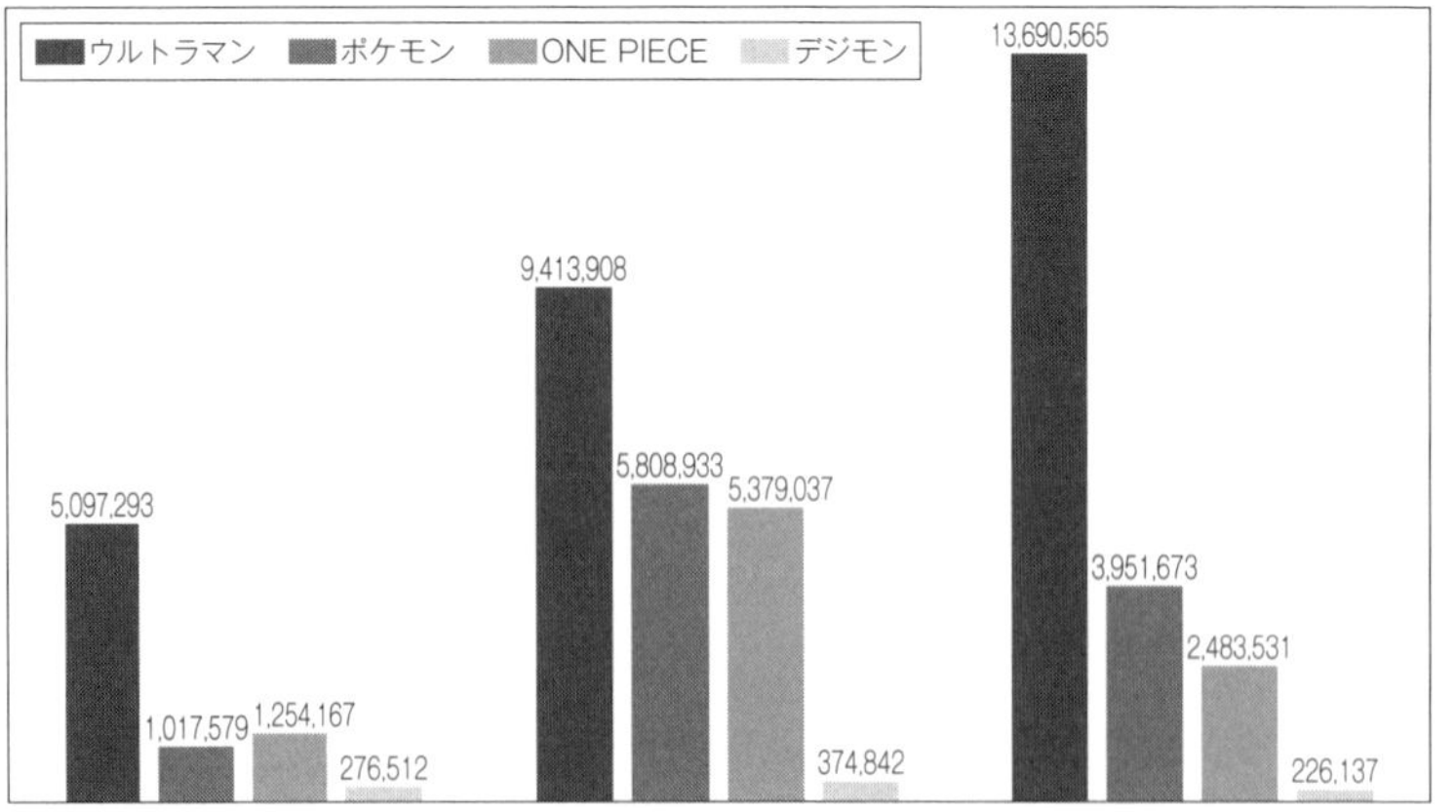

（出典：中国向けデジタルマーケティング企業Yoren社資料より筆者作成）

12　円谷英明『ウルトラマンが泣いている―円谷プロの失敗』講談社現代新書、2013年

ーインターナショナル社長だった永竹正幸氏を社長に、とトップ人事を一気に刷新。2019年に悲願の著作権問題を一掃すると、2021年に動画配信サービス「TSUBURAYA・IMAGINATION」をスタートさせたほか、2022年に映画『シン・ウルトラマン』ではずみをつけ、ついには祖業であるパチンコ・パチスロのフィールズではなく、その規模が1／10に満たない円谷プロをリスペクトした「円谷フィールズホールディングス」へと会社名すら変更してしまう。

ここまでIPを前面に押し出した経営戦略は、それまでの半世紀の経営とは別物であり、一族の手を離れたことが結果として「中国の奇跡」につながったと考えられる。

ツギハギ制作・ツギハギ経営だった一族経営時代が必ずしも無駄だったわけではない。円谷英二が赤字でもクオリティにこだわり続けたDNAが屋台骨となり、1990〜2000年代に北米や中国でのブランドとなって浸透し、振り回された著作権闘争の中でもそれが死なずに残り火として保存されたところを、一気にフィールズ体制が息吹を吹き込んで現在の繁栄につながっている。

1960〜2000年代の半世紀、円谷を支えたのは「メディアとのつながり」であった。東宝、TBS・日テレ・フジ・テレ朝そしてバンダイ、こうした企業とのつながりによって「創り続ける」ことに集中してきたプロダクションは、今や「IP・コンテンツ企業」として完全に再生している。キャラクターを生かすも殺すも企業次第、経営者次第。15年前は底値でたたき売りされるほどだったウルトラマンの惨状は、新しい経営・新しい市場によって本当に

「帰ってきたウルトラマン」となったのだ。

ウルトラマンの「ブームの変遷」と「売上推移」

これまでの流れを踏まえると、果たしてウルトラマンが作り出した経済圏はどのような軌跡を描くのだろうか。

2023年に海外商品化（うち9割が中国）で1500億円となったが、ウルトラマンブームが生きていた1973年、1981年、1998年は国内だけでほぼ近い数字を出していた。特に1973年当時の1000億は現在の2400億円価値にも及び、昭和中期のウルトラマンは空前の大ヒットであった。

だが常に「ブームの継続性」が課題となり、5年サイクルで流行は終息し続けていた。直近2019年から始まる「第六次〝世界〟怪獣ブーム」の特別さは、中長期で持続できる初めてのトレンドを見せているところにある。それは動画配信による映像アーカイブ、ファンクラブ会員、カードゲームのようなコミュニティを保存できる商流の力によって「円谷プロダクション」としてのIP経済圏の継続展開方法の練度が大きくあがってきた証だろう。

図表1-3　ウルトラマンのシリーズ展開と怪獣ブームの歴史

ウルトラマンシリーズ	主要作品	怪獣ブーム
昭和第1期	ウルトラQ、ウルトラマン、ウルトラセブン	第1次怪獣ブーム（1966～1967年）
昭和第2期	帰ってきたウルトラマン、ウルトラマンA、タロウ、レオ	第2次怪獣ブーム（1971～1974年）
昭和第3期（1979～1981年） 1984～1992のウルトラマンキッズシリーズ、 1988～1995のウルトラマン米国制作シリーズ	ザ・ウルトラマン、ウルトラマン80	第3次怪獣ブーム（1980年）
平成第1期（1996～1999年）	ティガ、ダイナ、ガイア	第4次怪獣ブーム（1996～2001年）
平成第2期（2001～2007年）	コスモス、ネクサス、マックス、メビウス	第5次怪獣ブーム（2004～2006年）
平成第3期／令和： ニュージェネレーション（2013年～）	ゼット、トリガー、デッカー、レグロス、ブレーザー、アーク	第6次怪獣ブーム（2020年～）

（出典：各種公表資料より筆者作成）

Ｇｏｏｇｌｅトレンドから見る「奥特曼（中国語でウルトラマン）」は、経営が混迷期にあった２００７〜２０１２年に大きなピークをつけている。２０１３年以降はＧｏｏｇｌｅ自体の中国撤退が影響して数字が下振れして見えるが、２０１９年の「中国の奇跡」の10年前にはすでに中国でブームは火がついていたのだ。だが当時の脆弱な経営体制と混迷の著作権闘争状態では投資が行えず、結果的にそれは下の世代の時代を経て着火し、今現在の中国ウルトラマン第２世代の超好景気につながっている。

ウルトラマン１・９兆円経済圏

一度ブームになったものは、それが鎮火したとしても消失することはない。当時は海賊版消費で企業収益につながっていなかったとしても、種火に着火する商材（２０１９年はトレカ）さえはまれば、海外で１０００億円といった売上も望める、ということは日本キャラクター

図表1-4　ウルトラマンの推定キャラクター経済圏

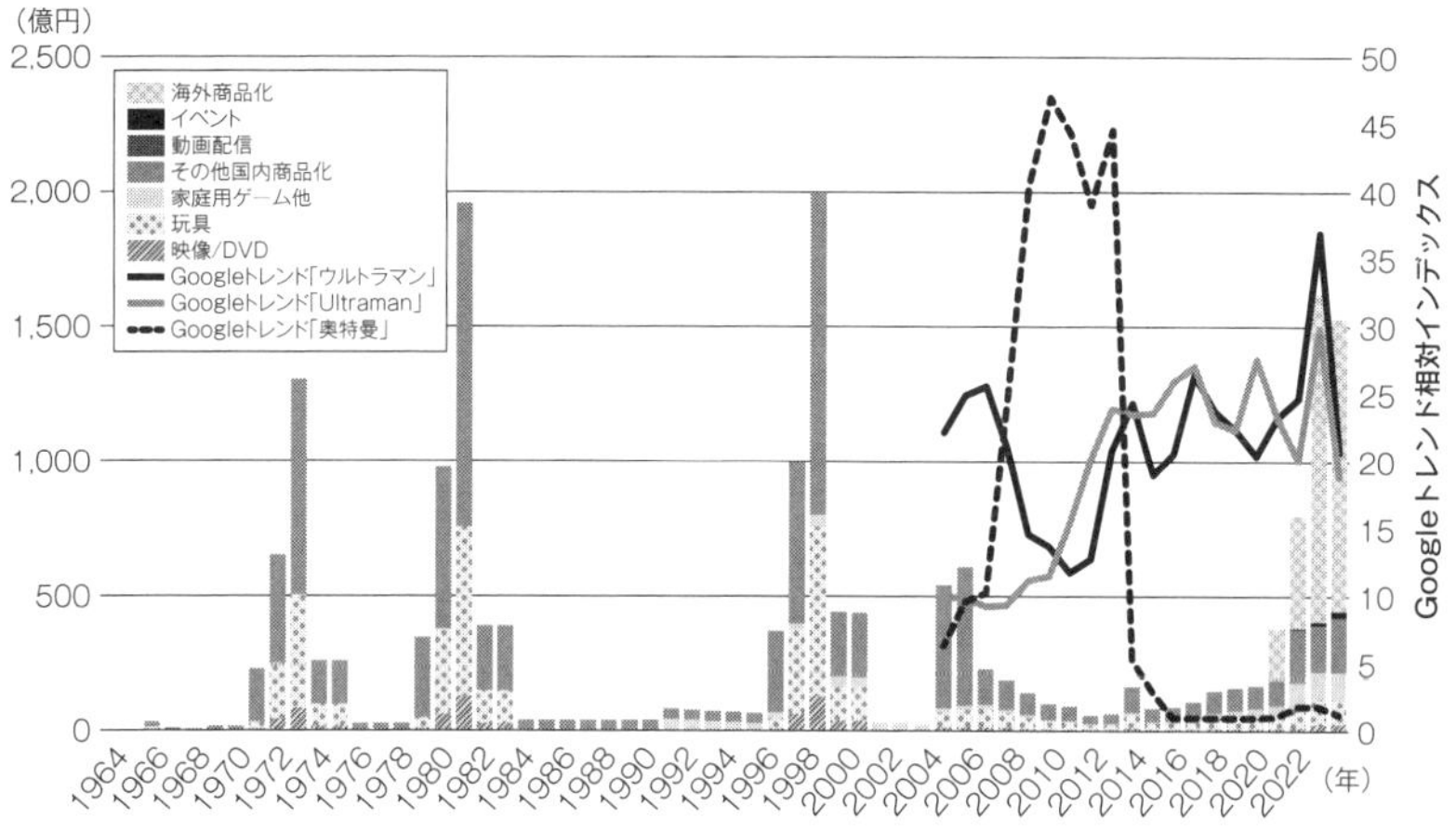

1973年の小売800億円をベースに人気5年サイクルで数字を仮設。ブーム翌年の2年間は1/5に減る計算。ブーム外は「何もしなければ版権料2億」という初期から40億円のテーブルで計上。玩具／玩具以外の売上はバンダイナムコグループのIP別売上の2007〜23年の数字をベースに、第1次〜第3次ブームまでを援用。第1次ブームの数値は為替の関係で第2次・第3次で1.5倍になるように掛け合わせている。
（出典：各種資料より筆者作成）

史における新しい1ページとも言える。

そして今、円谷プロは中国だけでなく、日本市場でも過去にない好景気に入っている（バンダイナムコＨＤの「ウルトラマン」ＩＰ売上は２０１９年78億円→２０２３年１９１億円と倍以上に成長）。すでに6度目となるブームにおいて、いまや3世代でなく4世代に連なる日本最古クラスのキャラクターＩＰ「ウルトラマン」はまだキャラクター経済史が見たことのないフロンティアの最前線にあるのだ。

特撮が生み出したヒーロー、仮面ライダー　2度の「変身」をみせたそのビジネスモデル

人気が落ちない仮面ライダーの特殊性

１９７１年に生まれた「仮面ライダー」は、主人公の本郷猛《ほんごうたけし》（主演：藤岡弘）が、世界征服をたくらむ悪の秘密結社ショッカーに捕らえられ改造手術を受けてしまうところから始まる。しかし、大脳を改造されてしまう前に奇跡的に救われたことで、正義の心を残しながら、改造によって手に入れた怪人と同種の力で悪と戦うことになる、といったストーリーである。

仮面ライダーの「サイボーグとしての自身に苦悩する」というテーマは、都市化・工業社会化が進む中、公害や自然破壊、人間の部品化といった「科学の力」がもたらすダークサイドに人々が気づきはじめた社会背景が関係している。また、悪をもって悪を制する矛盾と葛藤の中に生きる「ダークヒーローの原型」とも言える。

もともとこのテーマは、米ソ冷戦やベトナム戦争に影響を受けた漫画家・石ノ森章太郎氏が『サイボーグ００９』（１９６４年）から採用してきたものであり、それは石ノ森氏のアシスタ

ントだった永井豪氏の作品『デビルマン』（１９７２年）にも引き継がれ、『寄生獣』（１９８９年）、『ベルセルク』（１９８９年）、『ＡＲＭＳ』（１９９７年）、『進撃の巨人』（２００９年）へと発展していく。東映は、この石ノ森氏の才能にテレビ映像の原作をも託し、現在に至るまで50年以上にわたって原作者としてクレジットされ続けている。

そんな仮面ライダーは、現在も人気が衰えることのないコンテンツとなっている。Ｇｏｏｇｌｅトレンドの推移を見ると、仮面ライダーは、検索ボリュームにおいて「プリキュア」「ウルトラマン」「スーパー戦隊」などのシリーズに抜かれたことがない。

なお、仮面ライダーの競合コンテンツとなる「スーパー戦隊シリーズ」は、主人公が1体しかいない仮面ライダーの構成を上位互換で改良して作られたＩＰだ。１９９０年代には仮面ライダーの倍以上の売上を誇り、北米でも空前のヒットを記録した作品である。この時期、スーパー戦隊シリーズの陰に隠れ、仮面ライダーの人気は大きく低迷することになる。

しかし、２０００年代に奇跡の復活を遂げ、その後20年以上

図表1-5　戦隊系IP（仮面ライダー、スーパー戦隊、ウルトラマン、プリキュア）の注目度の変遷

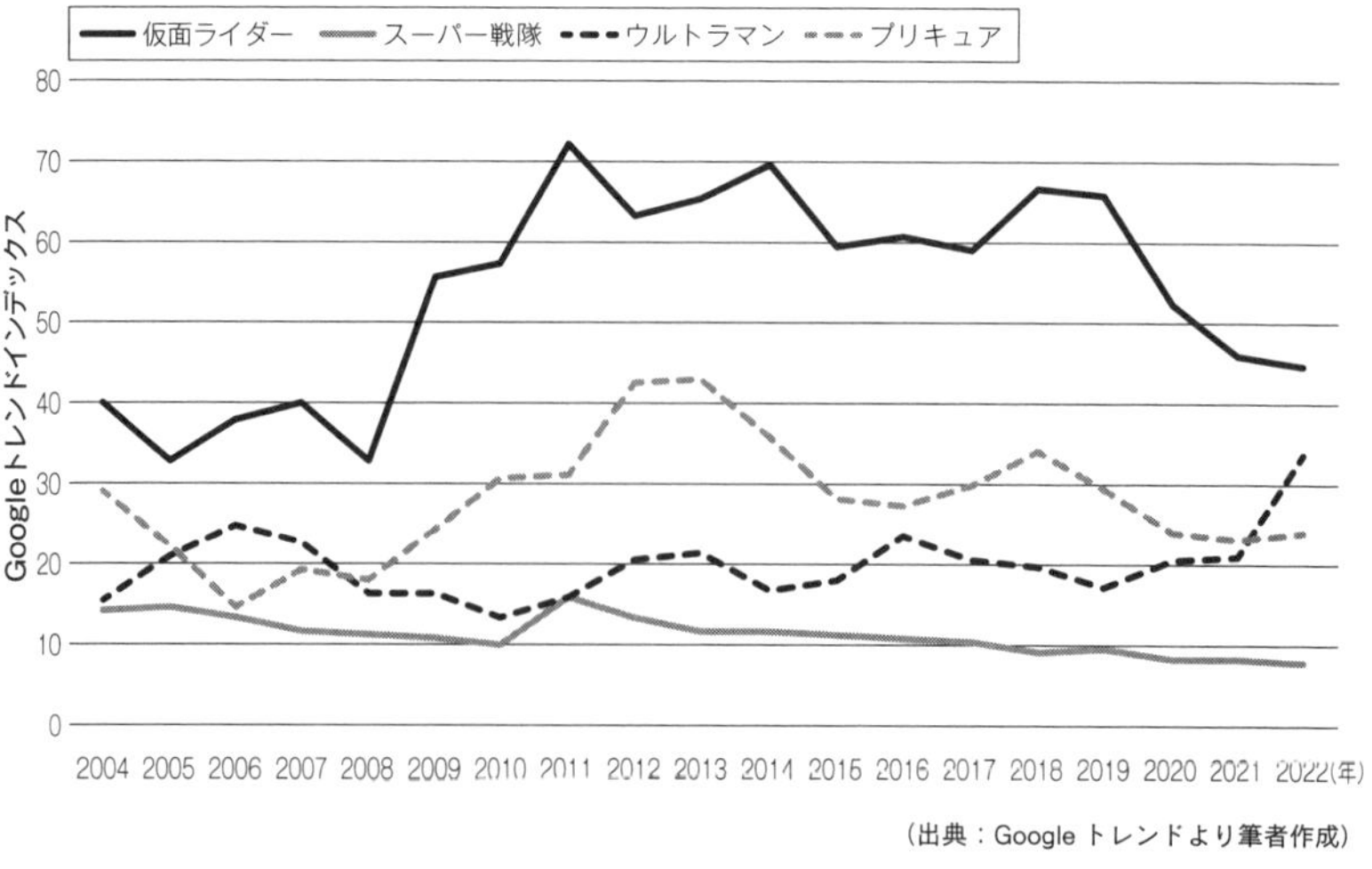

（出典：Googleトレンドより筆者作成）

にわたり、バンダイの超主力コンテンツである「機動戦士ガンダム」と肩を並べるほどの玩具売上を築き続けるようになるのだ。

一度は「スーパー戦隊シリーズ」に抜かれ低迷した仮面ライダーは、どのように復活を遂げ、バンダイの超主力コンテンツの地位まで上り詰めたのか。

作品が評価される理由、〝感動〟を生み出す装置とは？

仮面ライダーの成功は、ヒーローとしての描き方と同時に、「特撮」という撮影技術によるところが大きい。ＳＦＸ（特殊効果）やＶＦＸ（撮影後の視覚効果、１９９０年代以降に一般化）、ＣＧ（コンピュータグラフィックス）と混同されることもあるが、「特撮」自体は円谷英二氏による造語である。事後的に入れる画像処理とは違って、ミニチュア建物にスモークを焚いては巨大うちわで風を起こし、着ぐるみを着た人間が怪獣を動かしながら、実際の曳光弾や硝煙の中で「撮影」する本格セットであり、「ＳＦ（サイエンスフィクション）」ではなく、実際の物理法則や科学的根拠を入れながら生み出す「ＳＦ（サイエンスファクト）」とも言われる。

我々が『シン・ゴジラ』で庵野秀明氏が演出したリアリティあふれる〝怪獣を倒す〟という一連のプロセスの緻密さに驚愕したように、特撮の〝真剣み〟は感動を生み出す一つの装置であった。ＣＧは想定の範囲内でしか結果が得られないが、特撮は想定を超える効果を生み出すことがある。戦時中に戦争を題材にする難易度の高い映画を制作したことが、円谷英二氏にとっては壮大な実験場となり、そこで培われた技術が「特撮」となって日本映画のお家芸となった。

仮面ライダーの登場以前の1960年代まではロボット全盛期であった。『鉄腕アトム』『鉄人28号』から始まり、その後多くのロボットが科学振興と相まって生み出された。当時は、金色の『マグマ大使』（1965年）、銀色の『ウルトラマン』（1966年）が、異世界からやってきて窮地を「救ってくれる」存在であった。

だが1964年の東京オリンピックを経て自信を得た日本全体が、「スポ魂ブーム」によって転換を迎える。架空の技や異次元のヒーローよりも、等身大の主人公がライダーキックのように自分でもやれそうな技で怪人を倒していく「肉体主義」がホットになり、特撮は、仮面ライダーと戦隊シリーズを通じて、より人間単位の映像美へフォーカスしていく。[01]

そうした中、ライダーがもたらした発明こそが「変身」である。これが後の「変身ベルト」や「なりきる」という子供たちの遊びそのものの活性化につながっていく。

おもちゃの「変身ベルト」発明がもたらした〝凄すぎる利益〟

変身ベルトを発明したのは、仮面ライダーの放映と同年の1971年にバンダイから分派して設立された杉浦幸昌氏率いるポピー社だ。バンダイ本体は、ニーズが定常的な模型ジャンルに集中し、「キャラクターものは流行り廃りが大きすぎて危険」ということで離れ小島のよう

01　今柊二『ガンダム・モデル進化論』祥伝社、2005年

な子会社ポピーに任せられたものだった。

東映の意見も取り入れながら、当時レコード1枚400円、新聞購読が月額750円の時代に1個1500円という超高額商品の「仮面ライダーベルト」は大きなリスクだったが、蓋を開けてみれば、仮面ライダーの視聴率が平均21・2%（全シリーズでいまだ破られていない最高視聴率）を記録する中で、変身ベルトは2年間で380万個も売れた[02]。

合計57億円という金額は、当時のバンダイ模型の年商3倍にも匹敵する規模で、ポピーはこの変身ベルト一本で躍進、その後、超合金などの成功も合わせて設立5年後の1976年2月期には売上10倍の146億円を記録している。なんとこの時点でバンダイ、トミーや任天堂さえも抜き去り、玩具業界のNo．1企業となった。

ライダーベルト、超合金ロボットなど、いまだ玩具業界で現役の商品たちは、「キャラクター玩具」というジャンルを盤石にし、むしろ映像やストーリーを玩具に近づけていくような、物語にすら関与する強いメディアミックスの柱となる。

男児向け、女児向けのキャラクター商品を多く生み出したポピーは、その後上場に際して1983年にバンダイに吸収される。1980年に300億円ほどだったバンダイはその後、仮面ライダー、戦隊シリーズ、そしてガンダムというヒット作を受けて10年かけて2000億円（1992年3月期）規模に駆けあがり、当時米国最大の玩具メーカーだったマテル社やハズブロ社に並ぶ勢いであった。

もともとバンダイ（旧・萬代屋）は、模型業界では亜流の会社で、その製造クオリティには

02　『OFM仮面ライダー1』2004、p.32、五十嵐浩司「ヒット商品の舞台ウラ第1回光る！回る！変身ベルト（ポピー）」

疑問符が呈されることも多かったが、「本格的な模型会社」が敬遠していたキャラクター商品を持ち前の機動力と宣伝力によって盤石なものに変え、一時代を築くことになる（ちなみに杉浦氏は1989年にバンプレストを設立し、UFOキャッチャー向けのプライズ商品やファミコンソフト開発で新たな成功モデルまで創り上げた中興の祖である）。

再ブレイクの理由は「イケメン俳優起用」と「ある要素」

特撮系IPは1980〜90年代は低迷を極めた。1971〜75年と続いた「仮面ライダー」も、79〜81年、84年、87〜88年、92〜94年と、断続的に再開・中止を繰り返す。毎年の定番シリーズとして復活するのは2000年の『仮面ライダークウガ』になってからの話だ。

前述のように「ウルトラマン」も「ゴジラ」も調子が悪かったこの時代、むしろ一番輝いていたのはハイム・サバン氏の手によって1993年に米国で2〜11歳の視聴率70％超え、アクションフィギュアも10億ドル超えで急激に売れていた「パワーレンジャー（戦隊シリーズ）」だけだったかもしれない。

仮面ライダーシリーズはその後、2度の大きな〝変身〟を経験している。まずは2000年の「クウガ」から2009年の「ディケイド」までの「平成仮面ライダー1期」と呼ばれる時期の変身だ。

ライダー1体ではなく、多人数のチーム戦（2005年の「響鬼《ヒビキ》」あたりからは20人近くが登場するほどになる)、1人のライダーも10種類以上のフォームに変身、ストーリー展開もリアル調のドラマ仕立てとなったほか、ジュノンボーイ出身者など新進気鋭の二枚目俳優を積極起用し若手俳優のステップとしても機能するようになる。起用されてきた俳優としては、オダギリジョー(クウガ、2000年)、水嶋ヒロ(カブト、2006年)、佐藤健《たける》(電王、2007年)、菅田将暉《すだまさき》(ダブル、2009年)などが挙げられる。

さらに、ライダー同士の対立まで描き、「単純な悪の打倒」から大きく離れた描き方は、この平成ライダー1期をプロデューサーとして指揮していた東映プロデューサー白倉伸一郎《しらくらしんいちろう》氏の影響が大きい。東大仏文科を卒業したインテリで、2001年アメリカ同時多発テロの影響なども加味しながら、20世紀の紋切型なヒーローストーリーから華々しく脱皮していく。直近のライダーシリーズをみれば、いかにそのフォルムをダイナミックに変更させてきたかが如実に見て取れる。

仮面ライダー5000億経済圏を築いたバンダイ・東映の秀逸すぎる戦略

2度目の〝変身〟は2009年の「ダブル」シリーズから、2015年までの「平成仮面ライダー2期」である。ここではストーリーテリングの変革よりも、むしろ純粋な玩具としての革命があった。バンダイナムコグループのIP別売上をたどると、「全体売上の9割以上が玩具」というキャラクターは限られている。それが「アンパンマン」、「プリキュア」、「仮面ライダー」である。

「戦隊」や「ウルトラマン」でも5〜7割を推移し、その他の「ドラゴンボール」から「ONE PIECE」に至っては2〜3割まで落ちる。この20年、玩具に対してゲームは常に優勢にあった。そうした中、子供向け、女児向けの前2作に加えて「バンダイ」ブランドとしての玩具が主力のキャラクターであることは、「仮面ライダー」がいかに特異なIPかを示している。

経済圏で比較してみれば、平成ライダー1期の100億円水準ですら1990年代に比べれば倍増しているが、平成ライダー2期ではさらに倍増し、250〜300億円といった水準にまで持ち上げられている。

とはいえ、一概に番組人気とも言い難い。「ダブル」で一度視聴率8%と持ち直したものの、基本的には直近20年間の視聴率は下降を続けている。それではなぜ経済圏は拡大しているのだろうか。

「ダブル」からの経済圏の拡大は「ライダーベルト」の成長（単価は4500円→6500円に値上がりしたが、平成仮面ライダー1期に20〜30万本売れていたベルトは2期になると50〜80万本と本数も倍増した）もあるが、その周辺グッズとしての「ベルト連動型アイテム」を発火点としている。[03]

フォームチェンジやそのアイテムに秘められた武器や魔法などの特殊効果があり、実際にベルトと一緒に購入することで劇中音声が再生され、特殊発光する。この連動アイテムは食玩や

03　可児強志・藤崎実「仮面ライダーの変身ベルトのマーケティング戦略に関する研究」『日本情報ディレクトリ学会誌』Vol.21 2023

カプセルトイにも入れられ、販売面としても顧客を増やし、毎年入れ替わるベルトの寿命を可能な限り長期化させる。

　この連動アイテムはＵＳＢ形状のメモリやメダル（お金）のように子供が普段いじれずに憧れているものの形状に似せられており、強烈に購買欲を刺激していた。ダブルでベルト１本あたり平均20個、それ以降は50個以上買われ、仮面ライダー経済圏は２０１２年にピークの３４０億円につける。

　ゲームもマンガも売れていたピーク時の「ＯＮＥ　ＰＩＥＣＥ」すら、バンダイナムコ視点での売上に過ぎないが、ライダーが上回る規模だったのだ。

　それにしてもこのアイテム、見覚えはないだろうか。そう、「妖怪ウォッチ」で累計２億枚を販売した妖怪メダルである。２０１４年に日本中を席巻した妖怪ウォッチブームは、その５年前に仮面ライダーによって開発された玩具業界の革命的商品によってもたらされたものなのである。

　バンダイの本質的な強さは１つのモデルを形成したあとに、機動性高くそのモデルを他の優良ＩＰで繰り返し、何度も何度も練り上げていくマーチャンダイジングの手法である。それが

図表1-6　仮面ライダーの推定キャラクター経済圏

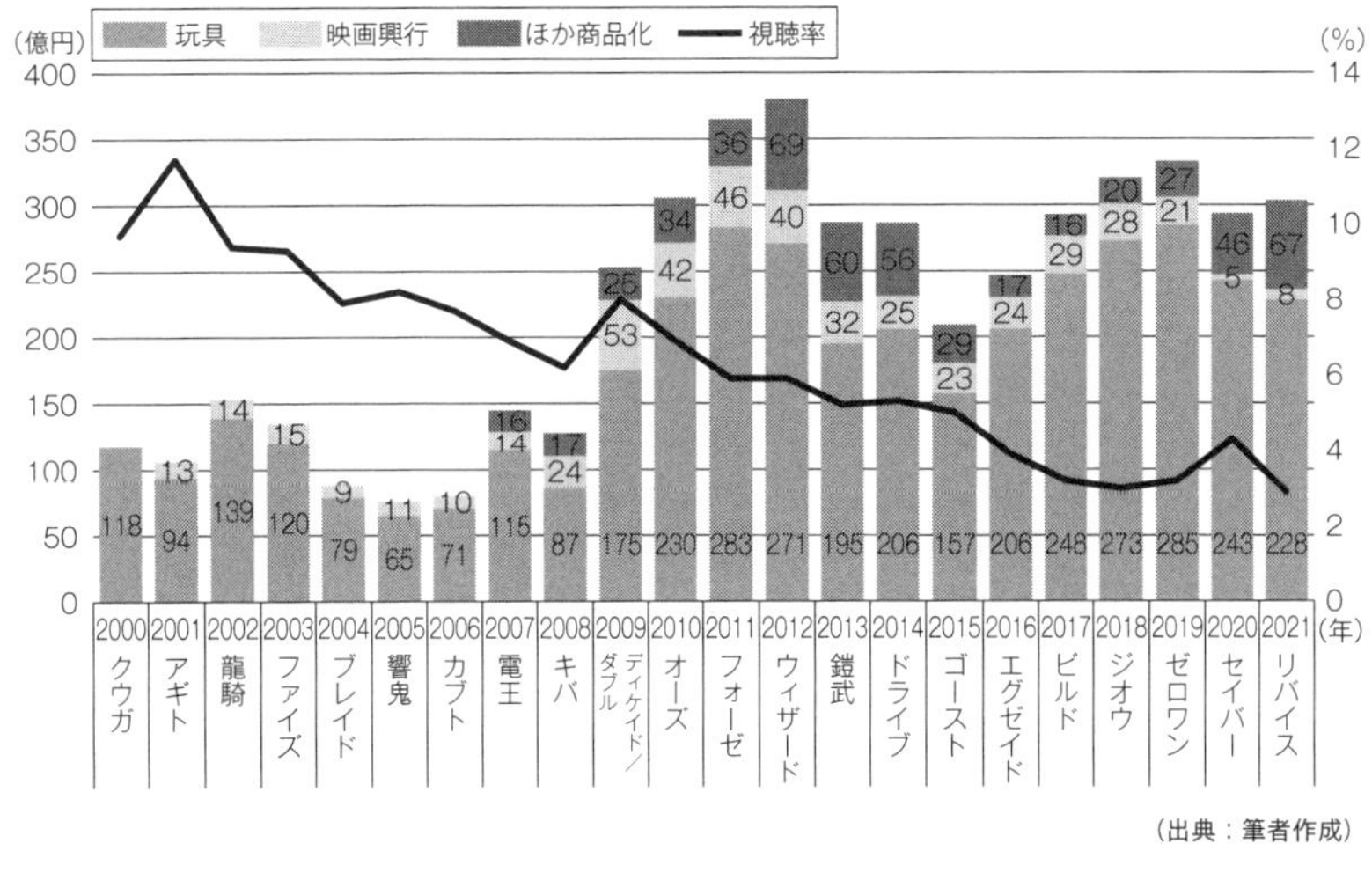

（出典：筆者作成）

遺憾なく発揮された事例である。

東映もまたそこに連動を深める。２００８年からは劇場版の興収も激増する。３月、８月、12月と毎休暇前のタイミングで年３本もの映画が公開され、その内容は『電王＆キバ クライマックス刑事』などのように、複数のライダーをつなぎあわせるところから始まり、『オーズ・電王・オールライダー』から『平成ライダー対昭和ライダー』『仮面ライダー×スーパー戦隊』に至るまで無節操なほどにコラボや連鎖の嵐。とにかく物量戦で映像をまわし続けながら、年３回、毎回20～40万人の動員が維持され、３本累計で年30～50億程度の興行収入を稼ぎ続けてきた。

ライダーもベルトも不死鳥のように何度も蘇ってきた。すでに令和ライダーの時代にあって、年３本の劇場版モデルは崩れ、ベルト連動アイテムによる経済圏も下降を始めている。そこに差し込まれた次なる期待、２０２３年３月の『シン・仮面ライダー』も興収23・4億と、「シン・ウルトラマン」の半分、「シン・ゴジラ」の１／４と今一つであった。バンダイ・東映・テレビ朝日の鉄壁の連動モデルは、次にどのような物語・映像・玩具の革新を見せてくれるだろうか。

やなせたかしの人生が詰まった「アンパンマン」、正義は愛と自己犠牲なくしては到達しえない

空前絶後の幼児シェア、アンパンマンの死角なき独占経営

子供向けキャラクターとして絶大な人気を誇る『それいけ！　アンパンマン』の実力は、あらゆる調査データから明らかだ。キャラクターの認知度や好感度を調べる「キャラクターデータバンク調査2021」の結果を見ると、日本でのアンパンマンの認知度は97・6％で2位となっている（1位「ドラえもん」、3位「クレヨンしんちゃん」）。また、商品所有度は27・2％で5位（「ミッキーマウス」「リラックマ」「ハローキティ」などに続き日本5位）、「玩具」キャラクターカテゴリーで見ると、「鬼滅の刃」「ポケモン」を抑えての堂々1位となっている。

何よりすごいのは、幼少年齢における寡占率だ。0～2歳では男児47％／女児49％、3～4歳は男児13％（2位）／女児14％（1位）となっている。「ミッキーマウス」「トーマス」「ハローキティ」などを大きく抑え、「3歳までは誰もが必ずアンパンマン」という不動の市場を作り上げているのだ。

乳幼児向けキャラクターでここまで高いシェアを誇るキャラというのは他国でもあまり類例がない。しかもそのポジションは30年にわたって絶対的なものである。

アンパンマンの初登場は１９６８年だが、単体絵本作品として登場したのは１９７３年。さらに１９７０年代後半のミュージカルを通じて普及し、「国民的キャラ」となったのは１９８８年の日本テレビでのアニメ化以降の話だ。１９９６年のアンパンマンミュージアム１館目（高知県）設立も含め、実はこうして幼少期向け市場のシェアを伸ばしはじめたのは１９９０年代と、意外にも最近のことなのだ。

作者・やなせたかし氏は当時すでに70歳超え、完全なる遅咲きであった。彼自身が子供時代に迷子になり、お金がなく空腹で苦しんでいたときに友達とその母と偶然出会い、電車で帰っていた道すがら与えられたアンパンが死ぬほどおいしかった。やなせたかし氏の著書『アンパンマンの遺書』（岩波現代文庫）の内容などをもとに、そうした作者の「アンパンに助けられた原体験」と自殺未遂、両親・弟との離別、戦時の飢餓状態など、壮絶な人生の中から生まれたこのヒーローについて分析する。

図表1-7　玩具キャラクターの〝商品所有度〟ランキング

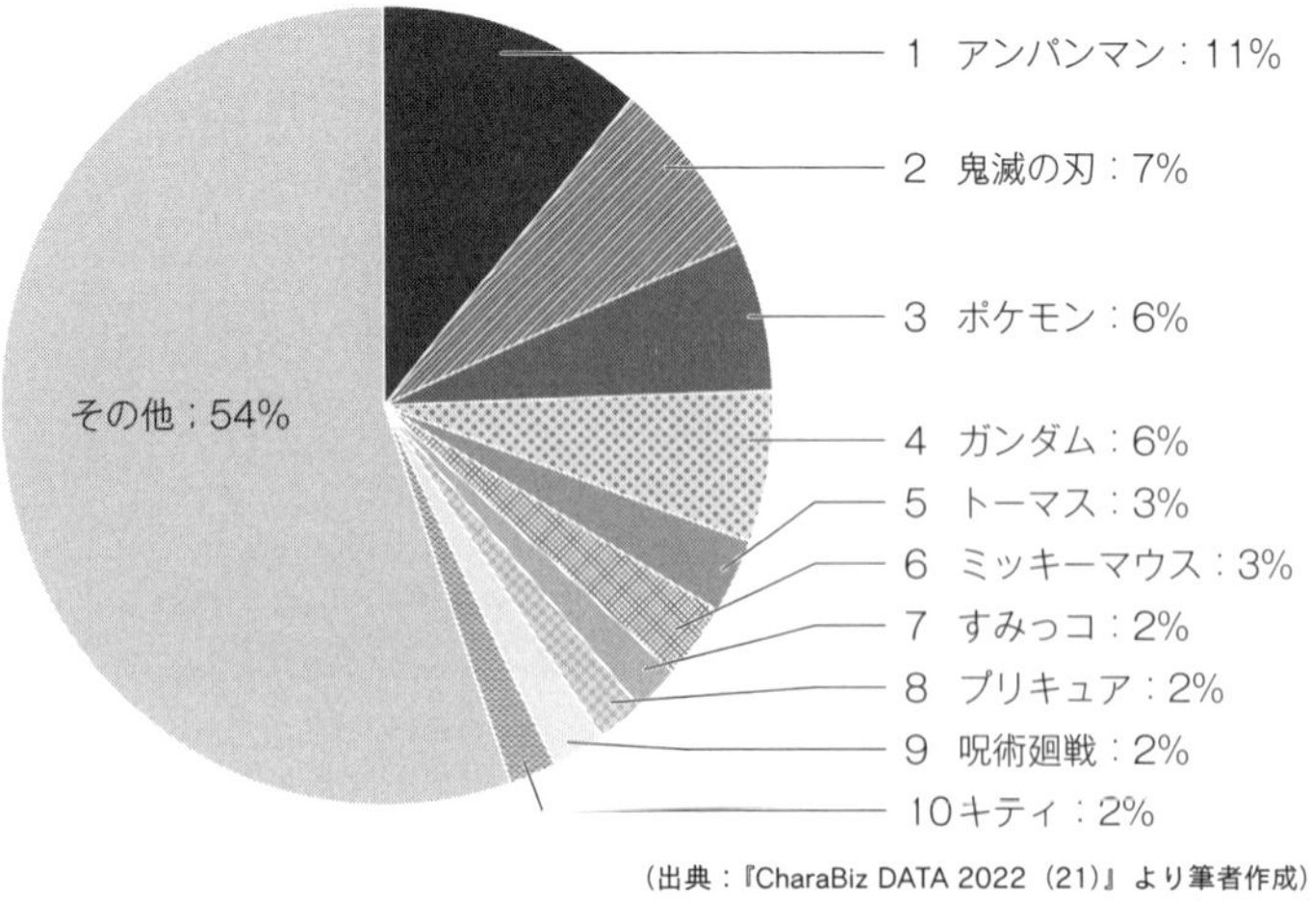

（出典：『CharaBiz DATA 2022（21）』より筆者作成）

母を失い、弟を失い、戦争の苦悩が生み出した作者やなせたかし

1919年に高知県で生まれたやなせたかし氏は、4歳のときに新聞社に勤めていた父が単身広東で客死（33歳）、その後、やなせ氏は母・祖母と3人で借家暮らし、やなせ氏の弟・千《ち》尋《ひろ》は開業医の伯父の養子として引き取られる。やなせ氏が小学2年生のときに母は再婚し、やなせ氏も伯父に引き取られることになる。そのときかけられた「あなたは身体が悪いから、大きくなるまで病院であずかってもらうのよ」という言葉を信じていたという。[01]

暗くてシャイ、本や絵の虫だったやなせ氏に対し、弟はハンサムで成績優秀で文武両道、京都大学に進学したとあって、なにかと比較されてきた（戸籍上も父が鬼籍、母が再婚、弟は養子で自分の戸籍に誰もいない状態）。その後、進学などに悩み、自殺を考えるほどになったやなせ氏だが、東京高等工科芸学校の図案科（現在の千葉大学工学部）でデザインを学ぶ中で徐々に安定した生活を手に入れるようになる。[02]

それから戦時従軍で1943年に中国福州に派兵、敵前上陸による死を覚悟したのが24歳のときだ。ラジオで日本の敗戦を知った所属部隊の武闘派が落胆する中、カメラマンや小説家、画家、役者など、文科系が部隊のリーダーシップを握るようになり、やなせ氏もその中で、演劇の脚本・演出などを手掛けたりもした。日本に帰任すると、弟・千尋が比島バーシー海峡で死亡していたことが知らされる。[03]

終戦後の20年間、30〜40代のやなせ氏はとにかく「器用なマルチタスカー」という印象だ。

01〜09、11 やなせたかし『アンパンマンの遺書』岩波現代文庫、2013年

1946年に高知新聞社の記者になり、記事執筆や挿絵の仕事から始まり、上京して結婚。日本橋三越の宣伝部を経て、漫画家を志しながら舞台美術家・演出家・放送作家・司会者・コピーライター・作詞家などくる仕事くる仕事なんでも受けた。なんでも器用にこなす反面、「代表作」に恵まれなかった[04]。

そうした中、有名歌謡曲「手のひらを太陽に」(1961年)の作詞なども手掛けるが、肝心の漫画の面では同期・後輩の漫画家たちが1960年代のブームにのる中で〝遥か後ろで置き去りにされている感覚〟にさいなまれ続けた[05]。

手塚治虫×サンリオ創業者がアンパンマン誕生のキーマン

転機となったのは手塚治虫氏との出会いだ。やなせ氏の評判を聞きつけた(やなせ氏の10歳年下ながらすでに漫画界のトップ作家だった)手塚氏は、『千夜一夜物語』のキャラクター・デザインをやなせ氏に依頼する。この虫プロにおける製作の仕事は大きな刺激となったと同時に、いくつも採用されたことで「ぼくはキャラクター・デザインというのはいくらか自分に向いているのではないか」と自信を深める結果にもつながった[06]。

なお、アンパンマンは1768体のキャラ数を誇り、「単独アニメシリーズのキャラクター数」で2009年にギネス世界記録に認定されている。

こうして完成した『千夜一夜物語』のヒットのお礼として、手塚氏は「何かアニメーションの短編を自由に作ってください。製作費は、ぼくのポケットマネーで出します」とやなせ氏に〝仕事〟という最大の贈り物をしている。それが1967年にラジオドラマからアニメ化が決まり、最初のやなせ氏の代表作となった『やさしいライオン』だ[07]。

もう1つの転機は、サンリオ創業者の辻信太郎氏との出会いだ。8歳年下の辻氏はサンリオの前身、山梨シルクセンターを1960年に創業し、やなせ氏の詩集を出すために社内に出版部門を立ち上げた[08]。

やなせ氏の処女作となる『愛する歌』（1966年）は予想外のヒットとなり（10万部販売）、その縁が続く中で、「社長、雑誌をひとつつくらせてくれませんか。詩の本ですから、売れませんが季刊でうすい本にして、編集費は無料でぼくが独力でやります」という、やなせ氏の願いをかなえようと、「場」を与えたのがサンリオの雑誌『詩とメルヘン』だ。初版1万5000部は完売し、5刷までいったという[09]。

すでに50歳を目前にしていたやなせ氏は、シンプルな線画を中心としていたからか「劇画ブーム」に置いてけぼりにされており、この手塚治虫氏と辻信太郎氏の2人との出会いがなければ、アンパンマンが世の中に生まれることはなかったかもしれない。

「大人向け→子供向け作品」の転換期

アンパンマンの設定には大人向けと子供向けのものがある。

最初は大人向けとしてスタートし、1968年に絵本『バラの花とジョー』に登場したときには、空腹の人を助けるためにアンパンを配り歩く〝人間〟のキャラクターであった。1970年の『十二の真珠』に登場したときのアンパンマンは、決してカッコよくもない、お腹の出た中年のヒーローであった。しかも地味なアンパンを渡し歩く姿は、他のヒーローからの笑いもの。滑空中に戦闘機と間違えて撃墜されるという衝撃のラストで終わる。これがなぜか「アンパンの顔で空を飛ぶヒーロー」に次元転移したのが1973年にフレーベル館から出た『あんぱんまん』だ。ここから〝子供向けのアンパンマン〟が始まる。出版社からは評判が悪かったが、幼稚園児など子供世代の評判を聞くようになり、漫画ブームに入る前の3~4歳が図書館に殺到して借りるようになっていた1970年代半ばに、やなせ氏は「この小さな読者に向き合い続けよう」と現在ある乳幼児向けアンパンマンの世界を完成させていく。

「敵」の存在も物語には必要不可欠だ。ばいきんまんの登場は絵本ではなく1970年代後半のアンパンマン・ミュージカルから。個性のある悪役がいないと物語が引き締まらない。リアルな子供の反応を見ながらミュージカルを作り替え、黒いハエをベースにした「ばいきんまん」を発明、「ハ~ヒフ~ヘホ~!」と登場させると子供たちがみんな大笑いした。[10]

欧米とは異なる超日本的ヒーロー像、善悪内包のアンパンマン

アンパンマンはそのまま日本の象徴でもある。西洋文明から持ち込まれたパンに中身は日本

10 「アンパンマン放送30周年!『まあ1年続けば……』と言われたアニメが人気爆発したワケ」文春オンライン、2018年10月3日

産のアンコ。そのパンを作るのに必要なのは「菌」、ばいきんまんもかびるんるんもパンと共生関係にある。だからばいきんまんは常に攻撃を仕掛け、物語も進めながら、お互い徹底的にやりこめることはない。撃退はすれども殺しはせず、時には味方にすらなる。

同時にヒーローとしては唯一無二の条件も加味されている。アンパンマンは助ければ助けるほど自分は弱っていく、という設定だ。〝食べられる〟状態になって初めて人を助けられる、だが人間と同じで助けることは常に痛みやリスクを伴い、それでも踏み出す一歩の勇気こそが彼をヒーローたらしめる。決してイケメンでもなく、弱点も多く、他のヒーローやジャムおじさんらに助けられながら、なんとか人助けを継続する〝弱いヒーロー〟アンパンマン。彼は欧米型ヒーローとは一線を画している。

この世界は幼児向けとは思えぬほど驚くべき深い設定にあふれており、その善悪内包のヒーローの多様性を象徴するのがロールパンナ（1994年初出）だろう。パン種に「バイキン草」エキスが混ぜられ、善と悪の二つの心をもち、時に悪側に寝返る危うさがある。善／悪はどちらにでも裏返る、というのはまさにやなせ氏自身が戦前と戦後でがらりと変わった社会的矛盾を経験し、そうした中でも「飢餓をアンパンで救う」というその一歩だけはあらゆる立場において善なのだということを伝えようとしている。

アンパンマンの5兆円経済圏

絵本で子供の心はつかめても、テレビアニメ化は難航した。アンパンマンの顔を与える設定の改変、スポンサーのパンメーカーからのばいきんまん削除依頼などさまざまな「調整依頼」をやなせ氏は徹底拒否。反対の声もある中、どうしてもアニメ化したいという若手プロデューサーは何度も企画書を提出し、昭和天皇体調悪化で自粛ムードの中でも2年以上かけてようやく放送されたのが1988年のテレビアニメだ。[11] 意外な高視聴率と文化庁賞の表彰などで放映期間の延長が1989年に決まって以来30年強にわたって放送が続いており、すでに1600話以上と『ドラえもん』に迫る勢いだ。

69歳でアニメ化を実現したやなせ氏はこう述べている。

「手塚治虫や石森章太郎のような天才がひしめいていた当時の漫画界に、ぼくが座る椅子はありませんでした。それを承知で満員電車に乗り込み、諦めて途中下車せずに立ち続けていたら、あるとき目の前の席が空いた。七十過ぎてアンパンマンがヒットしたことを、僕はそんなふうに捉えています[12]」

アンパンマン経済圏は30年もの間、関連商品売上で1500億円を下回ったことがなく、国内で言えばハローキティと並ぶ二大ライセンスキャラと言えよう。[13]

玩具であればその半分がメーカーに入り、ライセンスであれば5%程度が日本テレビやトムス、フレーベル館といった委員会権利者に入ることになる。それだけでも毎年70~80億円規模

12　「知るを楽しむ 人生の歩き方 ―やなせたかし 正義の味方はカッコ悪い！―第2回『夢を託されて』」NHKクロニクル、2008年10月22日

13　ACMの渡辺一彦社長が、取材に対して明かした

だ。

バンダイグループの毎年100億円程度のアンパンマンIP売上の97％は「玩具」であり、ゲーム化やそのほかの展開での数字は限定的である。映画興行も過去35作品、コンスタントに4～6億円の興収を記録し、乳幼児を入れるとおよそ50～60万人が入れ替わりながら見続けてきた。

1996年の高知県から始まるミュージアム事業は、2007年横浜以降どんどん集客数を増やし、日本全国の現時点6施設で年間300万人以上もの客を集め、物販をあわせて年30～50億円といった事業規模、2017年以降は日テレの子会社となっている。課題は海外、公式ライセンス契約は台湾で2008年、中国で2023年になってからの話で、現在の市場はほぼ国内中心だ。

2013年に94歳で亡くなる最後まで「あんぱんまん」とともにあり続けたやなせ氏は、『詩とメルヘン』の仕事を無報酬で受け、阪神・淡路大震災の危機を目にして1996年に高知県「アンパンマンミュージアム」の建設を推進、2000年に日本漫画家協会理事に就任して自社ビル

図表1-8　アンパンマンの推定キャラクター経済圏

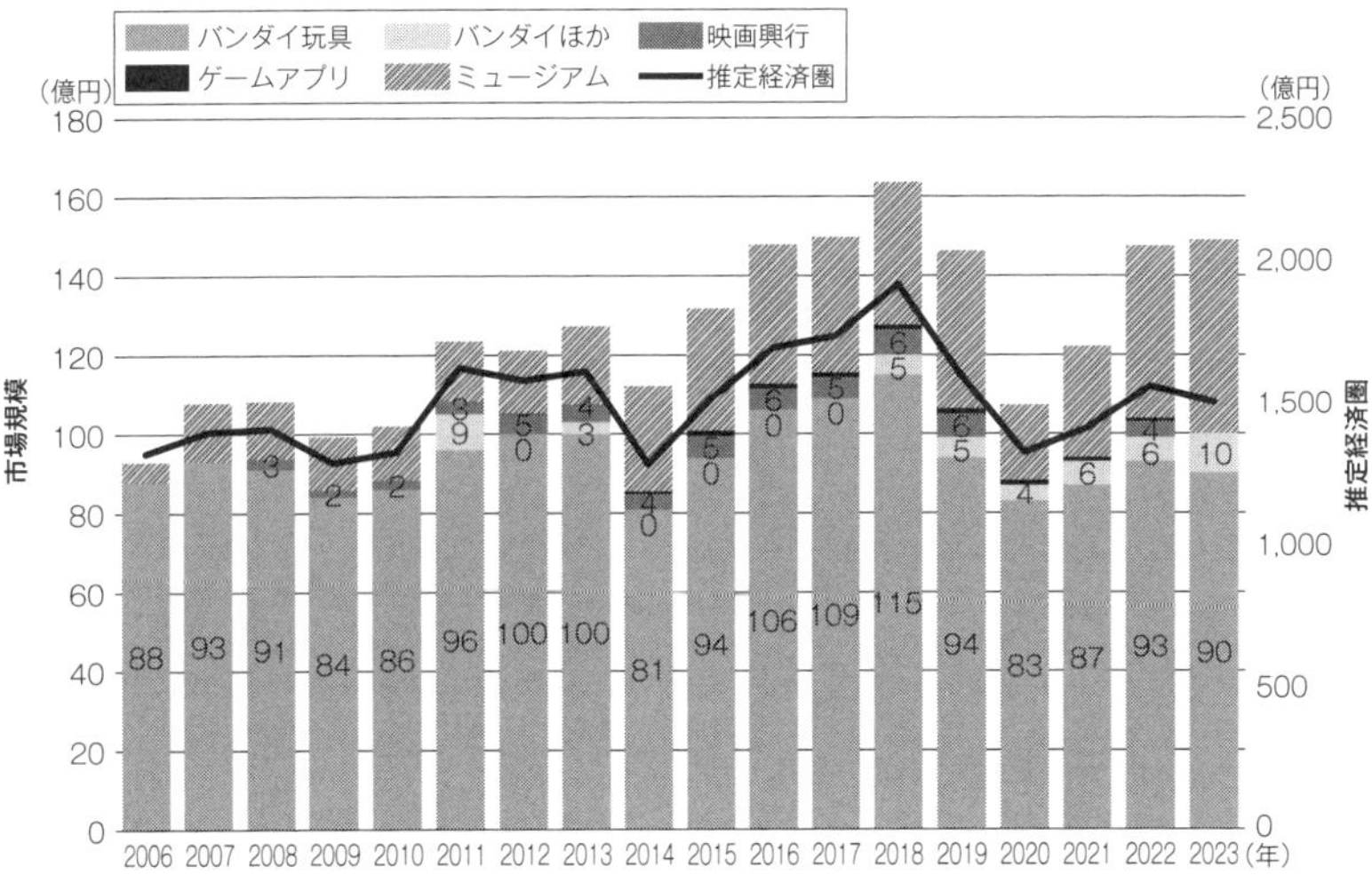

(出典：バンダイナムコHDのIP別売上IR資料、ACM決算公告などから筆者作成、推定経済圏は1500億円超の小売売上を可視化できる市場規模に連動させたもの)

に賃料なしで協会事務局を入居させていたり、まさに彼自身が苦しいときに多くの人に糧を与え続けた「アンパンマン」であった。

亡き弟をしのび、離別した母への憧憬をドキンちゃんに込めたように、この世界は彼が生きたほぼ1世紀間の人生そのものだ。善悪の矛盾は敗戦国日本でしか経験しえなかった思いが込められ、その創作は劣等感の塊だった彼自身を奮い立たせるものでもあった。こんな重たいものが、シンプルな線と物語と音楽と言葉にのって今もまた新たに生まれる2～3歳児を魅了し続けているという事実は、長いキャラクター史の中でも類例のない出色の一点である、と断言できる。

最後に、改めてアンパンマンの主題歌「アンパンマンのマーチ」の一節を紹介する。

そうだ　うれしいんだ
生きる　よろこび
たとえ　胸の傷がいたんでも

図表1-9　アンパンマンの国内外の関心度の高さの推移

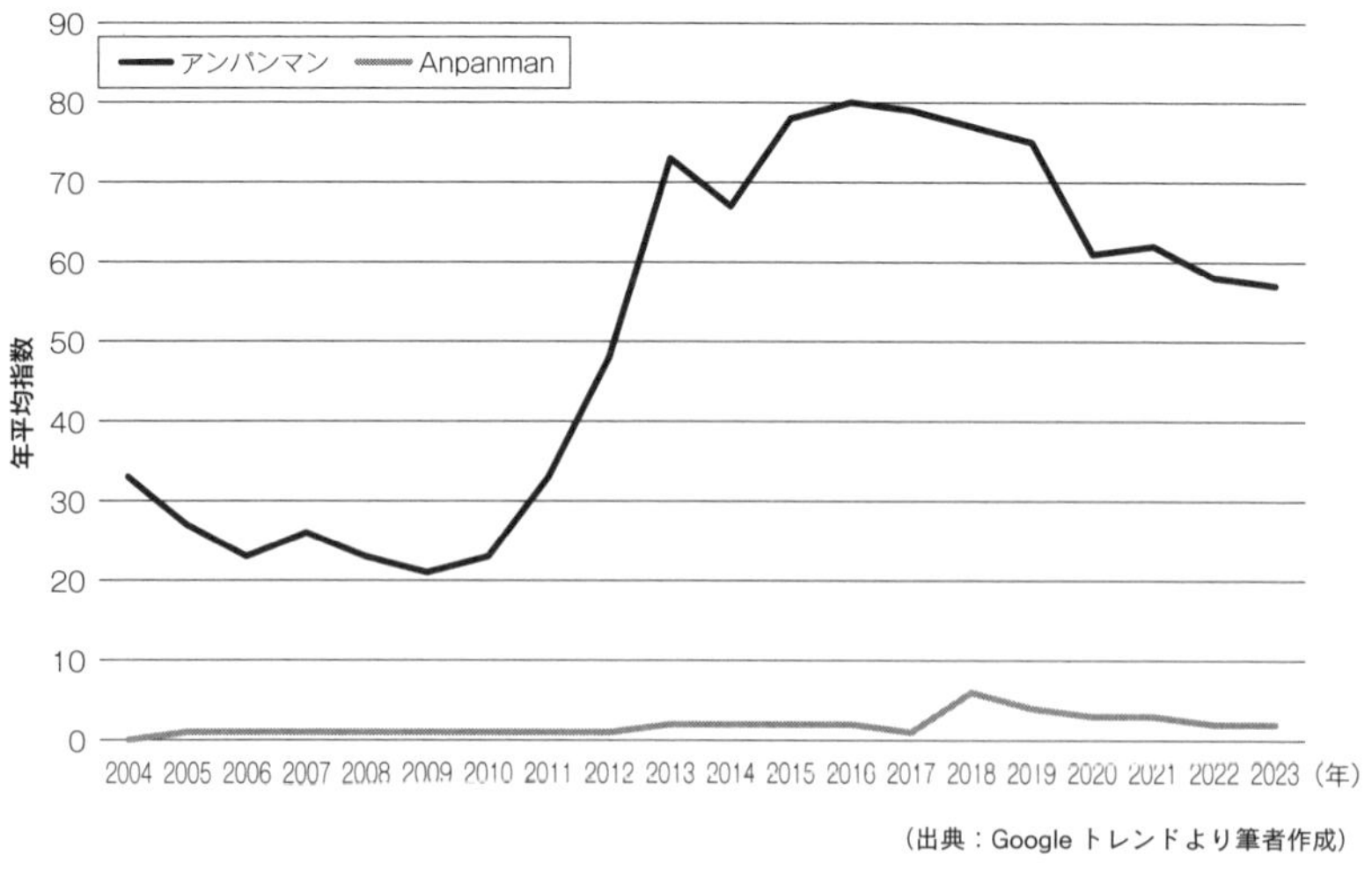

（出典：Googleトレンドより筆者作成）

なんのために　生まれて
なにをして　生きるのか
こたえられない　なんて
そんなのは　いやだ！

今を生きることで
熱い　こころ　燃える
だから　君はいくんだ
ほほえんで

（出典：アンパンマンのマーチ、Ｕｔａ－Ｎｅｔ）

マンガ雑誌→アニメ→コミックスという出版発
メディアミックスの黎明を切り開いた ドラえもん

作者・藤子不二雄氏の最初のアニメ化ヒット作『オバケのQ太郎』

ドラえもんの作者・藤子不二雄氏の名前は、藤本弘《ふじもとひろし》氏と、安孫子素雄《あびこもとお》氏の2人のマンガ家による共同ペンネームである。1933年12月生まれの藤本（F）と、1934年3月生まれの安孫子（A）は、富山県高岡での小学校以来の同級生だ。

藤子不二雄氏にとって、キャラクター市場を切り拓くことになった最初の作品は、1964～1976年連載の『オバケのQ太郎』であった。当時は国内だけでは採算がとれないため、無理やり〝無国籍化〟させて海外に売るアニメ作品が多く、『鉄腕アトム』（1963年）に倣ってヒーローものばかりが制作・輸出されていた。

オバケのQ太郎も無国籍化が要求される中で、「分厚い唇が黒人を連想させるから海外ウケがいいのではないか」という今では考えられないような意見も出たという。そうした中で、1965年にアニメ化され、1967年に打ち切りになる。[01]

01　南博『ドラえもん研究 子どもにとってマンガとは何か』ブレーン出版、1981年とはいえ、視聴率が低かったわけではない。視聴率30％程度を記録する大人気コンテンツであったが、1980年代に至るまでアニメ化は〝原作を食いつぶすもの〟としか考えられていなかった。「映画化されれば別ですが、テレビになっても本の売れ行きは関係ありません」とされ、スポンサーだった不二家のお菓子が売れなくなったというだけであっさり中止となった。

これは藤子不二雄氏にとっては挫折体験であり「僕たちはまだまだオバQに愛着があったが、テレビ局、スポンサー、出版社という三大勢力のドッキング作戦にはさからえず、パーマンという新キャラクターをつくった」と振り返っている。[02]

ドラえもんは1度目失敗。なぜ「2度目のアニメ化」は実現したのか？

ドラえもんの漫画連載が始まったのは1969年のことだ。当時、作者である藤子不二雄氏はすでにデビュー19年目と、キャリア成熟期を迎えていた。ドラえもんはそうした時期の作品でもあり、またその世界観・設定は、あまり人気の出なかった過去作『21エモン』に依っている部分も大きい。

実際に1973年4～9月に放送されたテレビアニメ（制作：日本テレビ動画）は、声もキャラクター設定もちぐはぐで人気もそこそこ。最後はアニメ会社が倒産して夜逃げしたために中止となるなど、テレビアニメ化に一度失敗しているのだ。

このように、1970年代におけるドラえもんは、あくまで「卒業していく〝子供〟に向け

02 藤子不二雄Ⓐ、藤子・F・不二雄『藤子不二雄Ⓐ 藤子・F・不二雄 二人で少年漫画ばかり描いてきた』日本図書センター、2010年

た一時的な娯楽作品」に過ぎなかった。それは「ゴジラ」も「ウルトラマン」も「アンパンマン」も同じ、1970年代はキャラクターのブームが5年以上続くことなど考えられなかった時代だ。

藤子・F・不二雄氏はコツコツと学年誌でドラえもんを連載し続けた。なにせ1970年代は小学館学年誌の黄金時代。『小学一年生』から始まり、各学年誌がそれぞれ毎月100万部超えを記録するお化け雑誌となり、当時の新興出版社であった小学館を急成長させた時代である。藤子不二雄氏は、対象学年に合わせてストーリーの難しさを変えつつ、各学年誌の連載が1年で最終回を迎えるよう意識しながらドラえもんを描き分け続けた。

もともとドラえもんは、低学年での卒業が見込まれた〝人気に時限性のある作品〟と考えられていたが、人気のあまりに小学五年生や六年生を対象とした学年誌でも連載が始まった。これが1974年のことである。[03]

こうした学年誌の盛り上がりからも分かるように、1970年代は〝学年ごと〟で遊びや娯楽が異なる傾向があった。それが、いわゆる「子供」「青年」という、異なる年齢の集団が共通のコンテンツに触れるようになるきっかけがテレビであった。ドラえもんが人気になるのもまさに、1979年にアニメ制作会社のシンエイ動画とテレビ朝日が始めた、2度目のテレビアニメ化からだ。

すでに1度目のアニメ化でいいように振り回されてきた藤子不二雄氏は反対していたが、それを覆したのが後のスタジオジブリを牽引したアニメ監督・高畑勲《たかはたいさお》氏である。

03　横山泰行『ドラえもん学』PHP研究所、2005年

「ドラエモン〝覚書〟」として、高畑氏が設定したドラえもんアニメのポリシーこそが、そこから45年以上にわたり1400話以上を展開する「テレビアニメシリーズ」を生み出す原点である。

「ドラエモン」の魅力はドラエモンという不可思議な存在が、その存在のリアリティを子供に植えつけることで増加するわけでなく、ドラエモンがポケットから出すものによって、平凡な日常生活が急に活気を帯び、楽しく夢のあるものになったり、なりかけて駄目になったり、イタズラ心や子供っぽい復讐心に刺激を与えられて、笑いを解き放たれるところに、その魅力があるのだから、短（ママ）刀直入に個々のエピソードを展開しはじめたほうが良いだろう。

　同じような意味で、のび太、パパ、ママ、しずか、スネ夫、ジャイアンなども、最も一般的なタイプを代表していて、ドラエモンの道具によって異変が持ちこまれるべき「日常生活の世界」を最もシンプルな形で構成しているのだから、この藤子不二雄（夫と書きかけて修正）的人物達とその関係は子供達に一目瞭然であり、余計な説明も聞づ

図表1-10　小学館の学年誌におけるドラえもんの扱いの変遷

雑誌	発行年	『ドラえもん』掲載年	発行部数（ピーク）	発行部数（近年）
よいこ	1956～1995	1970～71、73	―	―
幼稚園	1932～	1970～71、73	―	10.3万(08') →4.7万部(13')
小学一年生	1925～	1970～74、75～86	1973年128万(シェア60%)	25.5万(08') →14.2万部(13')
小学二年生	1925～2016	1970～86	1974年116万	16.7万(08') →6.6万部(13')
小学三年生	1925～2012	1970～86	1973年102万	12.1万(08') →5.0万部(11')
小学四年生	1924～2012	1970～86	1973年82万	9.1万(08') →2.9万部(11')
小学五年生	1922～2010	1970～86	1973年63万	6.2万部(08')
小学六年生	1922～2010	1970～86	1973年46万	5.0万部(08')
中学生の友	1949～1963 (57～63) 1/2/3年		―	―
女学生の友	1950～1977		―	―
コロコロ	1977～	1977～	1955年150万部	90万(08')→62万部(13')→33万(22')
てれびくん	1976～	1977、1979～83	40万部	4.6万(22')

（出典：各種 Wikipedia などから著者作成）

けも不要である。

（藤子・F・不二雄ミュージアムにて展示された手紙より）

この企画書を読んで、初めて藤子不二雄氏は2回目のアニメ化を承諾したのだった。[04]

「アニメ化成功」衝撃の効果、「コミックスビジネス」の発明

雑誌で読者のすそ野を広げて、コミックスで売上を回収する、という現在では当たり前のモデルを〝発明〟したのは、実はドラえもんからである。学年誌連載で人気作品になっていたとはいえ、最初期のコミックス5～6巻までの売上は1巻あたり10～20万部が関の山。ピーク期の1973年時点で、小学1～6年生をすべて合わせて約500万人が「毎月読んでいる」状態だったが、そのうちコミックスまで購入するのは2～3％といったところ。

それが劇的に変わるのは1979年。2回目のアニメは大成功で、それまで累計450万部だった『ドラえもん』のてんとう虫コミックスの売上は1年であっという間に1900万部に到達。『ドラえもん』18巻が初版100万部に到達した1978年は『キャンディ♡キャンディ』7巻も初版85万部と、コミックス市場が切り開かれたタイミングである。[05]

1980年当時はまだマンガ雑誌が1663億円、マンガコミックスが577億円で1／3の規模であった。それが1981年『Ｄｒ．スランプ』6巻で初版220万部から1994年

04　高畑勲『ドラエモン“覚書”』藤子・Ｆ・不二雄ミュージアム展示資料

05　中野晴行『マンガ産業論』筑摩書房、2004年、二上洋一『少女まんがの系譜』ぺんぎん書房、2005年

『SLAM DUNK』21巻の初版250万部と急増し、1990年頃にはコミックス市場はマンガ雑誌市場の2/3にまで成長して、2005年についに凋落するマンガ雑誌の市場をコミックスが凌駕《りょうが》するようになるのだ。

年間3〜4回発行されるコミックスは、流し読みされて消費される「マンガ雑誌」の読者層にアーカイブを与え、何度も読み返すことを可能にした結果、一つの作品への愛着を育てることにつながった。雑誌連載と定期的なコミックスの発刊という、1980年代から花開く日本独自のメディアミックスは、この1979年のドラえもんから始まったのだ。

『ヤングジャンプ』『コロコロコミック』時代の市場変化

1970年代には分断されていた子供/青年/大人の娯楽は、1980年代にテレビ、アニメ、そしてマスメディア化する雑誌の力によってどんどんと広範なものになっていく。それと同時に「日本独自の世界」も描かれるようになる。なぜ1960年代はスーパーヒーローものばかりが描かれたかといえば、国内では採算がとれず輸出しないとペイしない。だから西洋風の家への改変やキャラクターの無国籍性が求められた。[06] 母国市場がそれなりのサイズに成長して、はじめてそうした制約は取り払われたのだ。だが日本のみで市場が成立するようになるとマンガもアニメも日本独自の世界を自由に描けるようになる。

日本市場の拡大は、子供以外のユーザーの発見に基づく。1979年の機動戦士ガンダムな

06 南博『ドラえもん研究 子どもにとってマンガとは何か』ブレーン出版、1981年

どを皮切りに「ヤングアダルト」と呼ばれる青年期でもマンガ誌・コミックスなどにお金を使う層が生まれていく。実際に「青年漫画誌」が発行されるのは『ヤングジャンプ』（1979年）『ビッグコミックスピリッツ』『ヤングマガジン』（1980年）などこの1980年前後の話なのだ。

そういう意味では、学年誌で分断されていた子供の世界をつなぎ合わせた『コロコロコミック』の貢献に言及しないわけにはいかない。

1977年5月、コロコロ創刊号はそもそも200頁もあり、その表紙を飾っていたのがドラえもんであり、いくつかほかの作品も掲載はされているものの、コロコロは明らかに「ドラえもん＋α」で始まった雑誌と言えるのだ。『ゲームセンターあらし』や『とどろけ！一番』などヒット作が生まれる2～3年の間の発射台になっていったのがドラえもんで、初代編集長の千葉和治氏も「『ドラえもん』がなかったら『コロコロコミック』も生まれていないんですから」と明言している。[07]

1986年、藤子・F氏が胃がんを患ってからは、連載頻度を落としたり再録を増やしたりしながらも、1996年に逝去するまでずっと描き続けていた最後の媒体がコロコロであった。

ドラえもん市場9000億経済圏

ドラえもん経済圏の中心はコミックスである。初版100万部、累計2000万部と198

07　渋谷直角『定本コロコロ爆伝!!　1977－2009「コロコロコミック」全史』飛鳥新社、2009年

0年初頭にマンガの黎明《れいめい》を切り開いたのがドラえもんだ。そのコミックスの累計売上は2億5000万部（2019年時点）と、『ONE PIECE』などの作品によって追い抜かれるまで国内コミックス市場のトップを走り続けた。[08]

その意味では1980〜2000年代の30年間にわたってマンガ／アニメ／映画のメディアミックスの金字塔であり続けた作品と言えるだろう。だがそのコミックスも、1969年からの連載による単独の人気というよりは、その世界観を存分に生かしたアニメ界の巨匠高畑勲氏のコンセプトメークがあり、その人気にのって1979年からのテレビアニメによって急激に「数十億円売上」という市場が生まれた。

劇場版映画としてゴールデンウィークのファミリー向けアニメが始まったのも1980

図表1-11　ドラえもんのデビュー掲載誌の作品数

	小学一年生	小学二年生	小学三年生	小学四年生	小学五年生	小学六年生	てれびくん	コロコロ	よい子・幼稚園他
1970	12	12	12	12					24
1971	12	12	13	12					7
1972	12	12	12	12					3
1973	12	12	12	12	9	9			19
1974	3	12	12	12	12	12			8
1975	5	12	12	14	12	12			2
1976	12	12	12	13	13	13	1		3
1977	12	12	12	13	12	12	6		
1978	12	12	12	12	12	12		1	1
1979	12	12	12	12	12	12	8	1	
1980	12	12	14	12	12	12	12	12	
1981	12	12	14	12	12	12	12	1	
1982	12	12	12	12	12	12	12	1	
1983	12	12	12	12	12	12	3	1	
1984	12	12	12	12	12	12		2	
1985	12	12	12	12	12	12		1	
1986	8	8	8	7	7	7		1	
1987	2	2	5	2	1	1			
1988				7				1	
1989			9	12	9			1	
1990	1		11	10	12			1	
1991			2	1	1			1	
1992								1	
1993								1	
1994			1					1	
1995								1	
1996								1	

（出典：横山泰行『ドラえもん学』より筆者作成）

08　「ドラえもん、誕生50周年にビックリ新刊！『第0巻』27日発売」サンスポ、2019年11月27日年公開の『ドラえもん のび太の恐竜』からだ。その後『ドラゴンボール』が1986年、『アンパンマン』が1989年、『クレヨンしんちゃん』が1993年、『名探偵コナン』が1997年、『ONE PIECE』が2001年と、毎年恒例の定番劇場版アニメというフォーマットに各作品が続々参入してくる。

テレビアニメが海外で放送されるようになった1980～1990年代、アジアを中心にドラえもんファンは少しずつ育っていた。2000年代から劇場版もスペイン、イタリア、台湾、韓国、ベトナムといった地域でそれなりの売上を出すようになったが、この長い〝潜伏期間〟の間に想像もしない市場が育っていた。それが中国である。

2014年、ようやく日本映画に上映許諾が降りるようになったこの時期に『STAND BY ME ドラえもん』で3DCG化されたドラえもん映画は、国内で79億円のところ、中国で5億元（100億円）と、母国を超える成果を出し、日本映画の中国興収最高記録（当時）をたたき出した。

それまでコミックスで毎年20億円（400～500万部）、定番映画で30億円、商品で数百億円程度と言われていた国内中心の経済圏において、突然映画だけで200億円を超えるような収益を生み出してしまったのだ。

2020年の『STAND BY ME ドラえもん 2』もまた全世界で6500万ドルという成果を挙げ、ドラえもんはアジアを中心とした世界に広がる存在であることが証明された。単に3DCGだから流行った、というわけではない。放映後に配信サイトにも掲載され、英語だけでなく中国語・韓国語など複数言語で吹き替え・字幕があるドラえもんアニメがこの『ＳＴＡＮＤ ＢＹ ＭＥ ドラえもん２』しかないのだ。

２０２３年12月に日本でも配信サービス『ドラえもんＴＶ』が始まったばかり。Netflixや他の配信サイトにのっている２Ｄアニメは一部エピソードの抜粋かつ、英語字幕すらない状況だ。この点では海外で需要が高騰している中で、いまだドラえもんの映像がどこでも見られる状態になっていない現状は課題も多い。

こうした海外での反響を反映するように、２０１０年代に入るとＧｏｏｇｌｅトレンドでも「ドラえもん」よりも「Doraemon」のキーワードの方が圧倒的に検索ボリュームが大きいのだ。

１９６９年に始まり、１９８０～90年代と日本のマンガ・アニメのビジネスモデルを切り開き、２０１０年代から海外人気が発火した〝ばかり〟のドラえもんは、まさにこれからが「世界のドラえもん」になっていく新たなチャプターの始まり、と言えるだろう。

図表1-12　ドラえもんの推定キャラクター経済圏（商品化除く）

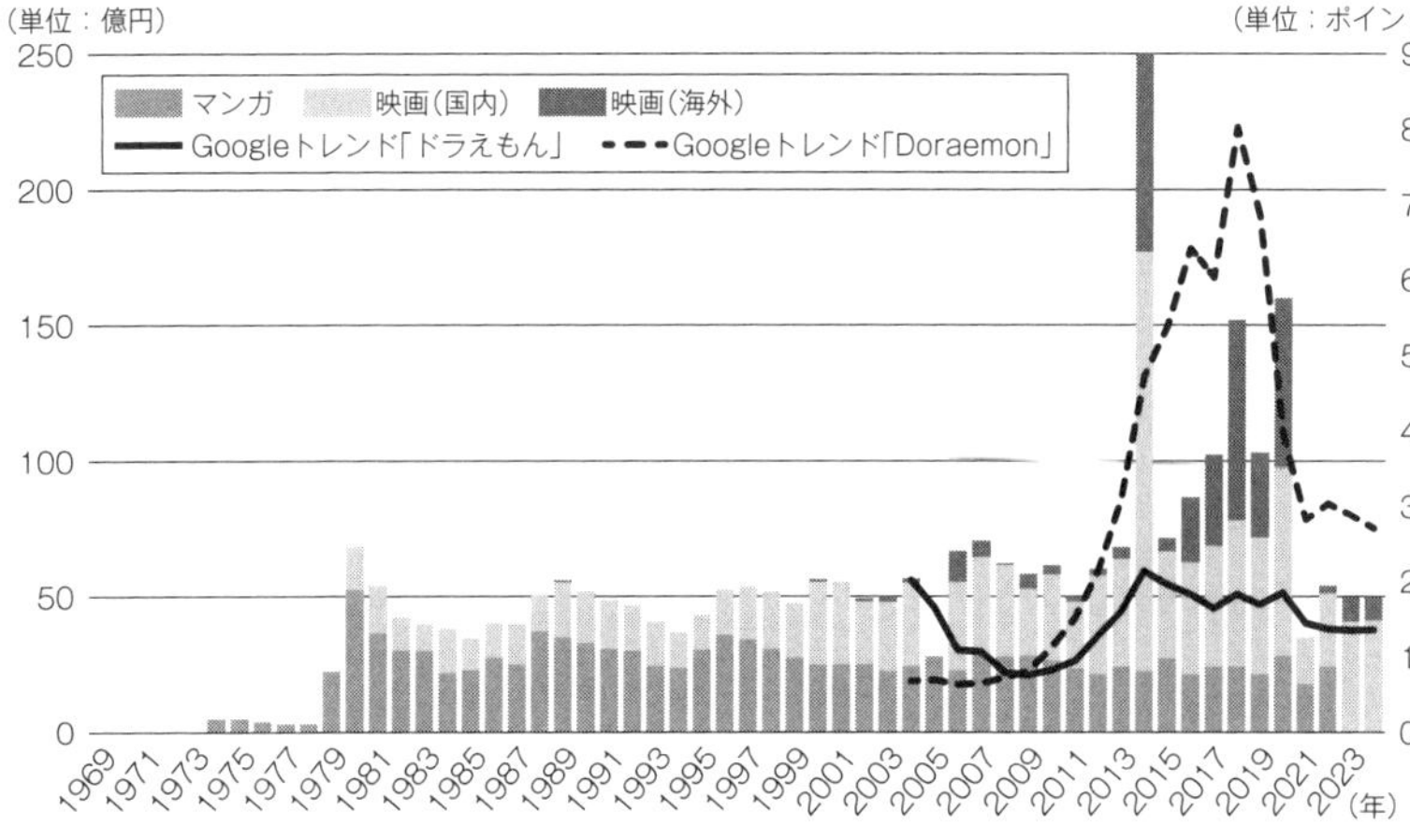

#「みんななかよく」で世界中の女性を虜にした ハローキティ

最強キャラ企業「サンリオ」と「ソニー」の意外な関係

ハローキティの生みの親であり、サンリオ創業者の辻信太郎氏（1927年生まれ）は、もともと山梨県庁で働く公務員であった。1960年の退職後、山梨県庁の外郭団体であった「山梨シルクセンター」を独立・起業する。これが、サンリオの始まりだ。

辻氏の創業初期の異名は「いちごの王さま」。1962年に「いちご」をデザインにしたハンカチがよく売れ、それが会社のアイコンとなったからだ。その後、〝かわいい〟モノを集めようと、1965年頃に天才画家としてマスコミに取り上げられ始めた水森亜土《みずもりあど》氏のキャラクター「亜土ネコミータン」を伝統工芸品の陶磁器と組み合わせた。今の時代に例えるなら、「ちいかわ」で歌舞伎をやるような大胆な取り組みであったが、それがよく売れた。

この成功に加え、アンパンマンの作者やなせたかし氏や、漫画『小さな恋人』などで知られるトシコ・ムトー氏など、外部デザイナーを起用し、「キャラクター・ギフト」と謳い市場を開拓した。この流れの中で、人気キャラクター「スヌーピー」で知られる海外の漫画『ピーナッツ』(作者:チャールズ・M・シュルツ)にも目を付け、ライセンス契約を結び、大成功を収める。

このように、外部のデザイナーと協力しながら成功を収めていたサンリオは、その後、キャラクター・デザインの内製化を目指し、キャラクターづくりのヒントを得るため人気動物の市場調査を始める。当時、ユーザー人気の高い動物は1位がイヌ、2位が白いネコ、3位がクマであった。イヌのキャラクターはすでにスヌーピーがあるため、2番目の白いネコをキャラクターにすることにした。こうして社内のデザイナー清水侑子(楠侑子)氏と創り上げたのが、後の「ハローキティ」である[01]。

そうした中、同社は1973年に社名を変え「サンリオ」(聖なる河)へと生まれ変わっている。1955年にほとんど海外売上もたっていない東京通信工業の社名を「ソニー」に変えた盛田昭夫氏と同じように、世界に名を轟《とどろ》かせるという高い目標をベンチャー時代から持っていたのだ(当時ソニーが日本で初めてカタカナを使った社名にしたと言われている)[02]。辻氏は、そのソニーを強烈にベンチマークし、世界に冠たる企業を作り出そうと必死だった。社員デザイナー第一号の稲垣美津江氏は、当時の状況を次のように回想している。

「とてもきたない事務所で、壁に『ソニーに追いつけ』とか『目指せ年商10億円』なんて書いてあるんです。夜は社員を集めてシューベルトだよ、みんなで聴こうなんて社長

01 上前淳一郎『サンリオの奇跡 世界制覇を夢見る男達』PHP研究所、1979年、「ボクらを作ったオモチャたち シーズン2『ハローキティ』」Netflix オリジナル作品、2018年
02 盛田昭夫『MADE IN JAPAN』朝日新聞社、1987年

がいうんです。会社というより、学校のサークルの事務所みたいでした」
（出典：西沢正史『サンリオ物語』サンリオ、1990年）

売上「18億円→323億円」に急増、サンリオは何をしかけた？

この時期、会社として米国展開と映画産業への参入を進める。辻氏はディズニー製作のアニメ映画『ファンタジア』（1940年）に魅了され、米国出張中にディズニースタジオを訪れる。そこで、これからは情報産業・映像の時代だと確信し、1974年、ロサンゼルスにサンリオ・フィルムを設立する。

やなせたかし氏原作のアニメ映画『ちいさなジャンボ』（1977年）を皮切りに『キタキツネ物語』（1978年）など、合計7本のアニメ映画を50億円以上も投じて製作した。このうち『愛のファミリー』（1977年）は日米合作であり、はじめて米国のアカデミー賞にも輝いたが、収支としては7本すべてが赤字だった（その後、1980年代後半にサンリオ社の米国展開は多くの失敗を重ね、ニューヨークオフィス閉鎖。米国事業はカリフォルニアに集約されることになる）[03]。

それでも辻氏は諦めることなく、その後も日米合作映画『星のオルフェウス』（1979年）を作っている。製作段階においては脚本を伊丹十三氏、主題歌をロックバンド「ローリングストーンズ」のミック・ジャガー氏（※日本公開前に差し替えられる）という豪華さだ。国内で稼

03 ケン・ベルソン、ブライアン・ブレムナー『巨額を稼ぎ出すハローキティの生態』東洋経済新聞社、2004年

いだ利益を丸々1本の米国映画に突っ込むような荒行だったのだ[04]。

サンリオにとっては1973~1975年の時期が会社としての転機と言える。社名を変え、ハローキティが生まれ、米国進出して映画を作り、そしてオイルショックが飛躍的成長の契機となる。1971年からリスク度外視で関連グッズを販売する直営店「Gift Gate（ギフトゲート）」を展開、驚くべきことに辻氏は三越の社長の岡田茂氏を口説き落とし、日本橋の正面玄関ライオン像の前に30坪の専用店舗を構えた。

デパート全盛期の時代、しかもセレクト商品の高級志向が顕著だった三越において「雑貨」のような低単価商品で店舗を構えた事例は後にも先にもこのサンリオ以外にない。オイルショックであらゆるモノの価格が高騰していく中、辻氏は「金額を上げない」決断をした。その結果価格に敏感な子供の間で商品が話題になり、店舗にファンが殺到する。こうしてサンリオの売上は18億（1973年）→47億（1974年）→92億（1975年）→196億（1976年）→323億（1977年）と、たった5年間で約18倍と信じられないほどに成長、その旗手になったのはもちろん「ハローキティ」である[05]。

ハローキティ「人気停滞」、打開策も効果薄だったワケ

1970~1980年代、キャラクタービジネスを顕在化させたのは「ドラゴンボール」や「機動戦士ガンダム」よりも前に、この「ハローキティ」が初めてであった。

04　「『星のオルフェウス』制作秘話と、ロスで手塚先生のお手伝いをした話」アニメハック、2018年7月11日
05、06　西沢正史『サンリオ物語』サンリオ、1990年

売上規模もバンダイや任天堂といった会社が年商50～100億円規模のこの時代、すでに年商300億を超えていたサンリオの目の先には、むしろ学研（1000億規模）やソニー（3000億規模）があった。そのソニーがサンリオの成功を見て、1978年にソニー・クリエイティブ・プロダクツを設立し、ギフト市場に参入してくる。サンリオがシェア7～8割と言われるこの市場は、1980年代にソニー、学研、ミドリ、サンスター文具などがひしめき合うレッドオーシャンとなり、日本を無類のキャラクター大国に仕立て上げていく。[06]

だが、当時のキャラの課題は、その人気が数年ももたないことだ。〝口のない〟キティは〝口のある〟マイメロディに人気を奪われ、1980年代には「けろけろけろっぴ」や「みんなのたあ坊」など、他の新興キャラに押されていった。その後、キャラの背景ストーリーの無さが課題として突き付けられ、キティをテーマにした映像化も推進される。だが、『キティとミミィのあたらしいかさ』（1981年）の人形劇映画も、1989～1996年の『ハローキティのシンデレラ』を代表とした30～40分のアニメ4作品も、それほど話題にならなかった。

1987年に米国地上波CBSで日本キャラクターとして初めてアニメ化された『Hello Kitty's Furry Tale Theater』は、オズの魔法使いをベースにした全26話のアニメだったが、米国側からの強い意見に押されて〝口をつけた〟キティがよくしゃべる設定に改変。多くのファンからの批判を買う結果となった当時を、3代目メインデザイナー山口裕子氏も当時を振り返り「怒りではなく、失望であった」と振り返る。[07] それでも1994年にビル・ゲイツからデジタル化権を56億ドルで買い取ろうという話があったほど、米国でも強烈なブランドを確立し

07　「ボクらを作ったオモチャたち シーズン2『ハローキティ』」Netflix オリジナル作品、2018年

ていた状況にはあった[08]。

ハローキティの復活劇、ブームを作ったハリウッドセレブ

だが幼少期に一度しみ込んだ習慣は何度でも蘇る。キティと同じ歳の華原朋美が20歳前後の全盛期になってもキティ推しを公言しており、１９９６〜１９９７年頃に女子高生の間で「キティラー」たちが大流行する。弾みをつけたサンリオが記録した１９９９年３月期の１５０２億円は、現在においても同社の最高到達地点となっている。

米国でも同様のことが10年後に起こる。約20年近く赤字を流しながらの米国投資は40年後になって回収されるのだ。幼少期に米国各地に乱立していたサンリオ関連グッズを販売する店舗「Sanrio Gift Gate（サンリオギフトゲート）」にトキめき、その後セレブとなっていったマライア・キャリーやキャメロン・ディアス、パリス・ヒルトンにアヴリル・ラヴィーンといった米国セレブがキティグッズを身に着け、メディアの喝采《かっさい》を浴びる２０００年代に欧米では空前のキティブームが起こる。

１９８６年生まれのレディー・ガガはキティをそのまま「アート作品」に昇華させることにも成功した。アニメ映像でヒットせずとも、アパレルや服飾品など「マス向け商品」がセレブとともに写真・映像となることで、それがキティにとっての〝代替的なメディア〟となったのだ。

08　ケン・ベルソン、ブライアン・ブレムナー『巨額を稼ぎ出すハローキティの生態』東洋経済新報社、2004年

果たしてハローキティはどこが世界に刺さったのだろうか。１９７５年生まれのファッションデザイナー、キモラ・リー・シモンズはこう回想する。セントルイスという田舎町に育った彼女にとって「キティは、よその世界に脱出するための扉だった」という。[09] かけ離れた世界であるにもかかわらず、なじみやすい空想世界だったのである。[10]

日本のミニマリズムを体現し、とにかく集めきることができないほどに多様であり、ちいさくカワイイ小物であふれたサンリオギフトゲートとハローキティは、欧州・北米・アジアの多くの少女たちを魅了した。それは世界が初めて「Ｋａｗａｉｉ」という概念に出合った瞬間でもあり、後に「みんななかよく」「スモールギフト、ビッグスマイル」という〝哲学〟自体の伝播にもなり、ハローキティはその形式ではなく象徴する意味そのものが消費されるアイコンになっていく。

ハローキティの28兆円経済圏、桁違いすぎる世界波及

それではハローキティの経済圏について推測を試みたい。２８８億ドルは「ロイヤリティ」（外部会社がキャラクターを使い、その４〜７％といった比率だけサンリオ社に戻される）計上の売上も混入し、小さく見積もられたものだ。

サンリオ設立から64年の累積売上４兆円という数字も、累積営業利益３７００億という数字も、全体キャラクター経済圏の一部でしかない。逆算するとハローキティは国内で20・7兆円、

09　「ボクらを作ったオモチャたち シーズン２『ハローキティ』」Netflix オリジナル作品、2018年
10　クリスチャン・ヤノ『なぜ世界中が、ハローキティを愛するのか？』作品社、2017年

海外で7・6兆円と合計約28兆円になった。

サンリオ社の売上において、ハローキティブームの1991年頃までを長い一次ブームとすると（この間にも何度もアップダウンがあったが）、1990年前後ですでに年間1兆円消費額に到達するような「ピーク」を見た（当時は国内中心）。

華原朋美をきっかけとする90年代後半を第二次ブームとすると、米国セレブが火をつけた2000年代後半～2010年代前半のハローキティ第三次ブームは、北米・欧州を中心とするもので日本キャラクター史としては空前絶後の金字塔である。

会社としてはこの後の2014～2020年頃が最も苦しんだ時期である。撤退戦を繰り返す中で、ハローキティの売上はピーク時の1／5にまで縮んだ。だが、辻信太郎氏の孫である朋邦《ともくに》氏が社長就任した2020年頃から反転。現在は「サンリオキャラクターミックス」としてハローキティだけに依存しない形で「第四次ブーム」のプロセスにあり、業績は飛躍的に回復している。キャラクターは齢《よわい》50を数えてもなお、人々の心に響き続けるのだ。

図表1-13　ハローキティの推定キャラクター経済圏

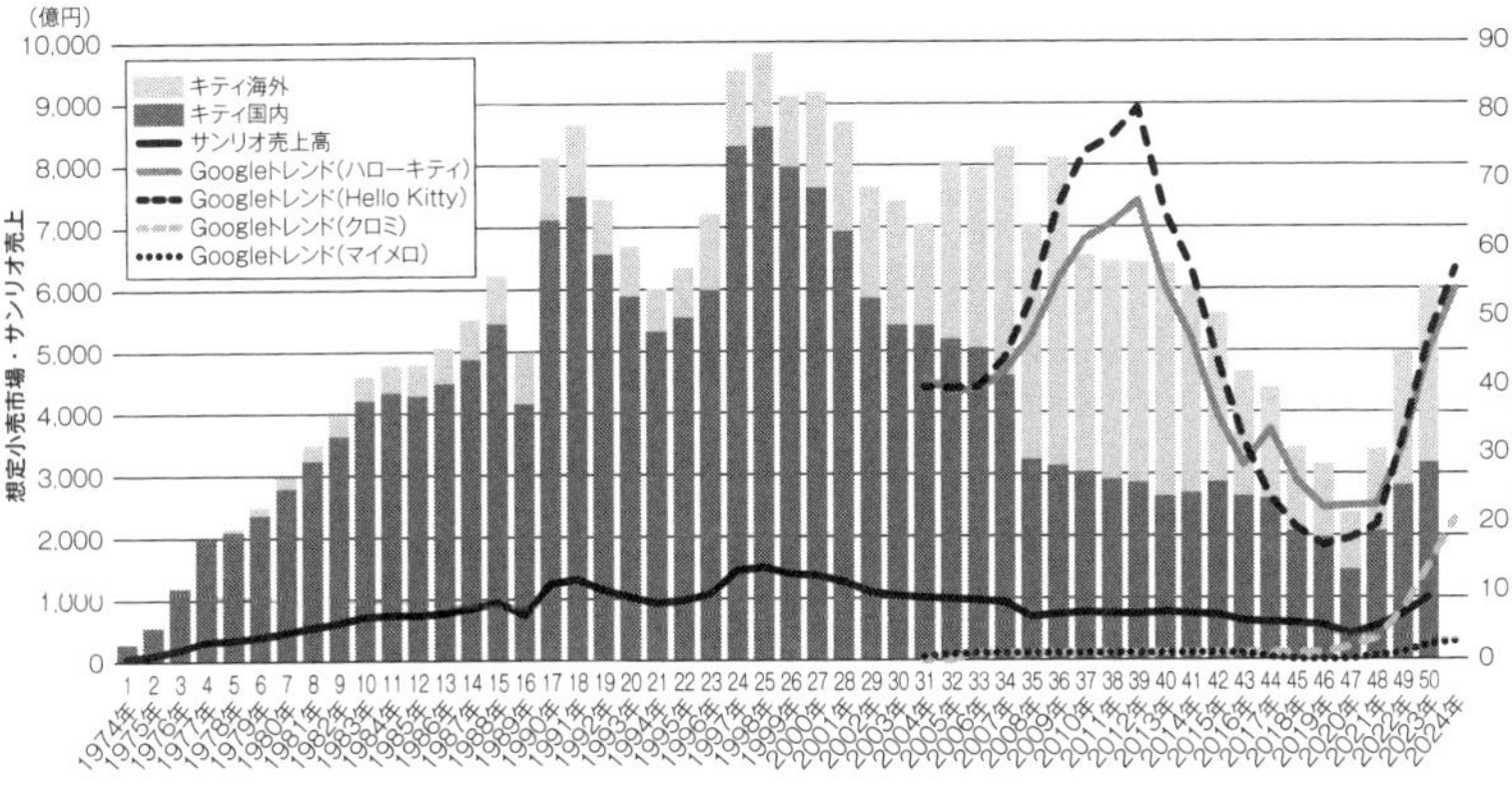

※2021年3月期の基準に従い、サンリオ社の小売りほか事業売上：ロイヤリティ売上の比率を国内35：65、海外20：80で計算。ロイヤリティを小売り売上の5% を前提に割り戻して計算した。サンリオ全体経済圏におけるキティの比率を2012年までは80%、2013年～17年75%、2018年～22年60%、2023年50%（ミックスキャラクターも「ハローキティ」に包含して計算）としている。

（出典：各種広報資料より筆者作成）

IPトランスメディアの始祖 ガンダム

悲しいけどコレ、戦争なのよね。
「地球が持たない時代」を創られたリアリティアニメ

ガンダムが生まれた1970年代はロボットアニメ全盛期である。『マジンガーZ』（1972年）や『宇宙戦艦ヤマト』（1974年）など、アニメ業界の黎明期において「社会現象」となるほど大ヒットした作品が数多く存在した時期である。ガンダムを生んだ富野由悠季《とみのよしゆき》氏は、1964年に虫プロに入社し、『鉄腕アトム』（1963〜1966年）で脚本・演出を手掛け、『海のトリトン』（1972年）で監督デビュー、その後、出世作となる〝ロボット3部作〟を手掛ける。

1作目『無敵超人ザンボット3』（1977〜1978年）では、「ロボットも道路交通法を守る」という〝リアルな世界との接続〟が作品の中で模索された。それまでの作品のように、ガンガン街を壊す巨大ロボが登場する〝子供向け〟のファンタジー世界とは異なり、人間社会のリアリティを作品に入れ込んだ。この手法に富野氏は「リアルなものを創る」手ごたえを覚える。

2作目は彼自身が失敗作と自嘲する『無敵鋼人ダイターン3』(1978年)。単話ごとのぶつ切りで、ロボットがカンフーをしたり、とにかくおちゃらけをちりばめた作品。これは実は当時のアニメとしてはスタンダードな手法で、地方局によっては都合上話数を減らし順番をいれ変えて放送することもある。劇場版にもならないしビデオとしても残らないこの時代は、売りたい商品にあわせて「30分のCM」と割り切った〝使い捨てアニメ〟が多く、のちのガンダムが見せる深い世界観や人間考察など入れる余地もなかった。

だが富野氏は本作を経て、「自分はシリアスしか作れない」と改めて悟る。富野氏が覚えた挫折は、「自分はテレビマンにはなれない」ということだった。テレビは毎週のように手を替え品を替えしながら、(「ドリフ」のバラエティ番組のように)年間50話もの内容を5〜6人の濃度が異なる多様なチームの才能で作りきってきた。でも自分にはそんな能力がないし、濃度が高い同質集団が多いアニメ業界ではテレビ業界のような多様性をもってチームを作れない。

自分は徹底的に「個」としての作品性を追求するしかないと考え、ある意味〝逃避〟として作ったのが3部作の3作目、1979年の『機動戦士ガンダム』であった。だがロボットや宇宙に興味が強かったわけではない。「最初はロボットアニメに対して、仕事として扱うには恥ずかしいと思ったくらいです」と言う。だが玩具スポンサーをつけるにはロボットが不可欠、バトルが不可欠。その制約に富野氏なりの〝リアリティ〟を妥協なく載せこんだことが、彼を宇宙ロボットアニメの巨匠に仕立て上げた。

１９７８年の企画当初の原題は『フリーダムファイター』、「ペガサス」という宇宙船で放浪の旅に出る「十五少年漂流記」のＳＦ版であった。スポンサーのクローバー社からはとにかく玩具で売れるロボットを出してほしいと要望を受け、ＳＦ企画集団スタジオぬえにいた高千穂《たかちほ》遥《はるか》氏らによりロバート・ハインラインのＳＦ小説『宇宙の戦士』が持ち込まれる。作品中の起動歩兵（パワードスーツ）が応用され、「モビルスーツ」が生まれた（自律的に動くわけではないからロボットではないのだ）。これがガンダムだ。

だが20メートルの人型兵器が、重力ある地球で動くのはあまりにリアルではない。だから無重力にもっていくしかない、ということで舞台は宇宙になった。宇宙だとビルや人間と比較した大きさが分からずデカいロボットに見えないからダメだ、と言われ縮尺が分かるようにとスペースコロニーを作った。「宇宙ものが好きだからという理由では一切やっていません」という富野氏が、〝大人の事情〟と自分のやりたいことを合致させるための、創造的な妥協の産物としての世界設定だったが、メカニック・デザイナーの大河原邦男《おおかわらくにお》氏が兵器要素を入れた敵モビルスーツ・ザクが出てきた瞬間、ヒットを確信したという。途中小銃をもつ『ガンボーイ』と改題され、それを最初の『フリーダム』と混ぜて、『機動戦士ガンダム』というタイトルに着地し、１９７９年４月に放送を開始する。[01]

01　「『富野由悠季ワールドセレクション』富野監督インタビューフル Ver.」サンライズ YouTube チャンネル

子供の遊びじゃないんだよ！
半年で打ち切りも、ガンダムファンの質量を持った残像

折しも当時は「人口増加」が社会課題となっていた。米国とソ連の冷戦、一歩間違えれば核戦争で地球自身を滅ぼしかねない大国間のせめぎ合い、そういった「社会不安」がアニメの形で表出した。今も語り継がれるように、地球軍と宇宙移民のジオン軍との対立、アムロとシャアという2人のヒーロー、1人1人の〝敵〟キャラにも理や美学があり魅力があり、その複雑な関係性がセリフの一言一言に深読みできるようにちりばめられた「深み」はこれまでのアニメには見られないレベルのものだった。

だが、そのリアルな作風は子供には受け入れられず、関東は数％台と低迷。クローバー社の合金玩具が売れなかったことで、１９８０年1月にわずか9カ月で打ち切りが決まる。[02]

実のところ、ガンダムはヒットしていたのだ。熱狂していたのが男子児童ではなく、『宇宙戦艦ヤマト』（１９７４～１９７５年）で育てられた青年層だった。

それを示すように、当時、ガンダム特集を行った徳間書店の雑誌『アニメージュ』の１９７9年9月号が17万部も売れ、『アニメック』など含めガンダムで増刊のピークに付けたアニメ雑誌は多い。１９８1年頃、すでに１００万部級になっていた『ドラえもん』を擁する『コロコロコミック』を追い上げるべく、講談社も『コミックボンボン』でガンダムを中心に据え、『プラモ狂四郎』などの作品で立ち向かい、50万部を超える児童向けマンガ誌へ成長していく。

02　今柊二『ガンダム・モデル進化論』祥伝社、2005年

こうした青年を中心とした熱狂が生まれていたこともあり、アニメ放送打ち切り1年後の1981年2月に行われた、劇場版のためのプロモーションイベントでは新宿駅東口に2万人ものファンが集まった。現場はパニック状態の中、富野監督による鶴の一声で静まったという〝事件〟すら起こっている。[03] 当時はニュースの取り上げも限定的、SNSもない。視聴率と玩具売上からみたアニメ論の限界を感じるエピソードでもある。

謀ったな！　ガンプラが生み出したバンダイのプラモデル市場

ファンの顕在化という意味では、「ガンプラ」が、後に衝撃的な数字を上げる。バンダイが「ガンプラ」を誕生させるまでにはいくつかのハードルがあった。

今でこそ、ガンダムIP（知的財産）を名実ともに保有するバンダイナムコHDだが、当時はガンダムの版権を持ち合わせていなかった。そのため、1979年にガンダムの版権を管理する創通に対して、ガンダムを使った製品企画の提案をするも、すげなく断られる。この時、すでにガンダムの「玩具化」に関しては競合のクローバー社がおさえていたほか、創通はむしろライバル会社のタカラと懇意で、バンダイとは取引実績がなかった。

こうした状況の中、ギリギリ参画するチャンスをもぎとったのは、当時、バンダイの子会社「バンダイ模型」にいた技術部次長の松本悟氏と特販部次長の仲吉昭治《なかよししょうじ》氏だ。

何度連絡しても無視されながらも、「当社（バンダイ模型）は、〝プラモデル〟の専業メーカ

03　南信長『1979年の奇跡 ガンダム、YMO、村上春樹』文藝春秋、2019年

ーです。玩具を扱う本社バンダイとは別法人であり、この先も当社は玩具を扱うことはありません」と訴え、強引に〝模型カテゴリー〟として商品化をねじ込む。この松本氏と仲吉氏の「ガンダム獲り」は今も伝説となっている。[04]

爆発は一気に起こる。ガンプラ第1弾「1／144ガンダム」の発売は1980年7月、20万個売らないと損益分岐に満たないというほどにコストをかけて勝負に出たガンプラは、試行錯誤を重ねる中で、蓋を開けると1年で100万個も売れる。[04] この数字を踏まえると、およそ10億円という商いとなり、当時年商20～30億円前後のバンダイ模型を揺るがす大ヒットと言える。

なぜこれほどガンプラが売れたのか。それは「1970年代前半に高くて買えなかったロボット欠乏症の青年層」にクリーンヒットしたのだ。合金玩具が数千円、プラモ1000円という市場相場で、「1体300円」のガンプラに需要は殺到。ただ、本当の伝説はまだまだこれから続く。

1981年にはなんと30倍以上となる約3300万個が売れ、100億円を超える商いとなる。1982年4000万個超、1983年約2800万個と続き、1984年時点で累計1億個に到達する頃にはプラモ界のみならず玩具界全体を揺るがすメガヒット商品となっていた（1984年は約1200万個と、ブームはちょうど4年で一服していた）。

松本悟氏は、なぜバンダイが製作出資もしていない本作にこうして打ち込めたのか。その理

04　松本悟・仲吉昭治『俺たちのガンダム・ビジネス』日本経済新聞出版社、2007年

由について、言い出しっぺに最後まで仕事をやらせるバンダイの文化にあったと分析する。営業から開発設計までプロジェクトをその1人が推進し、1人の「確信」があれば仕事の裁量もそこに任せるバンダイの文化が、このガンプラの成功事例を作ったのだ、と。[04]

玩具を扱ったクローバー社は1981年に過去最高売上でブームの後押しを受けたが、その後、『聖戦士ダンバイン』（1983年）、『亜空大作戦スラングル』（1983年）に大きく賭けるも失敗、1983年8月に倒産してしまう。

かたや、バンダイ模型も玩具メーカーのポピーもバンダイに吸収合併され（1983年）、バンダイは1986年に上場、玩具業界の雄となっていく。

エゴだよそれは！　SDガンダムの大ヒットで迷走していくトランスメディア・ストーリーテリング

1984年、ガンダム人気一服に、新シリーズを強く求めるバンダイの要請にこたえる形で、またマクロス、ダイアクロン、

図表1-14　ガンダムグッズ（プラモデル＆玩具）の売上推移

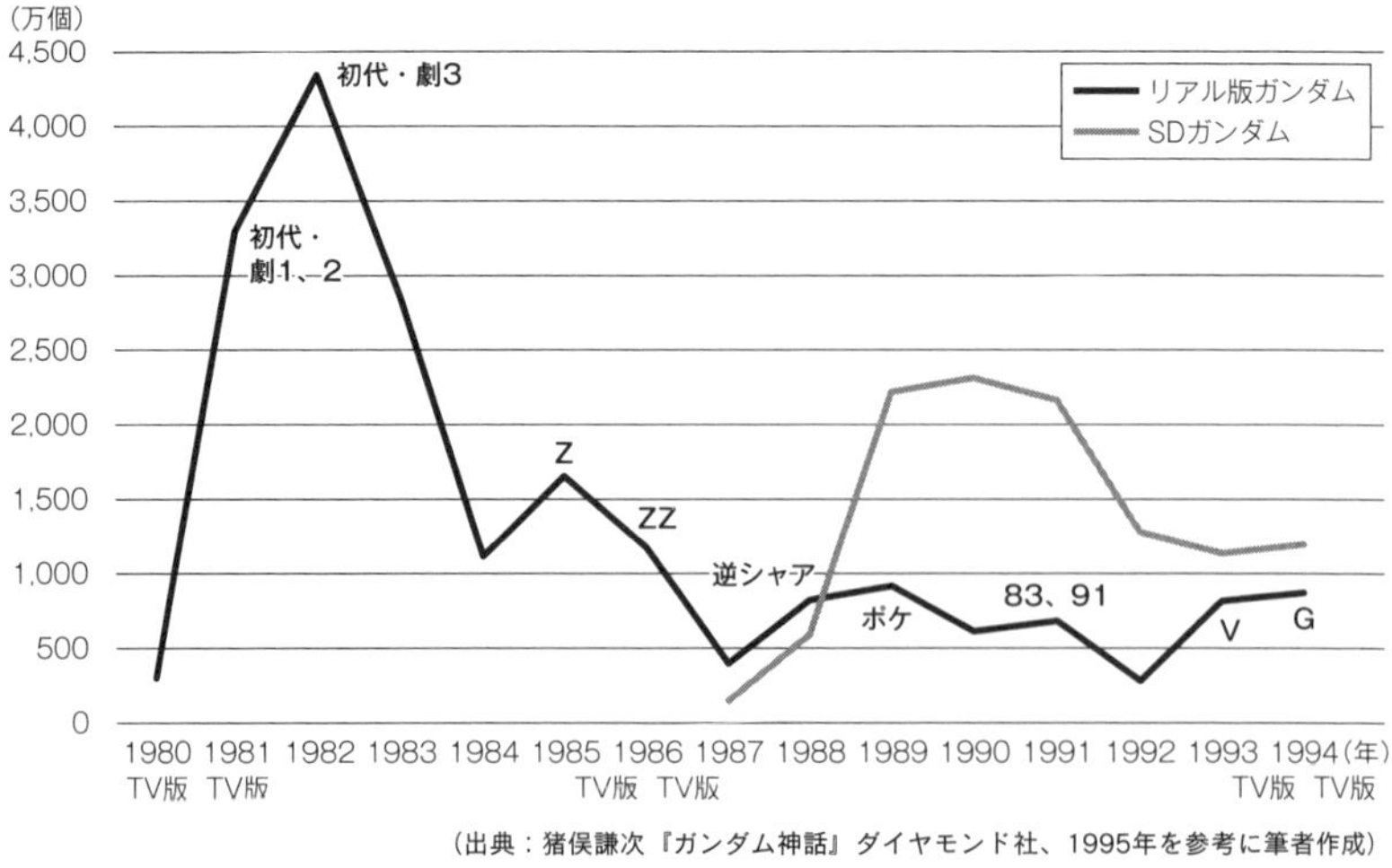

（出典：猪俣謙次『ガンダム神話』ダイヤモンド社、1995年を参考に筆者作成）

トランスフォーマーなどの変形ロボットが人気を集める時期において『機動戦士Zガンダム』（1985〜1986年）が始まる。この流れは『機動戦士ガンダムZZ』（1986〜1987年）に引き継がれ、映画『機動戦士ガンダム 逆襲のシャア』（1988年）に至る。ここまでの10年間がガンダムの一区切りとなる。

かつて10年もヒットが続いた作品というのは多くはなかった。シリーズごとに話を辿り、キャラクターとストーリーをファンが考察しながら情熱を持って追い続け、関連商品をコレクションしていくという循環は、『宇宙戦艦ヤマト』で開拓され、ガンダムで結実した〝ビジネスの発明〟と言えるものであった。同時期に米国はスター・ウォーズに沸くなど、奇跡的な時代共鳴もあった。

さらにバンダイはこの時期にキャラクター史に残る「SD（スーパーデフォルメ）」という概念を発明する。漫画『プラモ狂四郎』のアイデアを取り入れ「武者ガンダム」なども登場し、1980年代後半にガンダム本作を見ていない低年齢層のユーザーへと広がっていく。SDガンダムのプラモは、下火になっていくリアルなガンプラを尻目に1989年には販売数で追い越し、「SDのほうがリアルより売れる」状況すら作り上げている。[05]

バンダイのビジネスモデルそのものが、この1980年代のガンダムの成長とともにあったと言えるかもしれない。

一方、同時期には森永製菓が発売したおまけ付きキャラメルが10年強で2億個売れ、30年間おまけ付き商品を展開した同社をしても「ディズニー以外で売れ続けているキャラはガンダムだけ」といわしめるほど。「玩菓」ジャンルが確立すると、１９８1年にはバンダイも玩具菓子市場に進出している。また、キン肉マンの塩ビ人形から始まった「ガシャポン」（いわゆるカプセル型のガチャガチャ市場）では、ＳＤガンダムの販売を開始した。

１９８８年になるとガシャポンに並んで「カードダス事業」でカードゲーム市場に進出。その数は7年で15億枚に到達し、アミューズメント方面にも展開していく。[05] なにより時代は家庭用ゲームの革新的な浸透期。１９８４年のＭＳＸ向けなどから始まり、ファミコン向けゲーム『機動戦士Ζガンダム・ホットスクランブル』（１９８６年）から続々とバンダイのゲーム事業が売上ドライバーになっていく。

１９９1年度にもなると「キャラクター玩具」はほぼバンダイ一強、ガンダム一強であった。関係者によると、６００億の模型市場のシェア3割、３００億の玩菓市場ではシェア5割、１１2億のカプセル市場で65％、１６６億のキャラクター模型市場と１２８億のカードダス市場に至ってはシェア98％と完全独占。バンダイは同年、玩具メーカー前人未踏の１０００億円売上に到達（任天堂は例外、サンリオも同タイミング）。この飛躍の大きな要因は「ＳＤガンダム」によるものだった。

一年戦争どころではないガンダム「シリーズ展開の変遷」

さすがにここまでの成功となってくると、スポンサー企業など、周辺企業や関係者による本

05　猪俣謙次『ガンダム神話』ダイヤモンド社、1995年

作への影響も大きくなる。たとえば、富野氏が深く関わっていないとされる『機動戦士ガンダム0080 ポケットの中の戦争』（1989年）では、マクロスなどで知られる美樹本晴彦《みきもとはるひこ》氏やガイナックス元社長の山賀博之氏などをアサインし、ヒットを実現している。

そうした中で、F1ブームがあると『機動戦士ガンダムF91』（1991年）、ストリートファイターⅡをきっかけとした対戦格闘ブームがあると『機動武闘伝Gガンダム』（1994～1995年）と、急激にコマーシャリズムに偏った展開がなされるようになる。なんとか若い層を取り込み、再びガンダムブームをという焦りがあったり、1994年にサンライズがバンダイ傘下に入ったことも大きかっただろう。

「商業的な要請さえクリアすれば、やりたいようにやれる」という玩具ビジネスをベースに始まった富野氏の物語は、その経済圏や巻き込むものの大きさゆえに、自身の手からも零れ落ちるようになっていく。彼自身が納得できない方向にどんどん物語やキャラクターを転がされていく皮肉を込めて、『機動戦士Vガンダム』（1993～1994年）には「ヴィクトリー（勝利）」のタイトルを付けた。「『富野さん、いくらなんでもあれはやめてくださいよ。あてつけもひどいじゃないですか』という発言を、本当に待ってたんです」と富野氏は語る。[06]『∀（ターンエー）ガンダム』（1999～2000年）はそうした世界を全部リセットするためのもので、ガンダムを自分のものとして捉えず、その時代に発表できる作品だけを作っていこうと決めたのだ。

1979年に生まれたガンダムは、2024年時点で45周年となる。図表1-15はこれまで

06　富野由悠季『戦争と平和』徳間書店、2002年

メディアで展開されている主要作品を「ガンダム宇宙世紀」の中でどの時代、どの世界を語っているかをまとめた図だ（表現しきれない要素もあるが、資料をベースに作成）。

富野氏自身はこうした年表形式で歴史を俯瞰《ふかん》されることを好まないが、四苦八苦さまざまな事情がある中で作為を持ってこうした「リアリティある登場人物たちの歴史の積み重ね」が蓄積され、整合性を持って語れるほどになったシリーズは、日本の中でも稀有な事例だ（小説版はアナザーストーリーになっていたり厳密には不整合もあるが、歴史的検証に十分に堪える統一性を保っている）。

年間1500億円？
バンダイナムコHD「過去最高潮」の秘密

玩具スポンサーとしてではなく、「著作権」保有に関して、バンダイがガンダムに接近するのは、実はずっと後になってからのことだ。1994年にサンライズ出資を行い、2000年の創通上場にあたって21・7%を株式取得。その残りすべてを

図表1-15　ガンダムシリーズの歴史（イメージ）

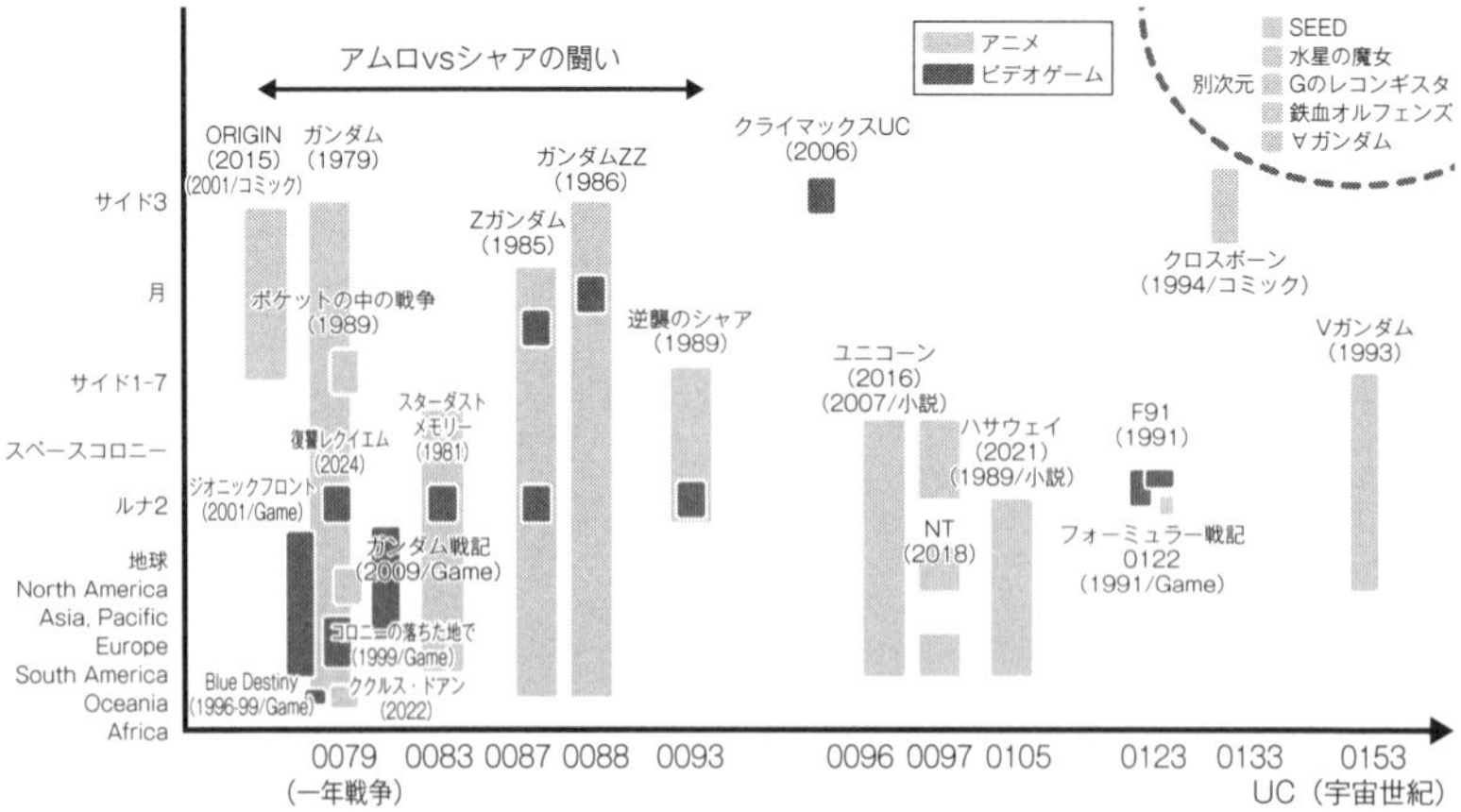

（出典：A. Nakamura, S. Tosca "The Mobile Suit Gundam Franchise: a Case Study of Transmedia Storytelling Practices and the Role of Digital Games in Japan" をベースに筆者作成）

買付額350億円で完全買収したのは2019年、ここでガンダムIPは初めてバンダイナムコHDが1社で保有するIPとなった。

しばらくしてバンダイナムコHDは、2021年にIP軸戦略を進化させるべく「ガンダムプロジェクト」を発足させる。当時1000億円足らずのガンダムIPを2025年度で年間1500億円にする目標を掲げ（2024年度で1457億円とすでに達成傾向）、『機動戦士ガンダム ククルス・ドアンの島』『機動戦士ガンダム 水星の魔女』など、2022～2025年度で合計12作品への映像投資、グローバル向けにもガンダムメタバースなど、さまざまな取り組みにも着手し、まさに今ガンダムは飛ぶ鳥を落とす勢いである。

『∀ガンダム』以降、アニメ分野では影を潜めるようになったガンダムだったが、VS.シリーズや無双シリーズなど、『PlayStation 2』で伸長する家庭用ゲーム業界でも毎年100～200万本を売るシリーズとなり、商品化によるIP経済圏の永続を試みる。

2000年代後半は厳しい時代もあったが、2010年代前半はソーシャルゲームバブル、2010年代半ばからアプリゲームバブルを経て、2010年代後半にアジアを中心としたプラモ需要が爆発し、「ガンプラの半分以上が海外で売れている」とその勢いが加速していったのはコロナ禍の最中である。

すでにガンダムプロジェクトにより、ガンダムのさらに深い歴史に手を入れていこうという野心的な映像作品は続々と予定されている。2024年10月には最も人気の高い「一年戦争」の欧州戦線を語るべく、Netflix版で『機動戦士ガンダム 復讐のレクイエム』が展開されている。

見せて貰おうか、ガンダムの2・2兆円もの経済圏とやらを

ガンダムが生み出した経済圏は45年の歴史をたどると2・2兆円にもなる。直近では毎年1500億円規模に届き、『ドラゴンボール』『ONE PIECE』と並び、〝自社IP〟としての『ガンダム』がグループを支える最重要作品となっている。

本作品は玩具から始まり、その商売を成り立たせる事情との融通のためにSFやロボットという皮をうまく被りながら、実際は「壮大な人間ドラマと深い人間社会の考察」をベースにした物語によって「アニメなんて」と卑下される産業の地位向上に大きく影響した。これは、敬意を表すべきことだろう。

プラモ、玩菓、ガチャ、ゲーム、カードダスなど、人気キャラを貼り付けた〝雑貨〟のように見られた業界を一つの産業として成り立たせ、バンダイという「おもちゃ屋」を任天堂やサンリオと並ぶ一大企業へと引き上げた。1980年代までは

図表1-16　ガンダムの推定キャラクター経済圏

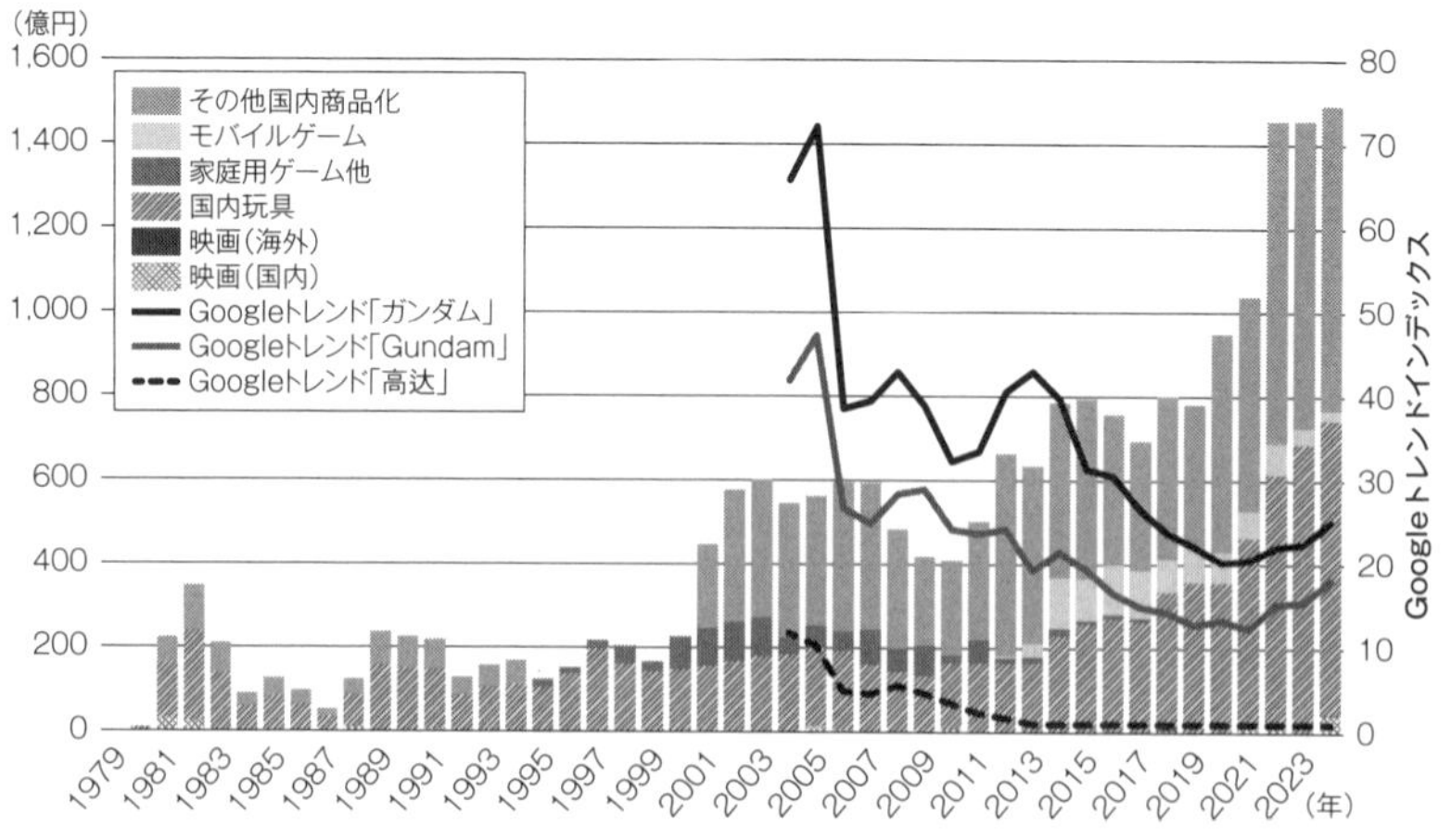

(出典：各種資料より筆者試算・作成)

〝色モノ〟でしかなかった「キャラクターもの」が1～2年でしぼむ使い捨てとしてではなく、物語とともに5～10年とファンと一緒に育成していくものだという事例を最初に見せつけた「キャラクタービジネスの金字塔」である。

2029年の50周年で、その経済圏のすそ野は「海外」というブルーオーシャンによって、今もって想像の埒外にあるような、新しい景色を見せ続けてくれる作品になるだろう。

第2章

平成キャラクター史【漫画編】

「連載」の魔力
週刊マンガ誌にみる日本型IPビジネスの創成

重厚すぎる昭和キャラクターに比べると、平成キャラクター史は「ポップカルチャー」という名称にふさわしいほどに軽快である。豊饒なバブル経済にのっかって多くの若者を虜にし、マンガ・アニメ・ゲームなどの「サブカルチャー」メディアを乗り換えてきた。昭和が映画でもテレビでも「映像のシリーズ化」が一番の課題だったことに比べると、キャラクターがキャラクター経済として認識され、異なるメディアに乗せ換えていくことが志向されはじめたのがこの平成キャラクターからだろう。そのなかでも、毎週何百万部と流通し、世界で唯一無二の大規模なマンガ誌が成立していた日本のオリジナル市場として、ドラゴンボール、クレヨンしんちゃん、ONE PIECEなどマンガIPは「日本の宝」といえる唯一無二のものだろう。

新人編集者と新人漫画家、たった11年の連載で天下をとったマンガーP ドラゴンボール

３年目の新人漫画家と５年目の新人編集者が生み出した『Ｄｒ．スランプ』

１９５５年生まれの鳥山明氏は京都のデザイン会社に就職したが2年半で見切りをつけ、名古屋の実家で暮らす、今で言う「フリーター」だった。１日５００円で生活しながら、毎日のように通う喫茶店で、目に留まったのが「漫画懸賞賞金50万円」の広告だった。１９７８年１月、ストーリー漫画は31頁、対するギャグ漫画が15頁とのことで短いギャグのほうを選択し、〝人生で初めて〟描いた『アワワワールド』は残念ながら落選。なにくそと2作目に手掛けた『謎のレインジャック』は、「週刊少年マガジン」が半年先だったのに「週刊少年ジャンプ」が毎月懸賞をやっていたため集英社に送った。鳥山氏自身は漫画をあまり読まず、どうしてもジャンプでといった野望があったわけではない。

その原稿を手に取ったのが１９７６年に集英社へ入社したばかりの3年目社員、鳥嶋和彦氏だった。絵のキレイさやレタリング（擬音語などの描き文字）にセンスを感じ、「今は下手だが

頑張れば何とかなるかもしれないから、もっと描いて送ってよ」と電話した。そこから1年かけて500頁あまりの原稿を描いては直し、描いては直し、手取り足取り進んだ新人2人の共同作業『ワンダー・アイランド』は1978年12月の52号に掲載することとなる。人気投票は、最下位だった。

それでも鳥嶋氏は鳥山氏の手を放さず、打ち合わせを重ねながら1979年1月に『ギャル刑事トマト』を掲載。人気投票も3位に急上昇し、このキャラクターが1980年から始まる『Dr．スランプ』連載に発展する。漫画を描き始めて3年目の新人作家と、5年目の編集者コンビから生まれたこの作品は瞬く間に人気作品となり、1981年春からアニメ化が実現。最高視聴率36・9％、歴代アニメ3位にも輝き、これ以降ジャンプ作品のアニメ化が徐々に促進されていく。少年ジャンプもまた、1975年に160万部だったものが1980年新年号で300万部超えを果たし、急成長していたタイミングでもある。

1982年の爆発的ブームは1年で収束する。当時『ドラえもん』のキャラ商品300品目に対して、90社から700品目以上引き合いがあった『Dr．スランプ』は1983年1月には大量の在庫を出し「アラレちゃんショック」とも呼ばれる。ただそれは特別なことではなく、当時のキャラブームというのは大抵こんなものであった。連載3年を超えて鳥山氏もアイデアに枯渇し、もう『Dr．スランプ』は描き続けられない、と言うと「3か月後に新しい連載始めるならやめていいよ」と鳥嶋氏が答えた。

2人で新作を生むために、『騎竜少年』『トンプー大冒険』などを単発で掲載しながら、19

84年8月に『Dr．スランプ』は4年半の連載を終了させる。鳥山氏の妻が、いつも夫がジャッキー・チェンの映画をみながら漫画を描いているとこぼした話を拾い、カンフー漫画にしようとその11月に始めたのが、集英社や漫画産業自体を大きく変革することになる連載『ドラゴンボール』であった。

危機を乗り越えた鳥山、『ドラゴンクエスト』で日本トップクリエイターに

長編漫画にとって鬼門は1巻分の10話と、3巻分の30話だ。物語の骨格が決まる10話で面白くなければ連載中止が検討される。ほとんどの作品は3巻分も持たずに終わる。実は『Dr．スランプ』に比べて『ドラゴンボール』はピンチから始まった作品でもある。ブルマ、ヤムチャ、プーアル、ピラフと多様なキャラの登場に対し「悟空のキャラがたっていない」ことで人気は低迷、10位にも入っていなかった。このままでは連載が続けられないと鳥山氏・鳥嶋氏の二人はコンセプトの立て直しを検討、ドラゴンボールを集めて神龍《シェンロン》を呼び出すところは早回しにして切り上げ、14話から亀仙人との修行編を始める。

悟空が「強くなりたい」を体現するキャラであるなら、その対抗軸になるキャラを創ろうということで新キャラのクリリンが生まれ、修行編から19話の天下一武道会へとつなげながら「強さを追求する悟空」の面白さに基軸を据えた。天下一武道会のモデル自体はキン肉マンなどでも活用されており、物珍しかったわけではないが、ここで初めてアンケート1位を獲得。

1985年に出されたコミックス第1巻も、初版220万部と5年前の自身の『Dr．スランプ』記録を塗り替える結果となった。この1984年初期の方向転換がなければ、ことによると『ドラゴンボール』は音もなく連載終了されていた可能性すらある。

鳥嶋氏はアラレ～悟空のキャラづくりに並走しながら、1982年から読者コーナー「ジャンプ放送局」の担当としてゲーム業界との人脈を深めていた[01]。鳥嶋氏と堀井雄二氏との親交は、その担当漫画家であった鳥山氏も引き込むことになり、1986年『ドラゴンクエスト』からキャラクターデザイナーとしてのセンスを存分に発揮する。マンガ以上に子供たちの心をわしづかみにしたゲームの脅威を感じていた鳥嶋氏は、精力的にマンガとゲームのメディアミックスを推進、1980年代後半に鳥山氏を週刊400～500万部という世界一の週刊誌でトップ作品を生み出す漫画家でありながら、150万本から380万本まで売ったゲーム業界トップ作品ドラクエのデザインまで手掛ける、日本を代表するトップクリエイターに仕立て上げていった[02]。

このくらいの時期からだろう。学年誌で分断されていた小学生を『コロコロ』がつないだように、中学生・高校生の青年層が5年以上ものあいだ一つの作品を読み続ける現象ができあがり、『少年ジャンプ』のまわりでＩＰとも言える長い作品が生まれるようになった。ちょうど『ガンダム』の長期ブームが青年向け×プラモデルで1980年代に続いたのと同じである。

1991年のジャンプアンケートでは1000票の中で815票と8割もの票を獲得するほ

01　中山淳雄『エンタの巨匠』日経BP、2023年
02　西村繁男『さらば わが青春の「少年ジャンプ」』幻冬舎、1997年

どのダントツ1位の人気作となり、アニメも玩具もゲームも大ヒット。巻き込む会社や投資の規模も桁違いになる中、作品は当然ながらやめられなくなる。1995年に鳥山氏の〝強い要望〟の結果、ようやく11年間にわたる闘いに終止符が打たれる。最後の魔人ブウ編では「漫画を描いている自分でさえイヤになるほど激しくくどい闘いの連続」と鳥山氏本人が表現するほどに、精神的にも肉体的にも限界であった。

2010年の〝底〟と2015年世界メディアミックス史に誇る大転換

大ヒット作はもはや作者のものではなく、読者のものになる。1995年に週刊漫画として前人未踏の653万部発行に到達した週刊少年ジャンプは、ドラゴンボールの連載終了時期からその後5年間で部数を半減させていく。

だからといって、ドラゴンボールのキャラ・物語への人々の興味が消失するわけでもない。1996年からは鳥山氏が脚本制作にも入らないオリジナルアニメ『ドラゴンボールGT』が放送開始。原作アニメの北米展開も始まり1998年に北米ケーブル局カートゥーンネットワークで放送されると、たちまち人気を博し、翌年には放送局自体の最高視聴率を塗り替えるほどになった。

その後、ポケモンブーム、ハローキティブームと相まって2001〜2003年には北米でのドラゴンボールブームにも発展する。ちょうど少年ジャンプの米国展開もこのタイミングで始まっており、集英社の海外展開そのものが21世紀に入ってからの試みなのだ。

そんなドラゴンボールにも停滞の時代はあった。２０００年代後半は北米でも日本アニメのＶＨＳ・ＤＶＤが売れなくなっていき、２０１０年という時期は長く玩具化を手掛けてきたバンダイナムコＨＤの「ＩＰ別売上」でドラゴンボールが初めてランク外となった〝底〟の時期である。「プリキュア」や「戦隊シリーズ」の１００億円前後の売上に押し負けている。

このまま忘れ去られていくのかと思われたドラゴンボールだったが、分岐点となったのは２０１１年の東日本大震災。大きな悲劇を目の当たりにした鳥山氏が再びドラゴンボールへの関わりを決意、17年ぶりとなる劇場版アニメ『ドラゴンボールZ 神と神』が彼自身の原案として始まり、２０１３年に公開された。

原作者自身がキャラと設定の「芯」を盛り込んだ映画新作は興行収入29・9億円と、過去16作を塗り替える記録となった（〝失敗作〟と言われた２００９年のハリウッド版『DRAGONBALL EVOLUTION』には関わっていない。興行収入５６００万ドルは日本基準では悪くない数字だった）。劇場版アニメの復活を皮切りに、２０１５年は世界メディアミックス史に残るドラゴンボールの再復興期である。

バンダイナムコがアカツキと組んだ『ドラゴンボール Zドッカンバトル』の２０１５年１月のリリースから始まり、２月にディンプス開発の家庭用ゲーム『ドラゴンボール ゼノバース』は10年前の記録を超える５００万本超え。４月劇場版『ドラゴンボールZ 復活の「F」』は国内興収37億円、世界では６２００万ドルの大商い、そこで20年ぶりに活性化をみた元ファンたちが、一気に7月放送開始のＴＶアニメ『ドラゴンボール超』に引き込まれていく。漫画としては1巻あたり30〜40万部と、全盛期の10分の1程度の売れ行きだったが、２０１6年になって集英社史上初めての単独の作品部署「ドラゴンボール室」ができたように、集英社、東映アニメーション、バンダイナムコなど関係各社の熱の入れ方は半端ではなかった。結果、２０１8年に『ドラゴンボール超』のテレビアニメ終了後の劇場版『ドラゴンボール超 ブロリー』は国内40億円、世界では初となる1億ドルの興行収入にまで到達している。

世界に広がったドラゴンボールの５・６兆円経済圏

ここまでのドラゴンボール経済圏の約40年史を振り返ると図表２－１のようになる。１９８４〜１９９５年の、今となっては〝たった〟11年間の週刊漫画誌連載の歴史から生まれたキャラクターと世界観が、その後さまざまな形で運ばれ続け、１９９８〜２００５年の海外ブームを経て低迷期を迎え、最終的には原作者を巻き込んだ２０１５年から現在にいたるまでの動きで約30年前のピークを超える売上を実現している。

この年５０００億規模の消費を支えるのは「海外ユーザー」である。東映アニメーションのドラゴンボール版権売上も２０２３年3月期で国内61億、海外１１６億と、もはや海外がダブルスコアに近い。２０１０年代後半に急激に普及した動画配信サービス、アプリストアなどの「インフラ」の存在によって、海賊版や人づてでしかコミック・アニメ・ゲームにアクセスできなかった海外のドラゴンボールファンが、今現在も覚めることのない熱狂の渦の中にあるのだ。

キャラクターの経済圏を生み出し続けるのは原作者や漫画誌連載だけの専売特許ではない。アニメや商品化を通じて、物語自体は完結していたとしても、ファンを増やし続けることはできる。物語世界を紡ぎ続けるチームがあれば、それを求めるファンの声が尽きないのであれば、経済圏は数十年たってからでも膨らみ続ける。これはバトル漫画の金字塔を『ドラゴンボール』から継承した『ＯＮＥ ＰＩＥＣＥ』や、近年の『鬼滅の刃』などにも通じる話だろう。

巨大コンテンツの新たな問題
出版のあやうい著作権マネジメント・クライシス

だが、この「大復活」は新たな利権の始まりでもある。２０２３年８月、こんな記事が文春オンラインに踊った――〝ドラゴンボール３兆円利権〟をめぐり集英社の敏

図表2-1　ドラゴンボールの推定キャラクター経済圏

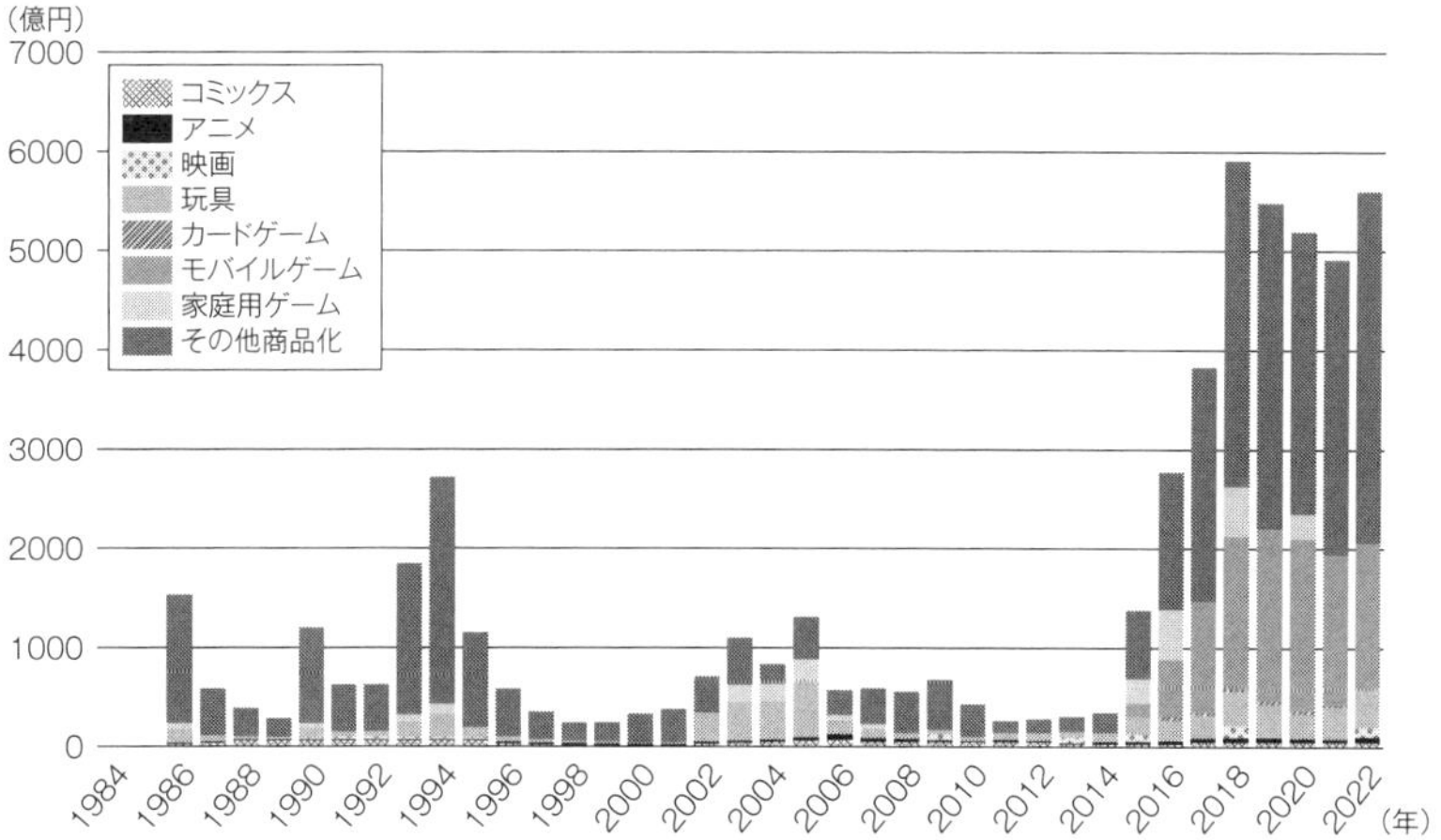

「アニメ」は東映アニメーションの「映像販売」売上から概算、「その他商品化」はその「ドラゴンボール」国内・海外版権売上をライセンス料５％を前提とし計上、2003年以前は本社売上の10％を「ドラゴンボール版権」からくるものと仮定して計上。「玩具」はバンダイナムコのＩＰ別玩具売上を計上し、2005年以前は家庭用ゲームの販売本数トレンドに沿って仮定した。「モバイルゲーム」は国内２本、中国２本のアプリゲームを計上。（出典：各種公表資料より筆者試算・作成）

腕編集者が部下2人と電撃独立！　新会社の名前は「カプセルコーポレーション・トーキョー」。集英社のもつマンガ出版権以外の権利を、2016年から2022年まで「ドラゴンボール室」の初代室長を務めた伊《い》能《よく》昭《あき》夫《お》氏が集英社退職後に、鳥山氏と新会社で運営していくというものだ（鳥山氏はその後、2024年3月に残念ながら亡くなる）。実際に新体制の形で2024年から『ドラゴンボールＤＡＩＭＡ』が始まる。

社員がマネジメントチームごと〝脱藩〟して作家と一緒に独立、というのはこれまでの常識からすると禁じ手である。従来より出版権以外の原作管理を司ることは、〝慣習上〟は行っていても、きちんと〝契約上〟でそれを明文化している事例は少ない。作家が自ら権利を行使し、グッズを作ったりライブを実施したり、出版社の外に出てビジネスをしていく動きはちらほら起こり始めている。

こうしたリスクを伴うようになると、出版社もこれまでのようにはいられない。こうした「大復活」プロジェクトも自社自らで積極的に推進し、「作家に選ばれ続ける」必要が出てくるだろう。日本のマンガ史を変えたドラゴンボールは、今度は日本の出版社によるキャラクターマネジメント史を変えようとしているのかもしれない。

平成家族ドラマの象徴、クレヨンしんちゃんが海外でも大人気のワケ

双葉社『漫画アクション』が生んだ名作群

『クレヨンしんちゃん』（以下、クレしん）の作者である臼井儀人《うすいよしと》氏がデビューしたのは1987年、29歳のときだった。キャリアのスタートは、大型総合スーパーを舞台にしたギャグ4コマ『だらくやストア物語』という作品だ。

臼井氏が双葉社に持ち込んだ『だらくやストア物語』は、広告業界を題材とした4コマ漫画『気まぐれコンセプト』（1981年）以来の〝業界モノ〟として、当時注目されていたテイストに近かったことから新人賞佳作に入選し、その後、週刊誌『漫画アクション』で連載を始めることになる。

クレしんが掲載されることになった『漫画アクション』は、1967年創刊とともに『ルパン三世』や『子連れ狼』をヒットさせてきた。休刊の噂が出るたびに『じゃりン子チエ』（1978〜1997年）や『かりあげクン』（1980〜2003年）など〝神風〟が吹いて再興し

てきたが、『クレヨンしんちゃん』（１９９０〜２０１０年）が現時点では最後の神風である。２００３年には休刊、２００４年以降は月２回の刊行となり、近年は10万部台と成人男性向け漫画誌としては５〜10位くらいの位置づけにある（双葉社はこのジンクスにあやかり、２０１３年から「双葉社カミカゼ賞」を開始している）。

今やドラえもんやコナンに次ぐ国民的キャラクターになったクレしんの主人公「野原しんのすけ」は、臼井氏の処女作『だらくやストア物語』に登場するキャラクター「二階堂信之介」のスピンアウトであった。本作の担当編集であった林克之氏がこのキャラを膨らませれば面白くなると直感し、単独作として独立させることを提案、１９９０年８月にクレしんがスタートした。[01] 編集長は当時否定的、「幼稚園児が青年誌に出てきて面白いのか」という調子で、内容もかなり過激、あくまで「大人向け漫画誌に登場する子供」というキャラクター設定であった。[02]

『クレヨンしんちゃん』の爆発的ヒットのきっかけ

手ごたえが徐々に出てくるのは１９９１年10月８日号で初めてメイン表紙を飾り、その12月に「クレヨンしんちゃん特集号」が出てきたあたりの頃だ。その後、１９９２年１月には『ドラえもん』（１９７９年〜）や『おぼっちゃまくん』（１９８９年）などを手掛けたアニメ制作会社のシンエイ動画により、１９９２年４月にテレビ朝日でアニメ放送が始まる。

ゴールデンタイムでの放送ということもあり、原作にある下ネタや過激なギャグは取り払い、

01　田幸和歌子、「『クレしん』30周年、担当編集が明かす「子どもに見せない」から「親子で楽しむ」の変化の過程」ORICON NEWS、2020年8月20日

02　中野晴行「マンガ雑誌の黄金時代──1985〜95年の編集部を語る 第10回　双葉社『漫画アクション』元編集長、現双葉社取締役編集局長・島野浩二 後編」メディア芸術カレントコンテンツ、2020年4月7日

しんのすけの子供らしい一面にフォーカスを当てたことが功を奏した。「ギャグアニメにしないで、平成の『サザエさん』にしよう」というこの1992年時点のアニメ制作方針が、その後のクレしんの成否を分けたと筆者は考えている。

視聴率は第1回（4・0％）、第2回（6・4％）から第7回（10％）と最初こそ徐々にあがっていった程度だが、コミックス1巻と2巻（1992年6月）あわせて100万部達成の報告がされた8月には『漫画アクション』でも毎週のように特集が組まれるようになる。9月には視聴率が15％を記録するようになり、3巻（1992年8月）とあわせて300万部を突破する。[03]

アニメ化を受け、視聴者層・コミックス購入者層は、それまでの2年間とは打って変わって「子供」に広がる。もともと大人の世界をかき回す存在としてのしんのすけは、そのまま子供たちのリアリティを表すアイドルのような存在となり、1992年末の視聴率は19・7％を記録、同時間帯の高視聴率番組となる。[04]

劇場映画が企画されたのは1993年、東宝・東映・松竹すべてからラブコールを受け、7月に劇場版第一作『アクション仮面VSハイグレ魔王』が公開され、興行収入約22億円を記録する。

1993年7月には、ロッテから作中にしんのすけの好物として描かれるスナック「チョコビ」が販売されて20億円も売り上げ、チョコスナック市場シェア1位を獲得した。さらに、1993～1994年の2年間でゲームソフトは10本もリリースされたほか、アニメが最高視聴

03、04　大山くまお『クレヨンしんちゃん大全 2020年増補版』双葉社、2020年

率28％を記録する頃には、声優・矢島晶子氏が歌う主題歌『オラはにんきもの』がメガヒットとなり、12月には紅白歌合戦に登場する。

１９９２〜１９９３年はテレビアニメが火をつけたクレしん最初の大ブームであった。１９９３〜１９９５年の３年間の劇場版は同時期に上映していた『ドラえもん』や『ドラゴンボール』よりも収益は上だった。

クレしん「売上爆増」、韓国・中国などアジアでのブーム

そんなクレしんの売上をさらに伸ばすきっかけとなったのが海外展開だ。英語のみならず中国語・韓国語・タイ語・マレー語・ベトナム語・カンボジア語からスペイン語・カタロニア語まで全世界22カ国に向けて14カ国語の翻訳がなされている。１９９４年に台湾・タイ、95年マレーシア、１９９６年スペインで出版され、それぞれ数十万部売れたかと思うと、２００１年にスペインで開始されたアニメ放送は、その後10年以上も続いた。２００３年にはスペインの「最優秀エンターテインメントキャラクター賞」にも選ばれている。

２００２年に中国、２００４年にフランスで出版が開始され、２００６年にはインドで爆発的な人気になり、同時期にカートゥーンネットワークにのってアメリカ・カナダでもアニメ放映がされている。そこから20年経った現在においては国内で関連書籍も入れると７０００万部だが、海外で累計３０００万部を売るお化けキャラクターに羽化した。

図表2－2は、現在アップルやグーグルで配信されているクレヨンしんちゃん関連アプリの地域別のMAUの平均値を年ごとにまとめたものだ。2018年に海外向けアプリが展開されているため急激に数字が膨らんでいるが、基本的にはインドが5割、ベトナム・日本が2割ずつで、あとは中国・台湾・韓国・マレーシア・台湾以下全部あわせて1割といった具合である。パブリッシャーの得意な地域に偏るため、この数字をそのままクレヨンしんちゃんの世界人気と見るのは早計と言えるが、おおむね「インド・中国・ベトナムに日本以上のクレしんファンがおり、その他10数カ国でも一定の人気がある」と言って差し支えない数字である。

特にこの地域別の中で、チャンスと明確に言える国は中国だろう。ウルトラマンにNARUTO、コナンにポケモン、ドラえもんと近年子供向け市場として日本IPの中国展開はすさまじい成果を上げている。

この他にも『おしりたんてい』や『おまえ うまそうだな』といった絵本ジャンルのポプラ社は中国絵本市場で2～3割といったシェアに成長している。すでに半世紀以上も子供向けジ

図表2-2　クレヨンしんちゃんのモバイルゲームの合計アクティブユーザー数

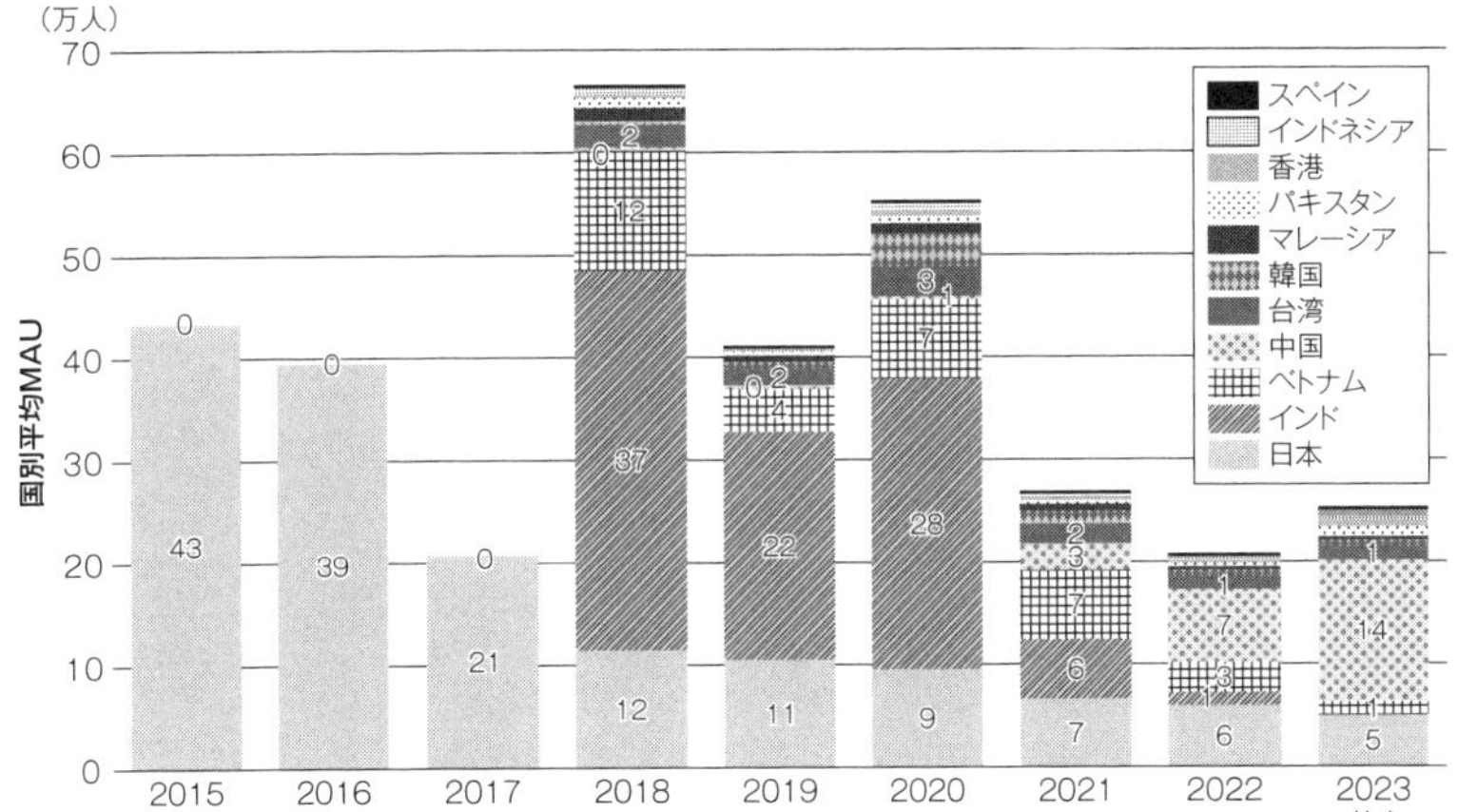

(出典：Sensor Towerより関連4タイトルから筆者作成)

ャンルを開拓してきた日本IP、特にここ30年かけて長編アニメのアーカイブを形成してきたクレしんのようなIPは、中国における人気次第で日本の倍以上もの市場規模で再興する可能性を持っている。

すでに円谷プロダクションが『ウルトラマン』で100億円超の売上となり、その半分以上を中国からのライセンスだけで稼ぐようになったこの数年のトレンドを踏まえても、双葉社にとっての大きな商機が眠っている国であることは確かである。

ドラえもん・コナン・クレしんの共通点

そもそもなぜ日本で、そして海外まで、このキャラクターが届いたのだろうか。毎年の映画興行はドラえもん（1980年～）、コナン（1997年～）もそうだが、クレヨンしんちゃん（1993年～）もずっと続いている。

ドラゴンボール（1986～1996年）も、ONE PIECE（2000～2009年）も実現しえなかった「毎年恒例の家族映画」の枠に、この3キャラクターだけが残り続けているのだ。

これは家族と行ける二世代映画かどうかも重要であるし、ドラえもんのような昭和家族から自立して「外に向かう」子供像ではなく、友達関係のような平成家族で冒険の末に家族の絆を見つける「内に向かう」子供像という意味で、時代を象徴したものであったと捉えることもできる。そしてちょっと背伸びした下ネタや親の関心事のマネゴトをするしんのすけの姿は、テレビメディアで早熟に育った平成の子供たちと共鳴していた。少なくともサザエさんやドラえもん以上に、「家族」についてよく考える映画と言えばクレしんだった。

クレヨンしんちゃん2200億円経済圏

最後にクレしんの経済圏についてまとめたい。1992年のテレビアニメで書籍が売れ、1993～1994年は劇場版にゲームにCDにと、さまざまな商品化が派生していくが、これまでのキャラクターがそうであったように3年もたたずにブームは消失していく。

だが2000年前半に劇場版が15億円を超え、ある程度安定はしていったが、20周年を目の前に臼井氏が登山中の事故で急死（2009年）。週刊誌連載としては2010年で絶筆となり、コミックスもここをピークに急減、これ以降国内は劇場版とゲーム化だけが残っていく。

2014年以降スタジオジブリの作品が途切れがちになる時期から、クレしんの劇場版は20億円を超えるようになり、コロナ期にNintendo Switch用ソフトとして発売された『クレヨンしんちゃん「オラと博士の夏休み」』が異例の累計50万本ヒットのゲームとなり、2023年の3D映画『超能力大決戦 ～とべとべ手巻き寿司～』は遂に31作目にして史上最高23億円を7週目で超え、24・7億円を記録。国内で関連本を含めて7000万部、海外では3000万部という数字はともに双葉社にとって史上最大の数字になっている。

臼井氏は漫画家歴が長かったわけではなく、サラリーマン生活も経ているため、社会人としての経験値や知見が生きた内容を素材にしている。画力が高かったとはなかなか言えないが、それでいてクセが強くはなく多くの人に愛される柔らかな線を描く。

特に光るのは、そのキャラクターづくりである。脇役にも愛情深く、1回きりで使い捨てされることは少なく、名前も含めて特徴的な春日部市民が沢山登場する。編集の修正要求にもよく答え、ほとんど1人でずっと描き上げていた。アニメ側の意見も尊重し、非常に関係性良く漫画とアニメが並行して進んでいたという[05]。

1996年に、新キャラとしてしんのすけの妹にあたる「ひまわり」を誕生させて4人家族にしたのは出版側だけでなく、アニメ側からの要請もあったという。まだキャラクターが固まる前で、アニメ側も自分たちの思いをのせてしんのすけに負けないキャラをと作っていき、それが漫画にも反映されていった。

図表2-3　クレヨンしんちゃんの推定キャラクター経済圏

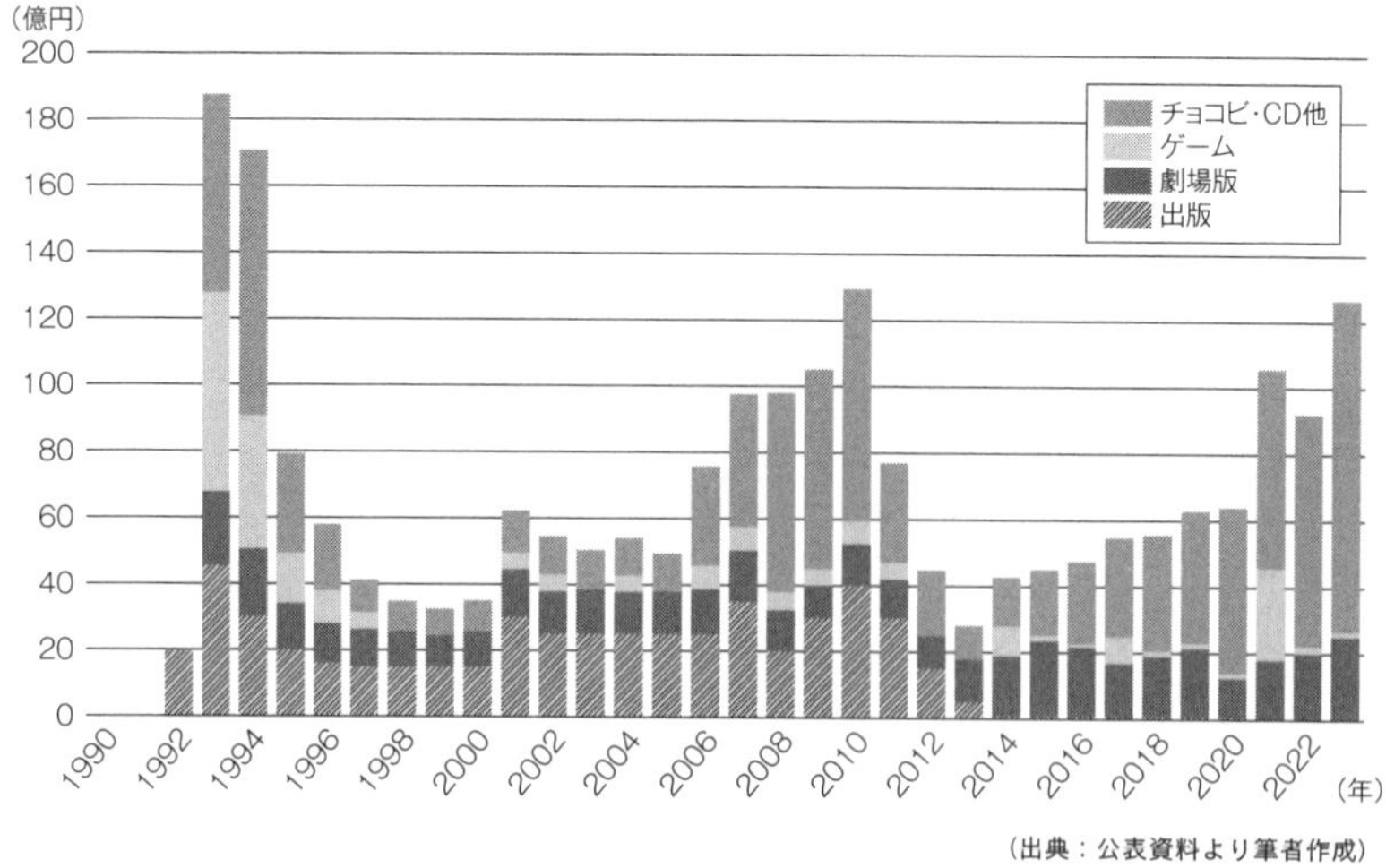

(出典：公表資料より筆者作成)

05　大山くまお『クレヨンしんちゃん大全』双葉社、2011年臼井儀人氏はチームワークの作家だった。それがこのクレヨンしんちゃん30年史を築き上げた礎であり、原作者が早逝してはや16年が経つが、それでもなお物語が創り続けられている根源なのだと思う。

ONE PIECEが過去最大の「メディアミックス成功例」と言える理由

ジャンプの救世主だった『ONE PIECE』

ＯＮＥ ＰＩＥＣＥが連載を開始した１９９７年７月はまさに「時代の切り替わり」でもあった。ジャンプは１９９５年に週刊マンガ誌史上最高となる６５３万部の〝頂〟まで絞り上がっていくような成長を見せた。

だが、それを演出してきた『幽☆遊☆白書』（94年7月終了）、『ドラゴンボール』（95年6月終了）、『ＳＬＡＭ ＤＵＮＫ』（96年6月終了）、『キャプテン翼ワールドユース編』（97年8月終了）などの作品が次々に連載終了し、１９９７年の平均発行部数は４５０万部まで下がる。

なんと頂点からたった2年で２００万部も落ちていった凋落の時代、先の見えない下り坂でこそ、人々は希望となる光の瞬きを渇望する。ＯＮＥ ＰＩＥＣＥは同時期に連載がスタートした『ＮＡＲＵＴＯ』（１９９９年9月開始）とともに、ジャンプも集英社も読者もが求め、スターダムに押し上げられた作品でもあるのだ。

読者を惹きつける「作中にちりばめられた工夫」

筆者が考えるONE PIECEの読者を惹きつける要素はいくつかある。たとえば、それが顕著に現れ始めたのが単行本5～8巻「パラティエ編」と8巻～11巻「アーロンパーク編」の頃だった。

ONE PIECEの主人公モンキー・D・ルフィが航海を通じて出会う敵キャラの個性、敵キャラの支配から人々を解放していくルフィの人間力、作中にちりばめられたギャグとシリアスなシーン、さらにはルフィたちによるボスキャラ討伐からの酒盛りといった、ドラマ『水戸黄門』のように分かりやすく〝可視化〟されたストーリーのバイオリズムパターンなどだ。

それだけでなく、作中に登場する「三大将」「五老星」「七武海」「四皇」と呼ばれる、主人公たちの前に立ちはだかる強敵が「努力と友情の力で勝利しなければならない目標」として描かれ、本作の世界観を広げる機能を果たしている。

また、取ってつけた設定には見せないよう、本作の冒頭から最終ゴールとして設定されている「ひとつなぎの大秘宝（ワンピース）」に主人公たちが少しずつ近づいていくことを、作中にちりばめられたヒントが教えてくれる点も読者を離さない要素と言えるだろう。

25年のジャンプ史と振り返る『ONE PIECE』の凄さ

鮮烈デビューとはこのことだろう。1975年生まれのONE PIECEの作者・尾田栄一郎氏は、中学2年のときから海賊をテーマにしたマンガを描き始め、1992年の高校時代に「手塚賞」に準入選。その後、大学を1年で中退し、『るろうに剣心―明治剣客浪漫譚―』の作者・和月伸宏氏のアシスタント時代に出した読み切りマンガ『ROMANCE DAWN』(1996年)を原型として、ONE PIECEを1997年から連載開始。まさかの連載第1作目にして、そこから25年以上にわたって時代を駆け抜ける、マンガ史上最大級のヒット作を描き続けることになる。

1997年登場初期から常に(人気順での)1~3番目に掲載されており、『HUNTER×HUNTER』(1998年3月)や『NARUTO』などの人気作もひしめく中で不動の1位を保ち続けてきた。2010年代に入ってすら『暗殺教室』『僕のヒーローアカデミア』『Dr.Stone』『鬼滅の刃』といった人気作と伍してわたり、ほぼこの15年ゆるがない位置にあった本作は、現在、エンディングに向けての道筋のカウントダウンに入っている。

その業績は記録続きで、2002年発売の第24巻は初版252万部として当時のコミックスのギネス記録を作り、2005年に第36巻で累計1億冊に「史上最速」で到達し、2022年には全世界あわせて累積5・1億部(国内は4億部)という全人類未踏の数字にまで到達している。日本漫画家協会賞も第41回(2012年)に受賞。しかし「マンガとしての記録」は、そのごく一部でしかない。

メディアミックスの大成功事例と言えるワケ

東映アニメーション制作のアニメは1999年10月から20年以上も地上波フジテレビで放映されており、2021年11月時点で合計1000話達成。話数ベースで言えば『サザエさん』『ドラえもん』『それいけ！　アンパンマン』『クレヨンしんちゃん』『名探偵コナン』などに次ぎ、アニメ界でも間違いなく〝国民的アニメ〟である。

劇場版アニメでは日本アカデミー賞「優秀アニメーション作品賞」に第32回（2008年）から第46回（2022年）まで過去6作で受賞。音楽でも日本ゴールドディスク大賞に2007年、2011年、2023年と「アニメーション・アルバム・オブ・ザ・イヤー」に選ばれている。

その上、アクションゲーム『ワンピース海賊無双』（2012年）で、「日本ゲーム大賞」から「PlayStation Awards」など、優秀なゲームやエンタメ作品を表彰する賞を総ナメにしている。また、玩具でも『ONE PIECE LOGBOX』で日本おもちゃ大賞を2011年に受賞。ここまで受賞づくしと言えば、当然ライセンスでも2010、2012年ともに「ライセンシング・オブ・ザ・イヤー」を受賞。演劇ですら『スーパー歌舞伎Ⅱワンピース』では大谷竹次郎賞・文化庁芸術祭賞を受賞したほか、果てはファッションのベストジーニスト賞にすら選ばれている。

前人未踏、空前絶後、天下無双。『鬼滅の刃』や『呪術廻戦』に『SPY×FAMILY』など直近にも大成功作品を生み出すジャンプだが、それでも巻数をそこまで重ねていないそれらの作品は、メディアミックスのすそ野という意味でONE PIECEに及ぶほどではない。まだマスメディア最強時代の残り香をまとい、週刊マンガとテレビなど「マス」向けに生み出されたONE PIECEは、100年後に「あれが、最後の〝国民的〟ヒットマンガ・アニメだった」と言われるようになるかもしれない。そのくらいネットとYouTube主導のヒット作品は分散的で多様で、マスメディア時代の〝国民的〟と言える横広がりのヒット作とはちょっと色合いが違ってきているようにも思える。

読者離れが進んだ2010年代、国内でなく海外が再起動のカギ

ただ、そんな華々しいばかりのトップタイトルであっても、「ヒットならではの流行り廃り」の重力からは免れることはできない。

前述の受賞があらかた2010~2012年頃に集中していることが分かるだろうか。これは本作における「東の海編」(1~12巻)、「アラバスタ編」(13~23巻)、「空島編」(24~32巻)、「ウォーターセブン編」(33~45巻)、「スリラーバーク編」(46~50巻)ときて、物語の前半部の終着点「頂上戦争編」(51~61巻)に達していた時期である。

コミックスも２０１２年の67巻初版４０５万部をピークにそこから徐々に初版部数を落とし、巻別で見ても４００万部売れていたこの頃から10年間ずっと売り上げを減らしている。２０２１年頃の90巻代になってくると、半分の２００万部まで（それでもスゴイが）コミックスの購入者は減らしていく。

週刊少年ジャンプは２０１３年時点まで10年以上にわたって３００万部弱で「底打ち」をしていたが、まさにＯＮＥ　ＰＩＥＣＥと連動するかのように２０１４〜２０１７年で再び下降フェーズに入り、１８２万部（２０１７年平均）と２００万部を切るところにまで落ちる。

Ｇｏｏｇｌｅトレンドで見ると、まさに日本では２０１０〜２０１１年がマンガ・アニメのピークで、連載20周年となる２０１７年も28雑誌でのＯＮＥ　ＰＩＥＣＥジャックや、ハリウッド版ドラマ化発表などで盛り上がるが、基本的には上り調子だった２０００年代に比べて２０１０年代は維持とユーザー離れ対策に汲々《きゅうきゅう》としていた時代だったと言える。

ＩＲで明確になっているワンピース関連売上でも、バンダイナムコＨＤの玩具売上では２０１１年ピークの１１２億から２

図表2-4　東映アニメ・バンダイナムコ HD の ONE PIECE 関連の売上構成

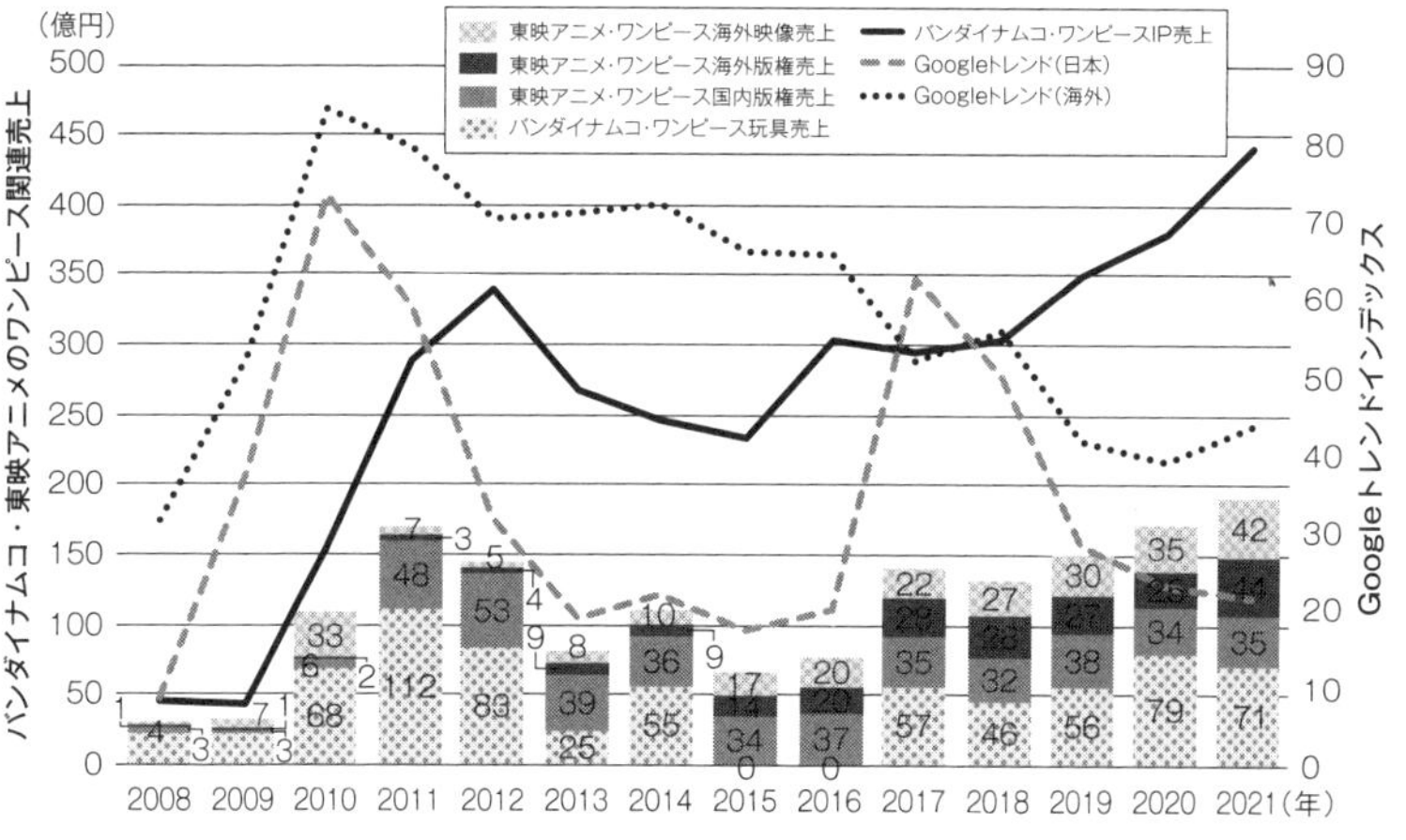

（出典：筆者作成）

013年には25億まで落ち、2015〜2016年には集計から外れてしまうほどだった。

東映アニメーションでの「国内版権売上」はソシャゲブームに乗っかり、ずっと安定的に30〜40億円を維持してきたが、決して成長路線にあったというわけではない。むしろ「海外版権売上」と「海外映像売上」と、アニメとアプリゲームの海外展開で17億（2013年）↓31億（2015年）↓50億（2017年）↓60億（2020年）と拡大しており、「(国内は頭打ちだが）海外で稼ぐようになってきた」のが、ここ5年ほどの動きである。

玩具だけでない、映像やゲームを含めたバンダイナムコのIP売上も2016年から急激に回復し、2012年ピークの350億弱を超えるのが2019年、2021年には450億弱にまで到達するが、これらも「海外」という新しい市場が大きな貢献をしている。

集英社が仕掛けた『ONE PIECE FILM RED』、なぜ成功したか？

もはやジャンプ自体のヒットを作り出す力が落ちている。そんな話が聞こえ始めた2010年代前半も今は昔。その後電子マンガの勢いが急上昇する中、『鬼滅の刃』の熱狂は過去十数年見たことのないレベルのもので、それに続くように『呪術廻戦』と『SPY×FAMILY』は新しいメディアに乗り換えながら、ジャンプのヒットは新しい黄金法則を生み出している。

これらは週刊誌でトップを飾り続けてきた『ONE PIECE』にとって「脅威」でもあ

ったが、結果的には「後押し」になったと考えるべきだろう。もはや一定ユーザーを満足させるための装置にしかなり得ない「テレビアニメ」に対して、（最近の東宝の快調からも分かるように）「劇場版アニメ」は人気の再興や人々の興味を惹きつけるための格好のメディアとして復活してきた〝古いけど新しい使い方ができるメディア〟でもある。

興行収入120億円の『ONE PIECE FILM RED』は公開から26日間で860万人を集め、『鬼滅の刃 無限列車編』（2020年）や新海誠監督作品、ジブリ作品には及ばないものの、『呪術廻戦0』の137億円を超えるペースで数字を重ねている。1990〜2000年代と、どうしても劇場版アニメの世界ではかなわなかった『名探偵コナン』（2019年93・7億円）や『ドラえもん』（2018年53・7億円）など、小学館発の作品の劇場版アニメの売上を大きく超えるようになってきた、集英社と東宝の新しいメディアミックス新展開である。

成功要因はONE PIECEの25年にわたるたゆまぬ努力の結果とも言えるが、何よりVTuber（顔出ししないアニメキャラとして歌唱・ゲーム実況・雑談をするYouTuber）でもある「Ado（アド）」とのコラボが決定的だったと考える。

ここでちょっとした私事を暴露するが、小学生になる私の2人の子供は、「ルフィ」すら知らずに『ONE PIECE FILM RED』を見に行きたいとねだった。「うっせぇわ」という曲で一躍有名になっていたAdoの映画だから、というのだ。ちなみに、ゴールド・ロジャーと白ひげとシャンクスだけは知っていた。UNDERBARチャンネルのコント動画で見ていたからだ。なんて偏った知識……いずれもＹｏｕＴｕｂｅのみの知識である。

ストーリーもキャラ設定も「やや強引」に思えたＡｄｏ氏が歌姫を演じる「ウタ」というキャラクターは、ふたをあけてみれば大成功だった。Ａｄｏ氏は２０１７年、ニコニコ動画にボカロ楽曲で登場し、２０２０年10月にユニバーサルよりメジャーデビューして、彼女の歌う「うっせぇわ」は２億回以上再生される大ヒット、ＹｏｕＴｕｂｅチャンネルも９月の11万から半年たたずに１００万登録を超え、２０２２年に入ってからは３００万登録まで到達する。この時点ですでに「ヨルシカ」や「初音ミク」のチャンネル登録数を超え、現在は約８００万人の登録者数となっている。

登録者数１３２万人まで到達していたＹｏｕＴｕｂｅｒガーシーこと東谷義和氏が約29万票を得票して当選した２０２２年７月の参院選は記憶に新しいが、単純に考えてＡｄｏ氏の現時点で約８００万の登録者のうち１００万人以上もの子供たち、そしてその親も含めて数百万人が彼女１人のコラボ効果によって『ＯＮＥ ＰＩＥＣＥ ＦＩＬＭ ＲＥＤ』の興収に貢献したと

図表2-5　集英社・小学館の漫画作品発の劇場版アニメ国内興行収入

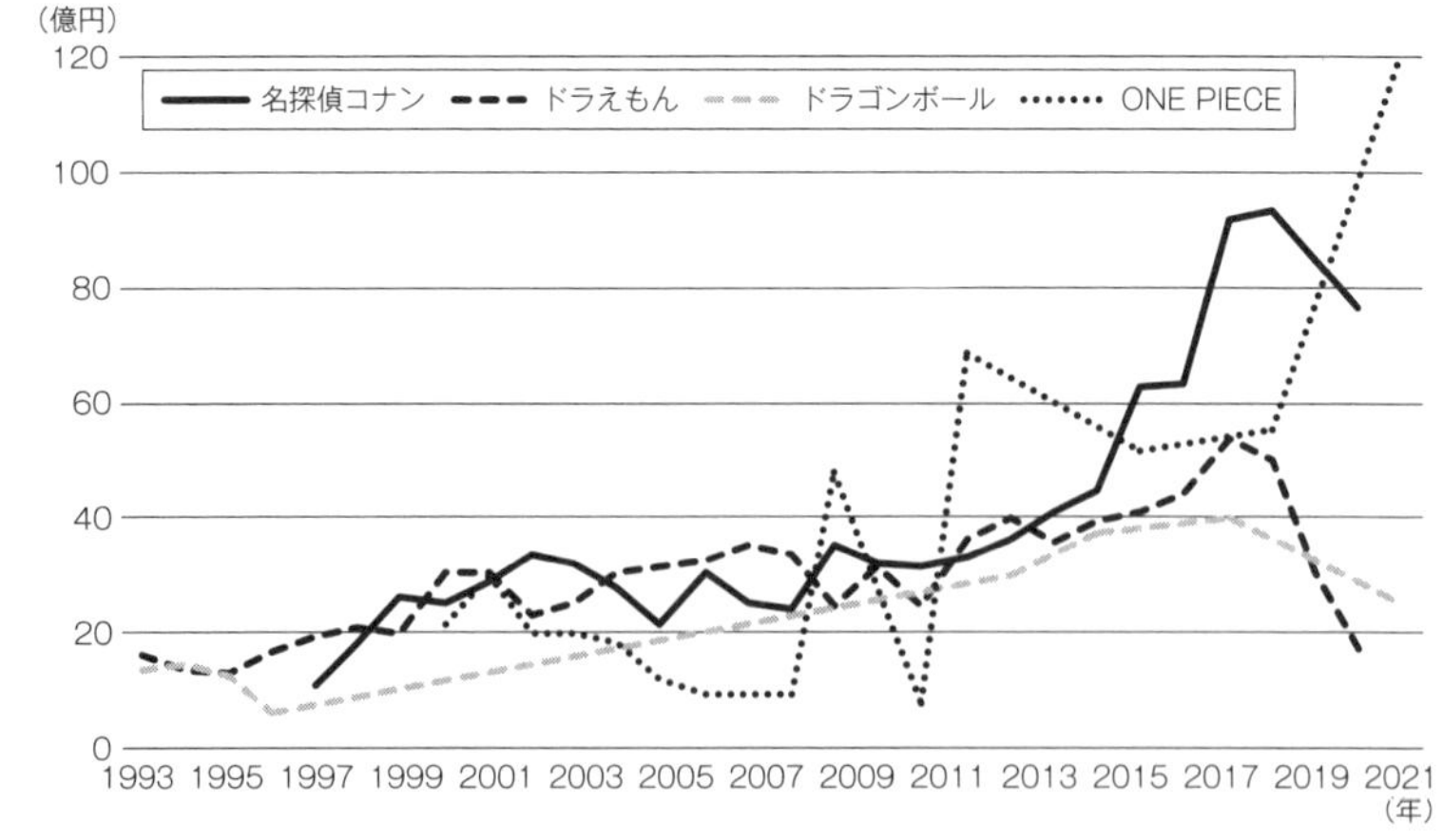

（出典：筆者作成）

考えるのは、それほど飛躍しすぎな議論でもないだろう。

『ONE PIECE』1兆円経済圏

コンテンツの「認知度」と「経済圏」は連動しない。ONE PIECEは2000年代を通じてマンガと映画と家庭用ゲームによって年100億円を稼ぐヒットコンテンツだったが、2010～2012年に原作同様に経済圏としても400億円級のピークをつける。玩具も映画も家庭用ゲームもそれぞれ100億円といった具合に売れていたからだ。

だがマンガの販売部数では停滞していたその後の10年間は、アプリゲームが尻上がりに伸びており、さらには海外でのファンが純増することで「経済圏」としては成長基軸にあり、2022年は予測ベースのONE PIECE経済圏が約1000億円（ライセンスを小売価格ベースに割り戻すと3000億円級）、25年間の累積で1兆円となる。10年前の「コアファンによる人気」ピークの2倍近い着地になりそうだ。

そしてONE PIECEは現在「ワノ国編」を終えて、今

図表2-6　ONE PIECEの推定キャラクター経済圏

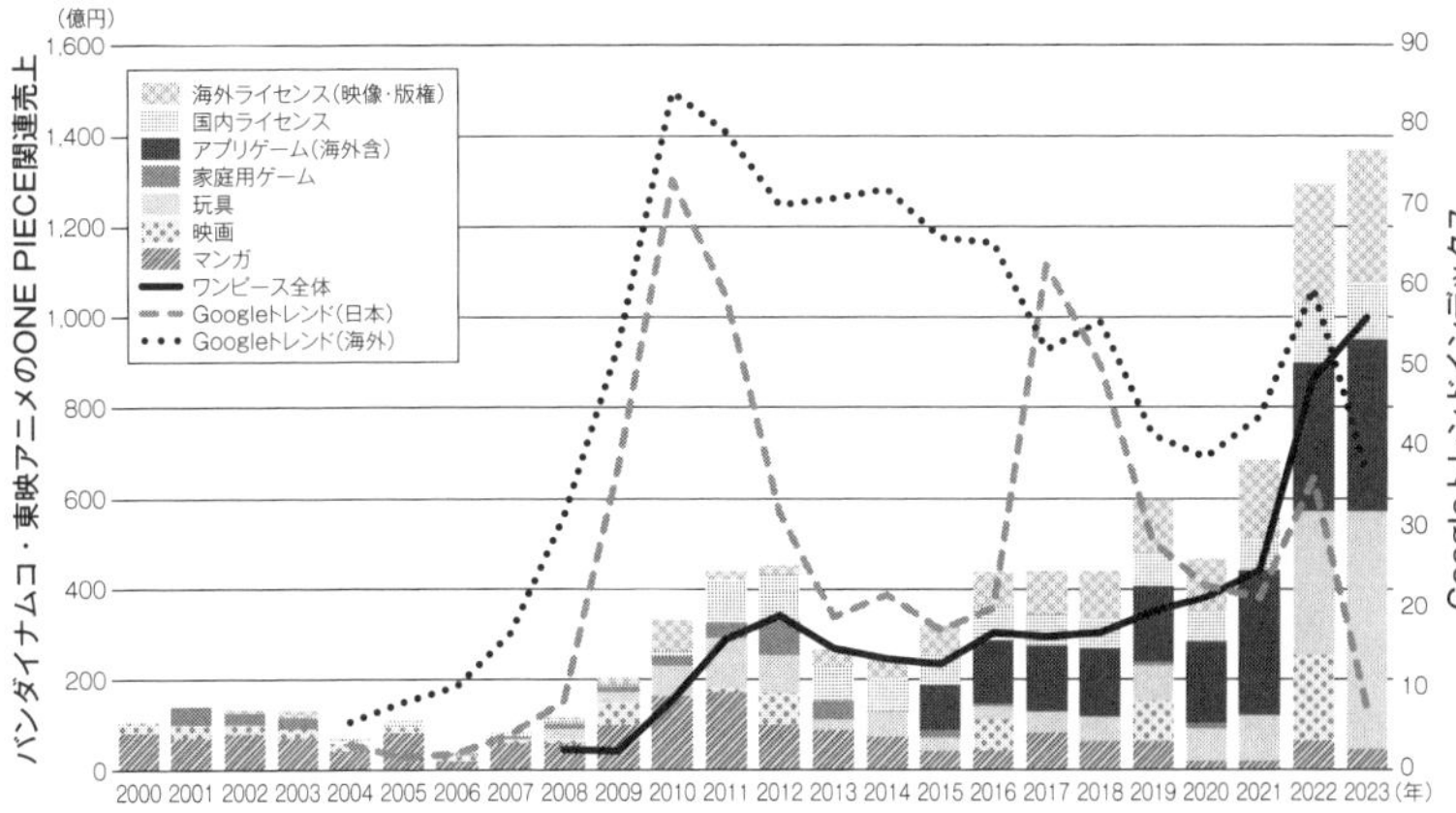

（出典：筆者作成）

終幕のカーテンコールが聞こえてきている。それは嬉しくもあり、寂しくもある。20世紀マスメディア全盛期時代の最後のブザーかもしれない。

第3章

平成キャラクター史【ゲーム編】

物語から自由に遊ぶ環境づくりへ

マンガとアニメに比べると、ゲームというのは比較的「没入させにくい」。なぜならキャラクターはいて物語はあっても、ゲームは基本的に「ユーザーが好き勝手に動かすこと」がベースにあるからだ。マンガのようにめくって物語を一定速度で追ってくれるわけでも、映画やアニメのように必ず同じ時間速度でその物語に没入してくれるわけでもない。難しければすぐに離脱するし最後までみてくれているかどうかもわからない。

そうしたゲームが「IP」として成立するのは実は平成末期〜令和になってからの話。基本的には任天堂もポケモンもスクウェア・エニックスもタカラトミーも、ゲームシステムとしての面白さを担保し、ユーザーがクリアするまでプレイしつくしてくれることを第一に考え、（マンガやアニメに比べれば）キャラクターのバックボーンやストーリーはおざなりにしてきた節もある。それではそうしたゲームキャラクターはどうやってIPになっていったのだろうか。

映画でも世界を獲った
ゲーム業界の金字塔 スーパーマリオ

1億人以上を動員した日本史上最大の映画原作「マリオ」

『ザ・スーパーマリオブラザーズ・ムービー』の興行収入約13・6億ドル、観客動員数1・26億人という数字はどれほどの規模なのだろうか。

これは、国内映画史上最高額の『鬼滅の刃　無限列車編』(国内404億円、海外0・7億ドル)はもとより、海外市場へ展開した作品の最高額となった『すずめの戸締まり』(国内148億円、海外1・7億ドル)と比べても、桁違いにグローバルで成功した数字と言える。

もちろん、日本に縁を持つハリウッド化映画作品と比較してもダントツ1位である。たとえば、『Godzilla』(5・25億ドル)、『ラスト サムライ』(4・55億ドル)など、日本由来のIPやモチーフを使ったハリウッド映画も好業績を上げてきたが、それら作品と比べてもトリプルスコアの差を付けるほど記録的な数字である。

これまで、ハリウッド映画の原作はオリジナルや小説脚本をベースにしたものが多く、マーベルなどのコミックスを原作にした作品は5％にも及ばず、ゲーム原作の作品となれば1％未満という状況であった。だが、1980年代以降、人気を博したゲーム出身のIPは立派な大衆向けキャラクターとしてポジションを確立しており、近年ゲーム原作の映画作品は徐々に増えてきている。

たとえば、ゲーム原作映画のランキングを見ると、『Warcraft』（4・39億ドル）や『名探偵ピカチュウ』（4・31億ドル）、『Sonic the Hedgehog2』（3・98億ドル）などが並ぶ（図表3－1）。これらと比較しても、今回のマリオ新作で約13・6億ドルという興行収入がいかに米国映画史上においても桁が外れたものであるかが窺い知れる。

ちなみに興行収入13・6億ドルの国別の内訳を見ると、米国は4割強（5・7億ドル）、日本は1割弱（約1億ドル）で半分、残りは欧州からアジアまでかなり幅広い視聴地域で視聴されており、それこそ『Godzilla』や『アナと雪の女王』などと遜色ない。まるでディズニー映画のように、幅広く世界中で観客を集めたのだ。

そんなマリオ映画にも苦い記憶がある。30年前、米国でマリオが絶頂期にあった時期に実写版1作目『Super Mario Bros.』がハリウッドで作られ、制作費4200万ドル、興行収入3900万ドルという

図表3-1　最も売れたビデオゲームの映画化作品

	タイトル	リリース	ゲーム初期	Publisher	興行収入
1	The Super Mario Bros. Movie	2023	1981	任天堂	$1,347
2	Sonic the Hedgehog3	2024	1991	SEGA	$486
3	Warcraft	2016	1994	Blizzard	$439
4	Pokémon: Detective Pikachu	2019	1996	任天堂	$431
5	Rampage	2018	1986	Activision	$428
6	Uncharted	2022	2007	Sony	$398
7	Sonic the Hedgehog2	2022	1991	SEGA	$397
8	The Angry Birds Movie	2016	2009	Rovio	$352
9	Prince of Persia: Sands of Time	2010	2003	Ubisoft	$336
10	Resident Evil: The Final Chapter	2016	1996	Capcom	$314
11	Battleship	2012	1930s	Activision	$313

（出典：the-numbers.com より筆者作成）

厳しい結果に終わっている[01]。なぜ今、生まれ変わったマリオ映画がこれほどの成功を収めているのだろうか。

ゲーム業界の金字塔、ダントツ1位シリーズ

言わずと知れたゲーム業界の金字塔「マリオシリーズ」は、ゲーム業界でもテトリスやポケモンの約5億本を抑え、累計7・6億本と世界で最も売れたゲームシリーズとなっている（図表3－2）。累計7・6億本という数字は、世界25億人のモバイルゲーム人口から見れば1／3程度だが、約8億人の家庭用ゲーム機のプレイヤー人口から見れば、ほぼ100％と言えるような数字だ。

1983年7月、任天堂から『ファミリーコンピュータ』が1万4800円で発売され、そこからマリオの歴史が始まるが、実はすぐに爆発的なヒットになったわけではなかった。

マリオは、もともとアーケードゲーム『ドンキーコング』（1981年）に登場するJumpmanというキャラクターである。最初に発売されたファミコン版『ドンキーコング』は113万本とヒット作ではあったが、肝心のファミコン本体は在庫がダブついた。

最初の1年は苦戦しており、むしろ、ファミコンがブームになるのは、ディスカウントストアを通じて9800円程度の価格で販売されるようになってから。その頃になると、『ゴルフ』『テニス』『麻雀』などのスポーツシリーズのゲームソフトも販売されたほか、『ゼビウ

01　映画の興行成績等はBox Office Mojo参照
02　土屋新太郎『キャラクタービジネス―その構造と戦略』、キネマ旬報社、1995年

ス』など100万本売れるヒット作を経て1984年末頃から数字が動き、200万台に到達する[02]。

ハードはソフトがあってこそ動くのだ。〝最も売れたファミコンソフト〟となる『スーパーマリオブラザーズ』が出たのは1985年9月、本体登場から2年遅れで発売された本作はダッシュからジャンプ、ピタッと止まる精度まで含めてファミコンの持ちうるポテンシャルを生かし、「家庭用ゲームのインターフェース」を体現したソフトであった。

結果681万本も売る大ヒット作になり（社会現象となった1988年のドラクエⅢですら380万本）、ファミコン本体は1985年で約600万台、1986年で約1000万台となり、まさにこの発売後3～5年目が最も伸びる結果となった。

ちなみに週刊少年ジャンプが『ファミコン神拳』の連載を開始するのも1985年。マリオに魅了されていた編集者・鳥嶋和彦氏は、『ドラゴンボール』『北斗の拳』『シティーハンター』など人気作品が連なるジャンプで、「ファミコンの裏技解説を行う、マンガでもない連載」が人気投票3位になったとき、子供たちのトレンドがマンガからゲームに移ったことを実感している[03]。

ここからは、そんな大ヒットコンテンツを生み出した任天堂が、マリ

図表3-2　最も売れたビデオゲームシリーズ（2022年時点）

	タイトル	ゲームリリース年	販売元	百万本
1	マリオ（スピンオフ込）	1981	任天堂	758
2	テトリス	1988	任天堂、EA	496
3	ポケモン	1996	任天堂	480
4	スーパーマリオ	1985	任天堂	400
5	グラン・セフト・オート	1997	Rockstar	400
6	コール・オブ・デューティ	2003	Activision	400
7	FIFA	1993	EA	325
8	マインクラフト	2011	Mojang	238
9	LEGO	1995	複数	203
10	シムズ	2000	EA	200

（出典：VGChartz"Best-selling video game franchise worldwide as of May 2022" より筆者作成）

オシリーズ全体でどれだけ収益を上げたのか、各種公表データから試算してみたい。

「IP」に興味を示さなかった任天堂、ビジネス化は2015年以降

えてしてその業界のトップは他産業に興味を示さないものだ。ゲーム業界のトップ街道をひた走っていた任天堂は、マリオを「IP」化して、さまざまなメディアミックスに展開するといったことに強い興味は示してこなかった。1982年の「ドンキーコングJR.」ではマリオが悪役に変わってパパを檻に閉じ込めるボスになっていたくらいだ。当時はマリオを長く愛され、親しまれるキャラクターにしようなんて考えはほぼなかったはずだ。

かたや、ポケモンが世界最大のキャラクターになった背景には、開発会社ゲームフリークが国内向けのシリーズ作品に集中する中で、ハル研究所が海外展開ローカライズを一切手間をかけさせずに「別で」展開してきた歴史があり、またアニメ展開も任天堂自身が入らずに小学館が中心となって「別で」展開してきたことに起因する。

本来大ヒット作を生み出したチームは、その領域の中での最適化・最大化を求めて邁進《まいしん》し、当然ながら脇目もふらない。その高速なファーストパーティチームと歩調を合わせて海外展開やアニメ化・商品化を「共に」やっていける希少なパートナーなしには、キャラクターの持つポテンシャルの十全な開花など望むべくもない。

ポケモンと違ってマリオは任天堂が生み出すIPの一丁目一番地だ。当然ながらゲーム作品

03　中山淳雄『エンタの巨匠』日経BP、2023年

としての秀作を生み出すために全精力が傾けられる中、任天堂のＩＲで初めて「ＩＰ関連収入」という項目が生まれるのは２０１６年３月期になってからの話だ。その経済圏を紐解いて見ると図表３－３のようになる。

　こうして見ると、ここまで「家庭用ゲーム」のみに特化したＩＰというのはかなり珍しい。全体で累計５兆円のマリオ経済圏の９割は当然ながら家庭用ゲームであり、日本向けが７０００億、海外向けが３・８兆円となっている。モバイルゲームは累計で５００億足らず、商品化でようやく０・２兆円といった規模である。

　このあと取り上げるポケモンの場合は、「商品化」や「トレーディングカード」といったゲーム以外ジャンルの売上割合が大部分を占めている。ポケモンとの比較だけで見ても、その収益構造の特殊性が分かるだろう。

マリオの５・３兆円経済圏

こうして歴史で眺めてみると、マリオが人気コンテン

図表3-3　スーパーマリオの推定キャラクター経済圏

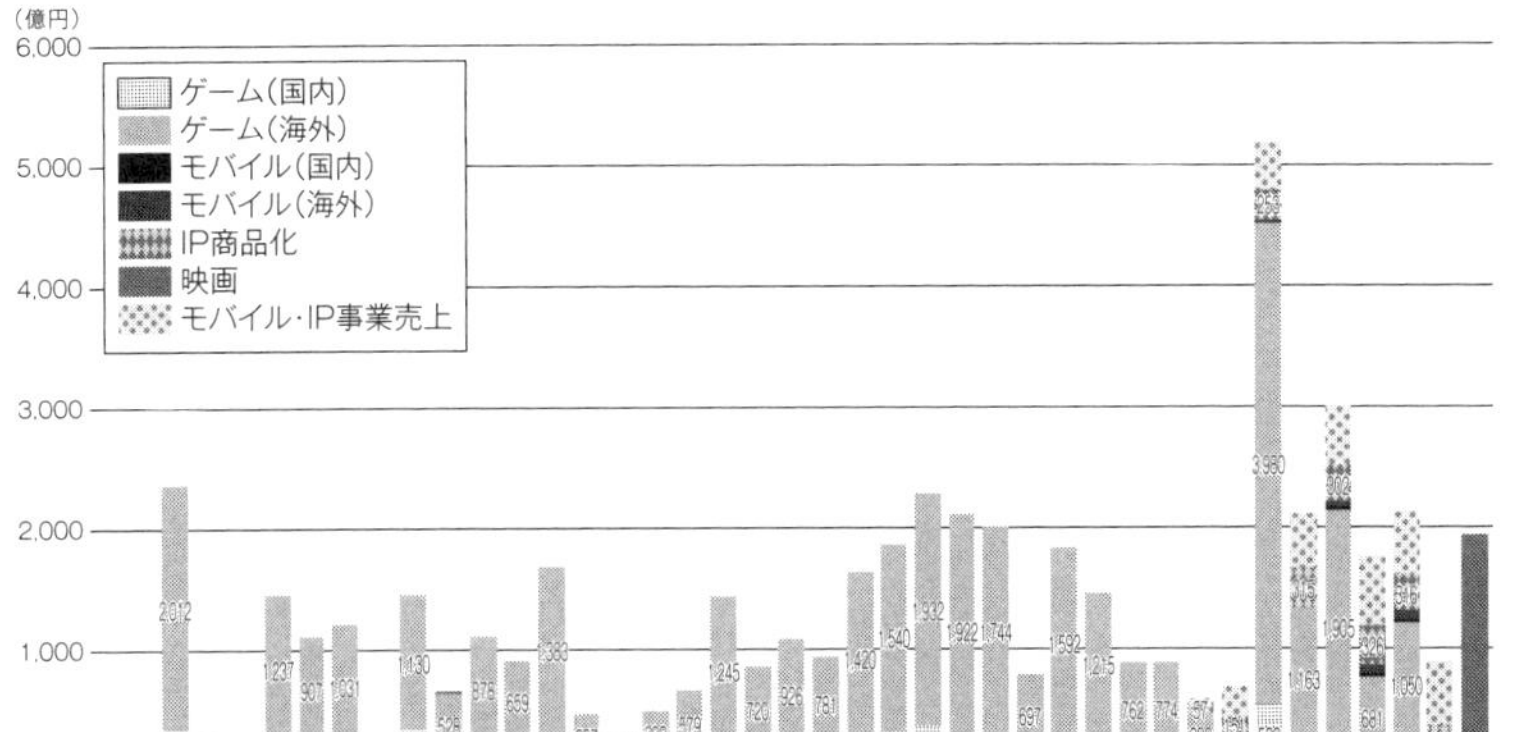

※IP商品化については７割をマリオ由来と仮定し、任天堂「モバイル・IP関連収入」からモバイルゲーム収入(『Super Mario Run』『Mario Kart Tour』)を除いた上、そのまま記載。ライセンスの割合が不明のため、小売価格の5%といった割り戻しを行わず、経済圏の消費額は小さめに算出。ゲームはリリース年で累積本数すべてが売りあがった前提で記載しているため、売上計上のタイミングは実態よりも前倒しになる

(出典：任天堂IRより筆者作成)

ツとはいえ、いかにNINTENDO64やゲームキューブが販売されていた1997～2001年頃が任天堂にとって厳しかったかが分かる。その後、DSとWiiで大成功するも、2010～2016年にモバイルに権勢が移っていたタイミングがいかに危機的であったか、そして何より2017年のSwitchが『マリオカート8DX』（5379万本）、『スーパーマリオ　オデッセイ』（2512万本）とともに、いかに群を抜いた奇跡を引き起こしてきたかが売上規模のスケールから実感できる。マリオの栄枯盛衰は、そのまま任天堂のゲームプラットフォームの栄枯盛衰と直結しているのだ。

現在の家庭用ゲーム市場の大活性は、当時もはや期待されていなかった家庭用ゲーム市場における「任天堂Switch」という、〝枯れた技術の水平思考〟が生み出したスーパーブレークスルーから始まっている。

任天堂は何度もゲーム業界を救ってきた。今回の映画の業績を見るにつけ、改めてマリオの持つ普遍性と高い知名度が如実なものとなり、ここまで20年間ポケモンが進めてきた「世界的キャラクターへの道」がマリオにも開かれていることを示している。

2021年3月、USJ（ユニバーサル・スタジオ・ジャパン）が新設した「スーパー・ニンテンドー・ワールド」がすでに歓待をもって受け入れられ、USJの業績を大きく押し上げている。さらには2023年2月にユニバーサル・スタジオ・ハリウッドでもグランドオープンとなった。

映画の盛況はそのままハリウッドの入場者にも跳ね返っており、ユニバーサルグループにとってはハリー・ポッターシリーズと渡りあえる強力な全世界ＩＰとの協業の鍵を手に入れたようなものだ。今後もマリオを使ったマルチ展開は、期待を裏切ることはないだろう。

〝最後の夢〟が安定経営をつないだ
ファイナルファンタジー シリーズの妙味

ＦＦの強敵「ドラクエ」の凄さ

「ファイナルファンタジー（以下、ＦＦ）」は、誕生してからこれまでの間、どのように販売実績を伸ばしてきたのだろうか。１９８７年に発売されたＦＦ１は、初回出荷で30万本強を売り上げている。当時のファミコンカセットは１本あたり３０００円程度のＲＯＭカートリッジ代を開発会社が払い込み、事前に任天堂に生産委託する必要があった。

30万本と言えば、それだけで10億円、売れずに余れば当然ながら自社の死蔵在庫になる。ソフト開発費に数百万～数千万円がかかるという当時の開発規模から考えると、ゲームビジネスは開発や流通以上に「製造」が高リスクの商売であり、しかも発売半年前にはその本数を見込みで発注しなければならない制約も手伝い（売れたものを後から追加発注すると２～３カ月遅れになってしまう）、人気はあっても在庫切れになって結局売れなかったという事例も珍しくなかった。

ＦＦ１の発売開始１年前の１９８６年、ドラクエ１（約１５０万本）によるＲＰＧ大ブームがあった。そうした後押しもあったとはいえ、当時のスクウェアの経営体力を考えれば、30万本という初回出荷分の用意は、かなりのチャレンジだったと考えられる。最終的には累計51万本の販売となったが、ＦＦ２が約１３３万本売れたことを考えると、それでも機会損失はあったのかもしれない。

ＦＦ１と同年に発売されたドラクエ２が２４０万本、１９８８年末のＦＦ２のときには社会現象となったドラクエ３（約３８０万本）。３００〜４００万部売れていた集英社の週刊少年ジャンプの『ドラゴンボール』作者の鳥山明氏と手を組んでいたドラクエは、常にトリプルスコアでＦＦを圧倒する〝遠い背中〟であった。

いつＦＦはＤＱを越えた？　プレステ時代に起きた大変革

それでは、ＦＦにとって悲願のドラクエ越えはいつ達成できたのだろうか。それは、約３２８万本を売り上げたＦＦ７（１９９７年）であり、ドラクエ６（１９９５年）の３２０万本を超えた時期だ（ドラクエ７は開発遅延を繰り返した２０００年に４０６万本で記録を抜き返している）。また、同時にプレイステーション（以下、ＰＳ）が任天堂一強時代に終止符を打ち、ソニーグループが一大コンソールプラットフォーマーとしての地位を確立した時期でもある。

ＰＳが約１０００万台出荷していた１９９７年1月、ＦＦ７が単体でまたたくまに３００万本越えとなったのだ。ＰＳがあったからＦＦ７が売れたのか、ＦＦ７があったからＰＳが売れたのか分からないほどだ（その後、ＰＳは１９９８年末には約３０００万台弱まで到達）。

実際に、ソニー・コンピュータ・エンターテインメント（以下、ＳＣＥ）は「ＦＦ７、プレステで始動！」というテレビＣＭを発売の１年前から大量に投入するほどに一擲《いってき》の作品だったと言える。

なお、このＦＦ７がリリースになる１９９７年１月に、エニックス社はドラクエ次回作（ドラクエ７）がＮｉｎｔｅｎｄｏ64ではなく、ＰＳ向けに出されることを発表する。ＰＳ販売数１０００万台突破記念パーティーの席上で挨拶を行ったＳＣＥ代表の丸山茂雄氏は、まるで大物アーティストが移籍してきたかのように、声を詰まらせて「ドラクエに来ていただいて……」と喜びを表していたという。[01]

また、『僕たちのゲーム史』（２０１２年、星海社）の中でも、著者さやわか氏は「もし『長いゲームの歴史を、どこか一カ所で区切ってくれ』と言われたら、僕なら１９９７年を選びます」と語っている。

それは、１９９７年がＦＦ７という伝説的タイトルの誕生した年であることに加えて、ドラクエまでもが参入してＰＳが盤石化した年であるからだろう。さらには任天堂がＮＩＮＴＥＮＤＯ64を値下げ＆それまでの流通の根幹となっていた初心会の解散を決定したほか、セガとバンダイの合併も表明されるなど、ゲーム業界大激変の年でもあったのだ。

ＦＦ７が今もってなおＦＦシリーズ屈指の人気を誇るのは、純粋な物語やキャラクターの魅

01　山下敦史『プレイステーション 大ヒットの真実』日本能率マネジメントセンター、1998年

力だけでなく、こうした半世紀にわたるゲームの歴史における画期的な分岐を象徴する作品でもあった、という事情もあるかもしれない。

ＦＦとドラクエの出荷本数を比較、なぜＦＦは安定収益型なのか

ＦＦとドラクエの違いを如実に表すのは「海外展開」だろう。国内だけで言うと、実はシリーズナンバリング順で見れば、ＦＦはドラクエに勝ったことが一度もない（ＦＦ８の３６９万本は４年後に出たドラクエ８の３７０万本にわずか1万本の差で負けている）。だが海外を含めると、この立ち位置ががらりと変わってくる。

ＦＦは実は海外での売上が大きく、モバイルなどへのシリーズ派生87作品（「最もタイトル数が多いＲＰＧゲーム」としてギネス世界記録）という数もあり、累計出荷本数ではドラクエシリーズの０・８億本（２０２１年時点）にダブルスコアの差をつけている。

この差がつくまでにはどのような変遷があったのか。たとえば、初期ファミコンでは海外化（≒北米展開）には時間がかかり、ドラクエ１（日本１９８６年／海外１９８９年）、ドラクエ２（１９８７年／１９９０年）、ドラクエ３（１９８８年／１９９２年）、ドラクエ４（１９９０年／１９９２年）といったように、海外版のリリースは、日本版リリースの２～４年後となっていた。

同じくＦＦもＦＦ１（１９８７年／１９９０年）、ＦＦ２～３（海外発売なし）といったよう

に、初期こそドラクエと似た状況だったが、ＦＦ４（１９９１年／１９９１年）、ＦＦ５（１９９２年／１９９２年）、ＦＦ６（１９９４年／１９９４年）と、それ以降はほとんど半年以内のタイムラグで英語版をローカライズして北米市場で出し続けている。

結果だけで言えば、ＦＦ７の国内３２８万本／海外６４４万本で、その実績は顕在化するが、この１９９０年代前半から始まっていたスクウェア社の海外向けの姿勢こそが、ドラクエを発売するか否かで１００～３００億と売上が乱高下するエニックス社と、ＦＦ７以降７００億円超えの安定業績をたたき出し続けるスクウェア社の差を分けた原因と考えられる。

ＦＦ８以降は国内出荷本数だけで言うと「減少」の一途をたどり、これは日本の家庭用ゲーム市場のトレンドとほぼ連動している。１９９９年発売のＦＦ８の３６９万本をピークに減り続け、大成功と言われたＦＦ15ですら国内は１３０万本、ピーク時のほぼ１／３になってしまっている。

ＦＦ７という「海外での大ヒット作」がなければ（この20世紀末は戦隊シリーズ、セーラームーン、ポケモンやハローキティなど、米国で一大日本ブームが起きていたことも大きい）、ＦＦ10（２００１年）の海外５００万本という記録的な数字は起こりえなかっただろうし、ＦＦ７がいかに海外ゲーマーにとっても特別な作品だったかは、２０２０年に出たＰＳ５向けのＦＦ７リメイクが国内１４３万本、海外３５７万本という数字にも表れている。

図表3-4 ドラゴンクエストの国内外の出荷本数の推移

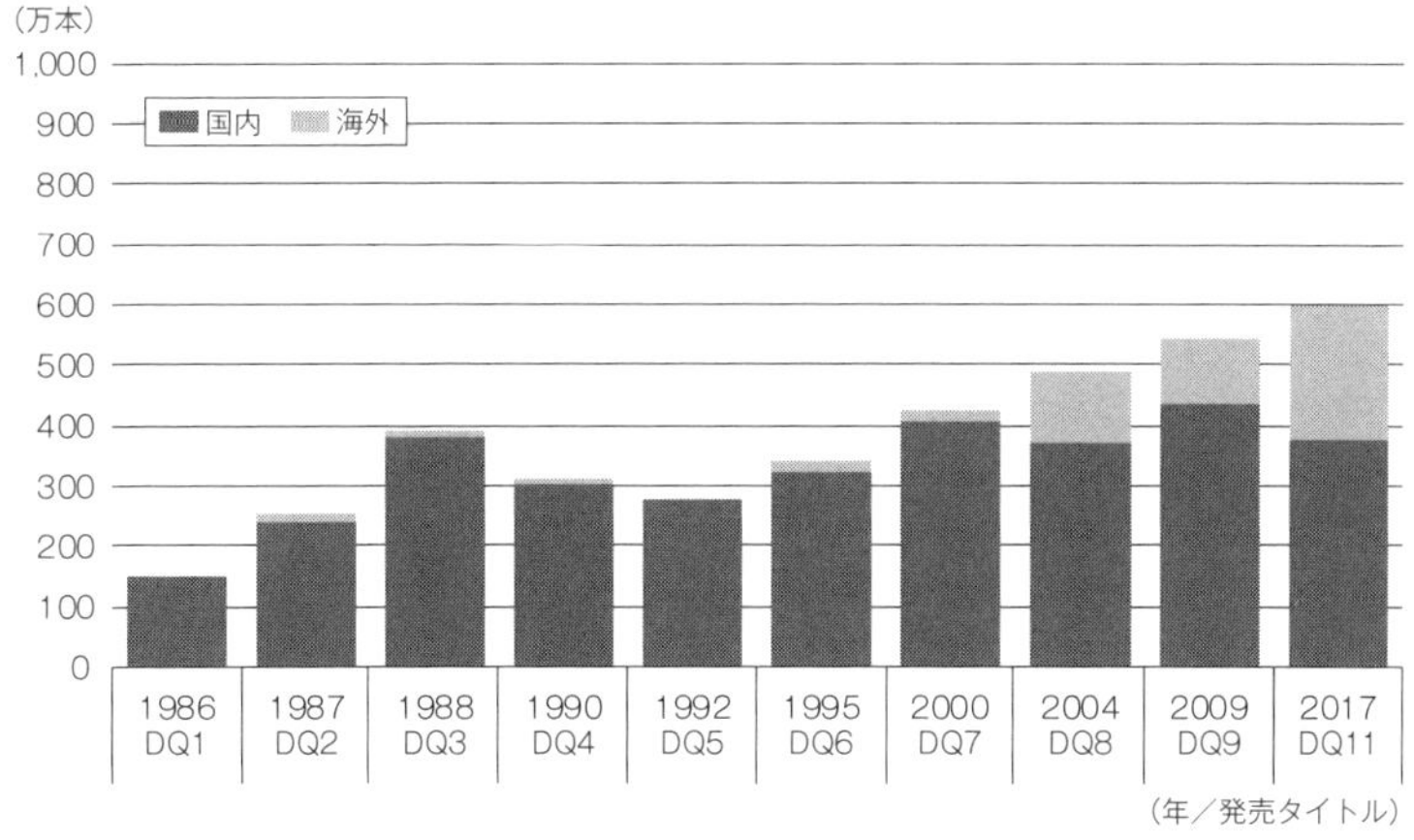

(出典：IR資料などより筆者推計)

図表3-5 ファイナルファンタジーの国内外の出荷本数の推移

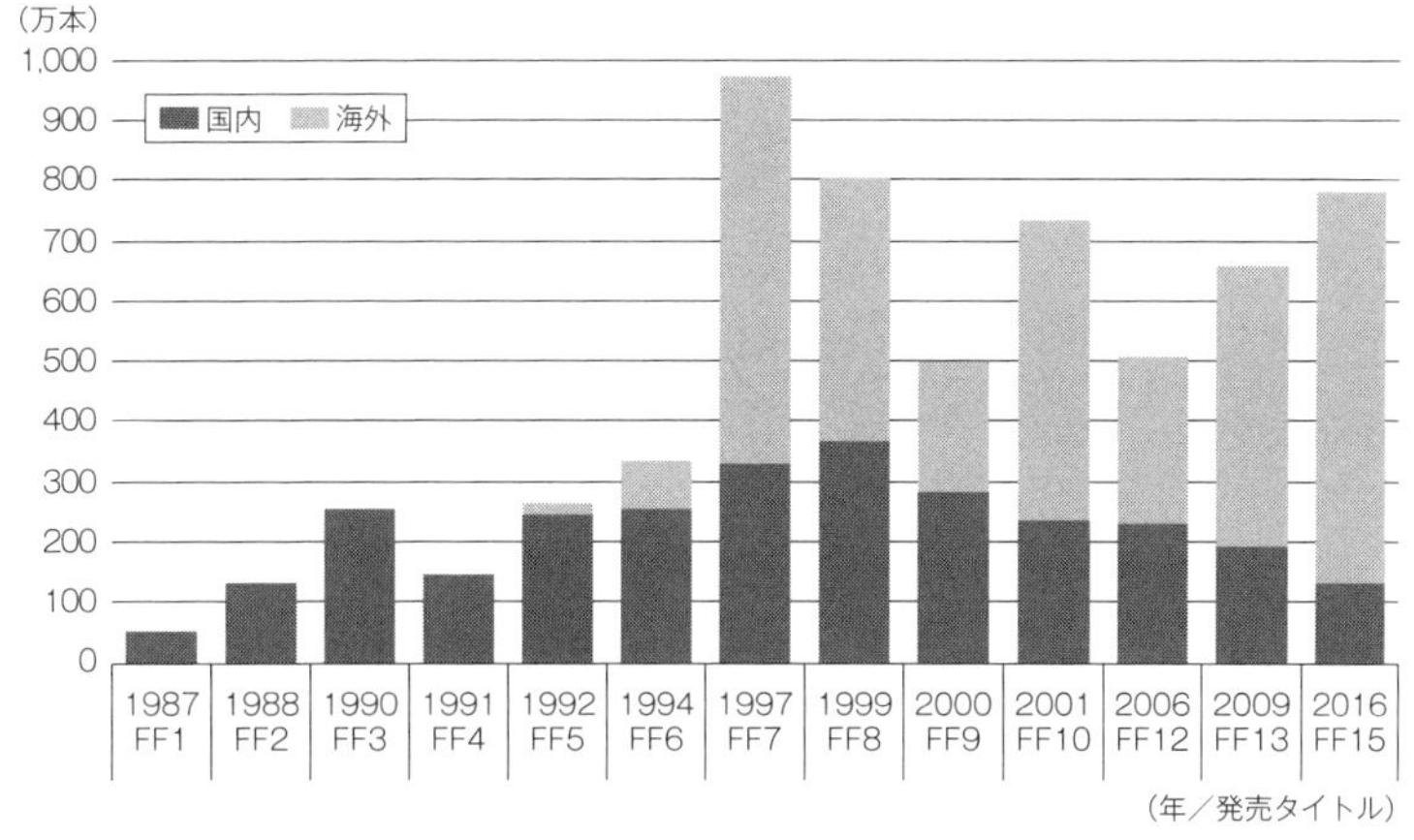

(出典：IR資料などより筆者推計)

歴代最大の売上はどの作品？　ＦＦシリーズの超重要な転換点

そんなＦＦ７を凌駕し、シリーズで最も利益を出した作品が存在する。それは２００２年にＭＭＯＲＰＧ（マッシブリー・マルチプレイヤー・オンライン・ロールプレイングゲーム：インターネットを介して数百人規模のプレイヤーが同時参加できるオンラインゲーム）として発売されたＦＦ11である。発売以降10年間売れ続け、２０１２年時点で累計４００億円の「営業利益」をたたき出し、〝ＦＦシリーズで一番の孝行息子〟と語られるまでになっている。[02]

発売当初は２００万本売れないと失敗と言われたＦＦシリーズにおいて、初回出荷はたったの12万本。２年かけても有料会員はようやく50万人であった。しかし、それが10年もすればＦ７やＦＦ10をゆうに超える利益を稼ぎ、そして20年以上が経過する今なお現役の作品なのである。

２０１３年に出されたＦＦ14は２弾目のＭＭＯ作品であり、それがＦＦ11の記録を打ち破って最も稼いだゲームとなっているが、ここにドラクエ10（２０１２年）もあわせたＭＭＯ３タイトルと数十本のモバイルタイトルで２０２１年に稼いだ営業利益は５８９億円。詳細は不明だが、この２年低調気味のモバイルタイトルを除いても利益が上がり続けているのには、特にＦＦ14のアップデートが大きく貢献していることがＩＲ上でもうたわれている（ＦＦ11、ＦＦ14、ドラクエ10のそれぞれの利益割合は出ていないが、非公式統計でドラクエ10の人口15万人、ＦＦ14で１２０万人と言われている。『FINAL FANTASY VII REMAKE』を出した２０２０年に比べて

02　スクウェア・エニックス社第二四半期決算説明会概要、2012年11月6日開催

低調推移すると思われたデジタルエンターテインメント事業だが、2021年12月の『ファイナルファンタジーXIV』の月額課金会員数が大幅に増加し、前年比でむしろ増益となった)。

オンライン化もCG化も、スクウェア社はその盤石な財務基盤をベースに早期から手掛けてきたようだ。坂口博信氏が「これからは、3DCGの中に人が入り込んでプレイする時代になる、その前にまずは3DCGのゲーム・映画を作るんだ」としてスクウェアLA（ロサンゼルス）を作ったのが1995年、さながら25年前のメタバース構想のようだ。

その後、LAで盲腸になってしまった坂口氏が「どうもロスは方角が悪い……ハワイで作ろう!」となり、米国からも日本からもCGが使える開発者をとにかくハワイに渡航させ、二百数十名のスタジオを作ってしまったという[03]。

当時「スクウェア・ハワイのせいで日本でCGのCMが作れなくなった」と言われるほどの勢いで、そのままハリウッドに向けて映画を制作。映画『FINAL FANTASY: The Spirits Within』は当初40億円予算だったところ、結果的に138億円がかかり、日本で10億円、全世界で8500万ドルの興行収入となり（制作側に残るのはその3〜4割）、結果的には半分も回収できない状況だったようだ。

だが映画こそ大きな成功とは言えないかもしれないが、この2001〜2002年の時期のエニックス統合前のスクウェアの試行錯誤は、今もスクウェア・エニックスHDの盤石な体制につながっている。

PCベースのゲームが主流の中国や韓国と異なり、日本ではPS2という家庭用ゲーム筐体

03　「スクウェア出身者にFFシリーズ立ち上げ期の貴重なお話を聞きました（シリコンスタジオ梶谷社長対談）」岡本吉起ゲームチャンネル

をベースにＭＭＯＲＰＧが生まれ、ＦＦ11（２００２年5月）と『信長の野望ＯＮＬＩＮＥ』（２００３年6月）が高額な開発コストとサーバー維持費のハードルを乗り越え、一定のポジションを確立。この一度入ると人が抜けにくいＭＭＯの構造上、遅れて参入したナムコ（テイルズオブシリーズ）・コナミ（ときめきメモリアルシリーズ）などは続かず、今なお日本でＭＭＯＲＰＧを継続して開発し続けているのはこのスクウェア・エニックスとコーエーの2社に限られる[04]。

家庭用が成功しすぎていた日本では、ＭＭＯゲーム化のメリットが小さかったとはいえ、現在のSteam市場の活況と家庭用ゲーム業界がサブスク化により盤石な成長市場に転化している傾向を見ると、その他のゲームメーカーにとっては、逃した魚はあまりに大きかったと言えよう。

ＦＦの１・５兆円経済圏

最後に「ファイナルファンタジー」としての経済圏を総括してみる。国内中心で２００億近い売上を上げていた１９９０年代前半、海外も含めて６００億円圏に到達した１９９０年代後半。そこから２０００年代ではリリースタイトル数の減少で一度は縮小トレンドに入るも、２０１０年代に入ってモバイル（Ｗｅｂ）ゲーム・ＭＭＯによる回復、そして10年代後半に入るとモバイル（アプリ）・ＭＭＯで躍進し、２０２０年ともなると過去最高の１２００億円にま

04　小山友介『日本デジタルゲーム産業史 増補改訂版：ファミコン以前からスマホゲームまで』人文書院、2020年

で到達している。

この10年間シリーズとして1作しか新作が出ていなくても、過去のリメイク、MMOのアップデートとアプリ派生タイトルの新作によって、経済圏としては1997年の「ゲーム業界の大分岐点」の倍以上の成果を出すことができるのだ。その経営としての実績は、2020年に入ってスクウェア・エニックスHDが過去最高の時価総額に到達していることからもうかがいしれる。

2023年6月は、ついに7年ぶりとなる（過去ナンバリングが出るまでの期間としては最長）最新作FF16がリリースされた。初週300万本は悪くない数字だがPC版は30万本と低迷、残念ながら2024年の決算は反動減で厳しい結果となった。それだけこのIPの会社への影響度が現れる結果となったが、今後もFFがどれほど醒めることのない〝最後の夢〟の果てを更新し続けてくれるか、注視し続けていきたい。

図表3-6　ファイナルファンタジーの推定キャラクター経済圏

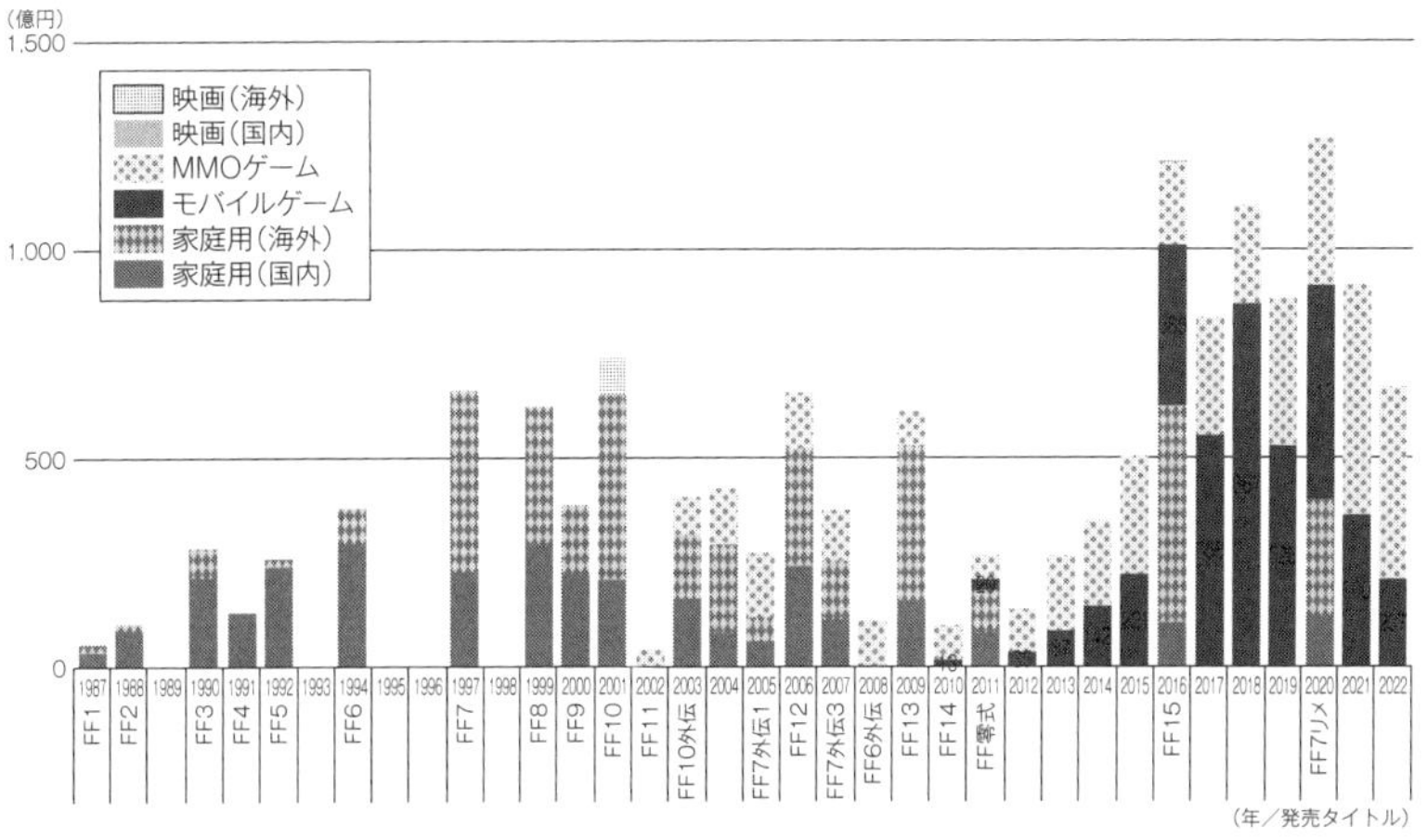

参考資料一覧）映画：Box Office Mojo、家庭用：各作品の発表出荷本数、モバイル：上位20作品の他社パブリッシュのFFブランドアプリも含めた売上推測額（Webゲームは IR のモバイル売上推移よりアプリゲームの消費額から逆算して代入）、MMO：IR 資料

（出典：各種参考資料より筆者作成）

世界一のキャラクター経済圏
ポケモンは日本型〝連携と調和〟が生み出した偶然

ポケモンにまつわるギネス記録の数々

ポケモンにまつわる数字はあまりに大きすぎ、残してきた記録の膨大さは、まるで「ギネスの海」と言えるほどだ。たとえば、スマホゲーム『Pokémon Go』は世界ギネス5冠、大元のポケモンの家庭用ゲームもまたギネス5冠を記録している。

『Pokémon Go』のギネス記録

初月で最も収益をあげたモバイルゲーム
初月で最もダウンロードされたモバイルゲーム
初月ダウンロードでランキング首位となった最多国数
初月モバイル売上でチャート1位獲得の最多数国
最も早く1億ドルに到達したモバイルゲーム

家庭用ポケモンゲームのギネス記録
最も売れた戦略ビデオゲーム
TIME誌の表紙を飾った最初のビデオゲーム
3DSで最初に1億本売れたビデオゲーム
事前予約数が最も多かった任天堂DSのビデオゲーム
最も売れたRPGビデオゲームシリーズ

ポケモンカードゲームにおいては、YouTuberのLogan Paul氏が2022年7月に527万ドル（約7億円）でポケモンカードを落札し、これがまたまたギネス記録となっている。また、ゲームから生まれたキャラクターとしては、任天堂の中でこそスーパーマリオの総売上5・6億本に及ばないポケモン（4・4億本）だが、映像・商品化など、派生した商流を含めた売上で比較すると、間違いなく歴代ゲームキャラクターNo．1はポケモンである。

ポケモンを生んだ1枚の企画書

この人類史の金字塔とも言えるキャラクターは、当時25歳、たった1人のゲームプランナーから生まれた。

1990年秋に『Capsule Monster』の企画書を任天堂に持ち込んだ田尻《たじり》智《さとし》氏は、当時社員2人の開発会社ゲームフリークの社長でしかなかった。任天堂は当時売上4700億と、すでに世界1位クラスのゲーム会社であったが、このベンチャー企業が持ち込んだアイデアに可能性を感じ、開発費を出すことになった。

しかし、構想が膨らみ1年が経過しても開発しきれない田尻氏に対し、任天堂サイドは急《せ》かすわけでもなく、むしろファミリーコンピュータ・ゲームボーイ用のゲームソフト『ヨッシーのたまご』という別のゲームの企画に携わらせ、田尻氏に〝成長〟の機会を与え、その完成を待ち続けたのだ。

このことは、現在にいたる伝説をさらに輝かせる美しいストーリーだ。創業時からのポケモンのデザイナーを務める杉森建《すぎもりけん》氏の言葉がそれを象徴している。

「ポケモンは、ノウハウがないと大変だということがわかってから、難航しそうな予感があったので、のんびり作っていたということもありますね。忘れ去られていたと言いますか、手の空いたスタッフがたまにいじくっていたという感じで、何年か経っちゃったんです……当時は、任天堂にとってもポケモンはあまり重要なプロジェクトじゃなかったので、何カ月後までに完成させろっていうようなことが、あまりきつくなかったんですよ」（出典：畠山けんじ・久保雅一『ポケモン・ストーリー』日経BP、2000年）

1992年に一度ストップした開発が「再開」されるのは1994年半ば。そして1年半ほどかけて1996年2月にゲームボーイ用ロールプレイングゲーム『ポケットモンスター（赤・緑）』が完成したときでも、ゲームフリークは社員9人の会社にすぎなかった。[01]

ディズニーではあり得ない？ ポケモンの日本的な特徴

日本のキャラクター作りは「連携と調和」にある。ポケモンを〝原作〟として著作権を保有しているのは巨大企業の任天堂だけではない。

任天堂に加え、当初2人だけの企業であった「ゲームフリーク」、テレビ番組・出版プロデューサーの石原恒和《いしはらつねかず》氏（現：ポケモン代表取締役社長）による会社「クリーチャーズ」の3社である（現在のポケモン社は、任天堂・ゲームフリーク・クリーチャーズの3社の共同出資で1998年にできあがっている）。

とはいえ、アイデンティティの問題として、何者かに従属せずに自らが100％オーナーシップを持って動くためにも、3社が合併することはなかった。そして、それをそのまま見守り続けた大資本の任天堂もまた、影の功労者だろう。株式関係のない会社同士がプロジェクトで頭を突き合わせ、明日もしれぬ状態でアイデアを絞り続けたわけだ。

このポケモンのモデルは、原案を持つ作家を尊重し著作権をシェアしながら一緒に大きくなる日本的な仕組みだ。これはまさに、出版社が作家から著作権そのものは買い上げないマンガ制作の仕組みや、権利分散を常とするアニメ製作委員会などに代表されるモデルであり、米国

01 「特集ゲームフリーク30年の歴史」週刊ファミ通、2019年5月9日発売号

型のディズニー社では考えられないモデルだ。

「米国は社長がリーダーシップをもって率いる組織」という印象があるかもしれない。だが米国こそ、異種混合の中で経営者から現場まで誰が入れ替わっても組織体が維持できるよう、構造から逆算して人が当て込まれているレンガ型組織だ。

カリスマ経営者であっても、またその配役の1つでしかない。だが日本は「会社≒人格」であり、属人的な人のタイプに合わせて組織・役割が後付けされる石垣型組織だ。トップが自分の個性を存分に表現する主体であり、だからこそ会社が分散連携しながら、1つのIPを共同所有するような「曖昧で権利意識が希薄な」体制となる。信頼感がなくてはできないスタイルであり、契約に疎い日本人の甘さともとられかねないが、事実この曖昧な著作スタイルが多くのキャラクターを生み出してきた。

原作NGが出続けたポケモンのアニメ化、ミニ四駆のヒットが功労者

任天堂はあくまでゲームの会社、ゲームボーイ用ソフト『ポケットモンスター（赤・緑）』が1996年の1年で160万本売れると、すぐに『ポケットモンスター（金・銀）』（1999年11月発売）の第二シリーズ開発に着手する。

ポケモン商品化の話は多数寄せられたが、当時はカオス的に複数の類似商品が競合から出ていたり、ブランドに沿わない商品もあったりと、「ゲーム以外はおまけ」のような扱いだった

と聞く。これは任天堂にとってのマリオも同様である。

実際にそれが整理統合されたのは1997年春にアニメが始まり、製作委員会として全商流の「権利を整理していく」体制が始まってからの話だ。とはいえ、ポケモンのTVアニメ化は、当初、原作3社によって拒否されている。というのも、アニメはマンガ・ゲームのキャラクターを〝消費〟し、コンテンツの寿命を短命化させるとも考えられていた時代だからだ。

それでもなお、ポケモンのアニメ化の実現にこぎ着けた立役者が、小学館の久保雅一氏（現小学館取締役、当時『コロコロコミック』副編集長）だ。1995年11月に石原氏のゲームアイデアを受け、小学館の久保氏は1996年2月より『別冊コロコロコミック』でポケモンのマンガ連載を開始しており、その勢いにのせてアニメ化の話を原作3社に持ち込んだが、一度は失敗している。幾度目かの提案が功を奏し、ようやくポケモンのアニメ化が決まったのには、他のコンテンツの成功事例が関係している。それは、1989年のアニメ化後、短命にして終わってしまった「第一次ミニ四駆ブーム」がその失敗を乗り越え、見事に1996年にスタートしたアニメ『爆走兄弟レッツ&ゴー!!』で、アニメ・玩具・イベント連動の第二次ブームを起こすという成功事例があったからだ。

こうして、石原氏とともに説得を重ね、ようやくTVアニメ化が実現した（アニメ製作委員会は、小学館、小学館プロダクション、テレビ東京、東日本企画の4社で構成）。ミニ四駆の成功事例がなければ、ポケモンはアニメ化すらしていなかったかもしれない。

海外展開もまた偶然の産物に近い。任天堂社長・山内溥《やまうちひろし》氏の鶴の一声で始まったが、社内では北米は厳しいだろうという悲観論が強く、ゲームフリーク社も次シリーズの開発で手一杯。そうした中、「山内さんがやれというならやるしかないよね」と石原氏がハル研究所社長の岩田聡氏（2002〜2015年任天堂社長）と海外版を推進することになる。

当時、「ゲームフリークさんは『ポケモン　金・銀』の開発に専念してください。『ポケモン赤・緑』は仕様や構造を一切聞かずにローカライズします」と語った岩田氏の海外版の進め方は想像を絶する。[02]

それは、ゲームを開発した技術者たちに質問すらせず、社長の岩田自身が自分でソースコードを全部読み込んで海外版にどう移植するかを指示する「リバースエンジニアリング」の方法をとったのだ。この国内スタッフに一切手間をかけさせない作り方ができたことで、ポケモンは国内版の次作開発（たいていは数年遅れる、もしくは他社に任せる）と海外移植を両立するという荒業を実現したのだ。

その甲斐《かい》はあった。日本版に2年半遅れること1998年9月、赤・緑の英語版リリースに合わせ、テレビアニメ放映が始まり、海外全体で2300万本。国内の実に3倍売れる大盛況となった。

映画1作目『ミュウツーの逆襲』（1998年）が国内72・4億円のところ、英語版（1999年）は全米3000館公開でなんと8500万ドル。歴代2位『鬼滅の刃　無限列車編』の4900万ドルを大きく引き離し、〝米国で最も売れた日本映画〟であり続けている。

小学館の米国出版子会社 Viz Media は、1年で売上900万ドルから1億1000万ドル

02　" ポケモン20年目の挑戦 " 株式会社ポケモン代表取締役社長・石原恒和氏インタビュー、「アニメ！アニメ！」、2016年2月28日

と10倍以上に跳ね上がり、1998年から2006年にかけて米国での日本マンガ出版社は4倍、作品点数も10倍になった。それまで低迷していた日本マンガの北米展開を見ると、ポケモン1作でいかに世界が変わったか、その影響力の膨大さにはただただ驚かされるばかりだ。

「1999年には、日本や日本語そのものがフェティッシュ（愛好の対象）になった……日本の文化製品（スシ、空手、カラオケから、マンガ、アニメやトレーディングカードまで）にふれる機会がますます多くなり、知識も増えてきていて、日本語、日本の歴史や宗教といった文化的枠組みにまで取り込まれることが増えている」[03]――。こうした変化もまた、ポケモンが火をつけたものであり、2003年の日本のキャラクター全体で、北米で総額29億ドルの商品が売れたが、その7割がポケモンとも言われるほどの牽引力をみせた。

ポケモンの15兆円経済圏

だがしかし、盛者必衰。世界一のキャラクターにすら「人気の陰り」は平等に訪れる。ブーム一転でポケモン社の業績は2011年に純利益赤字にまで陥る。この2010年代前半のポケモンはもはや世界トップIPというポジションを失っていた。任天堂の家庭用ゲームこそ売れていたが、劇場版もカードゲームも低調に瀕していた。妖怪ウォッチが国内でポケモン越えをした2014年が一番「底」だったといえよう。

起死回生の一擲は2016年7月のスマホゲーム『Pokémon Go』である。だがこのはずみ

03　アン・アリスン著、実川元子訳『菊とポケモン―グローバル化する日本の文化力』新潮社、2010年

を事業として巻き取っていったのは20年にわたって自社事業として続けてきたカードゲームである。10年前には70億円にも満たなかったポケモン社の総資産は、2024年3月度には海外ライセンス収入も積み上がっての2896億円。売上2975億、営業利益889億というポケモン社の業績は、1作品だけの1企業でありながら、集英社や東宝やバンダイよりも高収益の目覚ましい成果を上げた。これはコロナの未曽有の時期に世界中でロックダウンした人々が久しぶりにポケモンカードに興じはじめ、コレクションを始めたからである。

　国内だけでもポケモン経済圏は年間1兆円を超え、すでに2001年の第一次ブームの3倍を超えており、累積7兆円の経済圏は海外も含めるとゆうに15兆円とディズニーやワーナーのどんなキャラクターよりも稼いでいる。キャラクターの経済圏としてよく話題に上がる調査でも、1000億ドルと史上最も稼いだキャラクターとして堂々1位にランクインしている。[04]

最初の大ヒット、という事例はもちろん当たり前に目

図表3-7　ポケモンの推定キャラクター経済圏

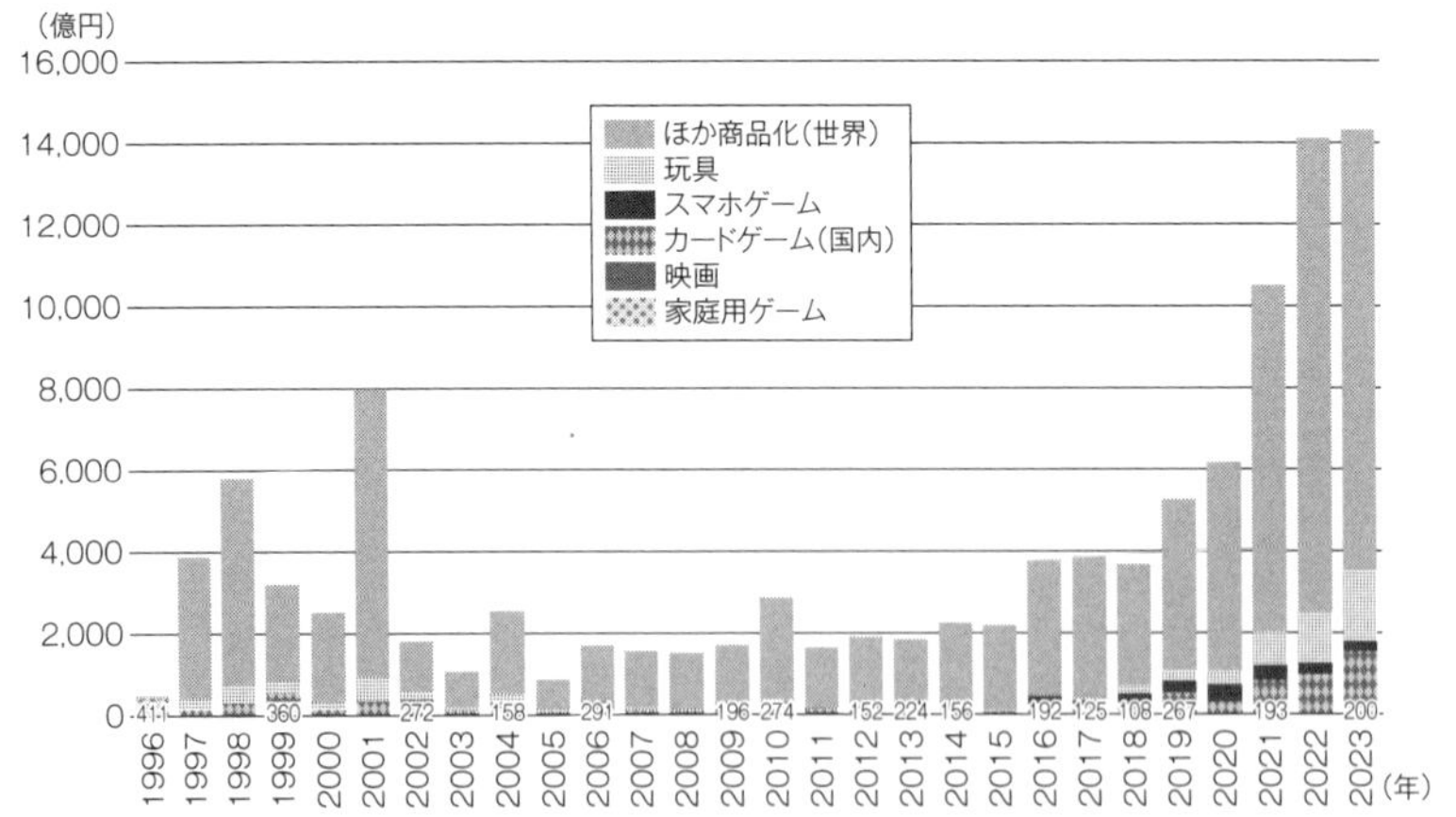

「ほか商品化」売上は1996～2000年の累計カードゲーム654億円と、商品化全体での7000億円との対比で、カードゲームとの対比で推定算出。玩具売上はタカラトミー社発表の1999年289億をベースにカードゲーム・ほか商品化の売上との対比で2004年までは推定値。05～12年はIR発表数字。2010年以降のカードゲーム売上はメディアクリエイト調べ、映画・家庭用ゲームは公表数字を積み上げていった

（出典：公表資料より筆者作成）

にするが、ブーム鎮火後10年近くの潜伏期間を経て、それも他社で開発・パブリッシュされたスマホゲーム1本をきっかけにこれだけヒット作が見事に蘇る事例は過去類例のないものである。ポケモンの伝説は続く。これまでも、そして、これからも。

04　https://en.wikipedia.org/wiki/List_of_highest-grossing_media_franchises

妖怪ウォッチ「打倒ポケモン」の舞台裏、大企業たちの〝ガチすぎる戦い方〟の光と闇

ポケモンを超えた「妖怪ウォッチ」、生みの親は新興企業？

「妖怪ウォッチ」とは、漫画やアニメ、ゲームソフトなど、複数媒体を用いたクロスメディア戦略を前提としたプロジェクトとして誕生した作品だ。２０１４年7月に発売された家庭用ゲーム『妖怪ウォッチ2元祖／本家』は年間３０５万本、12月発売の『妖怪ウォッチ2真打』は２００万本も売れている。これは同じ年に発売された『ポケットモンスター　オメガルビー・アルファサファイア』の約２４６万本を上回り、モンハン・スマブラなどの同時期の他社競合作品を上回る年間販売記録であった。

この年、妖怪ウォッチを生み出したゲームソフト会社のレベルファイブ（ＬＥＶＥＬ５）は、合計６２１万本のゲームソフトを販売し、任天堂に次ぐ「日本第2位」のメーカーとなっている（バンダイナムコやソニーよりも上位）。まさに、衝撃的なジャイアントキリングの事例と言える。

もともと〝新興〟ゲーム会社はスクウェア・エニックスにせよ、カプコンにせよ、コーエーテクモにせよ、1980年代に出そろっていた。すでに成熟していたゲーム業界において、まだ創業15年足らずの福岡の会社がゲーム業界の頂点に上り詰めた時期があったのだ。

ゲームや玩具だけに限らない。2014年12月の映画『映画妖怪ウォッチ 誕生の秘密だニャン！』は初動2日間で16億円、148万人動員と東宝史上新記録を飾った。最終約77億円の興収は同年のポケモン映画の29億円を倍以上引き離した結果であった。

さらに、妖怪ウォッチは、ユーキャンの新語・流行語大賞ベストテンにも選ばれ、第65回NHK紅白歌合戦にも登場する。マクドナルドで販売される子供向けカレンダーも、2006年から8年間ずっと王座を譲らなかった「ポケモン」が初めて妖怪ウォッチに乗り換えられ、「年間最も売れたカレンダー」としてポケモンが2010年に打ち立てたギネス記録147万部も、妖怪ウォッチはわずか2週間で突破して150万部に到達してしまう。

図表3-8 Googleトレンドで見る妖怪ウォッチとポケモンの比較

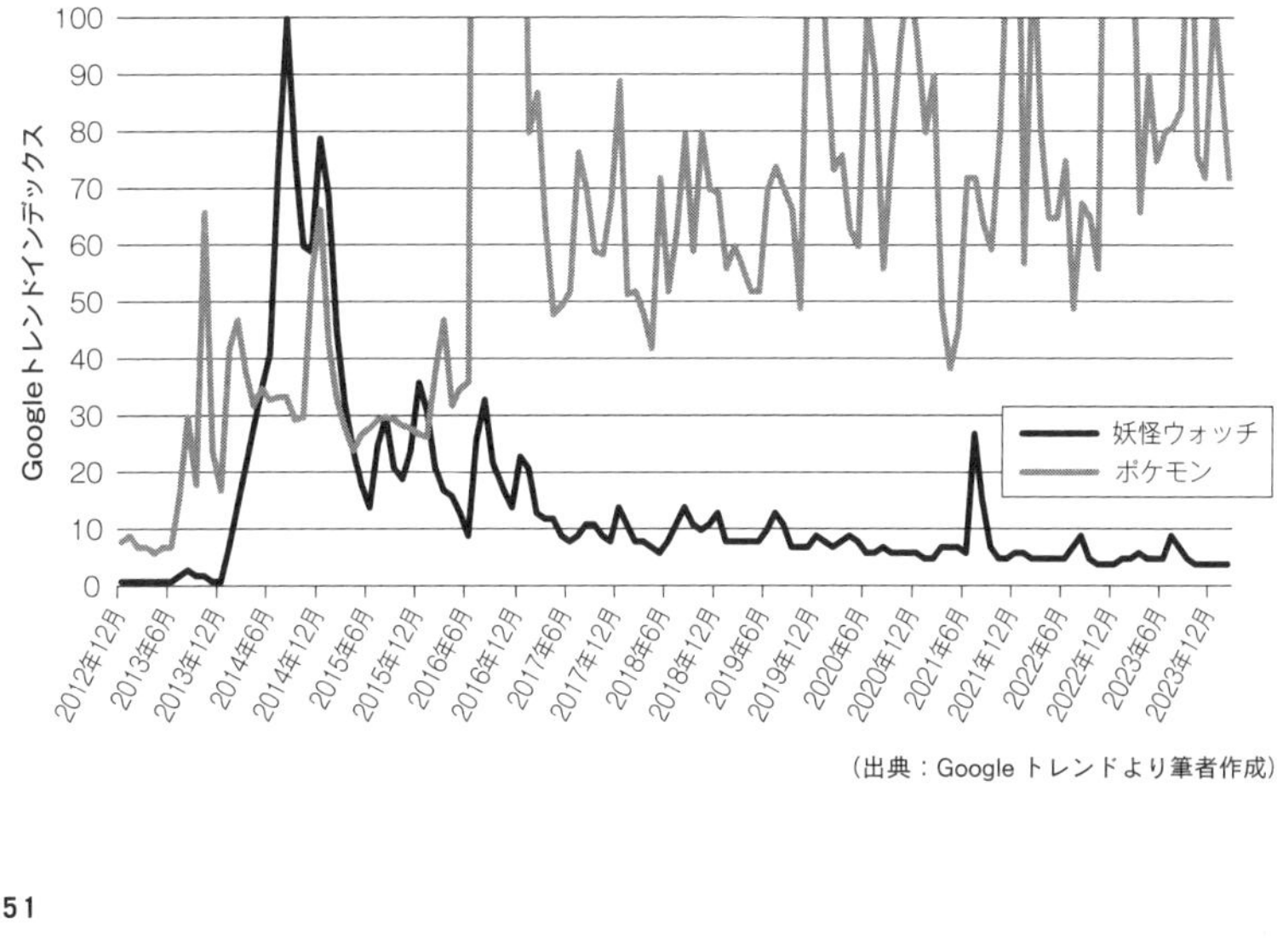

（出典：Googleトレンドより筆者作成）

Ｇｏｏｇｌｅトレンドでもそれが如実に表れている。２０１４年５月から２０１５年４月のちょうど1年間は、完全にポケモンを妖怪ウォッチが超えていたのだ。

どんな作品を手掛けてきた？　ゲーム会社「ＬＥＶＥＬ５」は何者か

レベルファイブは、１９９８年にリバーヒルソフト出身の日野《ひの》晃博《あきひろ》氏が始めた会社で、ＳＣＥ（ソニーコンピュータエンタテインメント）の下請けとして『ダーククラウド』（２０００年）や『ダーククロニクル』（２００２年）などを開発してきた。

そうした活動を目に留めたのが、スクウェア・エニックスにいた渡部《わたべ》辰城《よしき》氏だ。会社7年目で受託した『ドラゴンクエストⅧ　空と海と大地と呪われし姫君』（２００４年）が、レベルファイブの出世作となる（２００９年にも『ドラゴンクエストⅨ　星空の守り人』を担当）。

日本を代表するＩＰタイトルの開発で名を成したレベルファイブは、その後『レイトン教授と不思議な町』（２００７年）、『イナズマイレブン』（２００８年）、『二ノ国　漆黒の魔導士』（２０１０年）、『ダンボール戦機』（２０１１年）など、立て続けにオリジナル作品を発表し、続々とヒットを生み出していった。

だが、レイトンや二ノ国などの作品は、あくまで「年1本出す新作家庭用ゲームソフトのヒット」に過ぎなかった。同社の代表日野氏は単なるゲームメーカーではなく、ＩＰそのものを〝メディアミックス〟で広げていく手法を編み出したのだ。その最初の成功事例となったのが

「イナズマイレブン」だ。

Ｇｏｏｇｌｅトレンドを見ても、同社のＩＰの中でイナズマイレブンが急上昇を示していることが分かる。ここからは、同社の「イナズマイレブン」を成功に導いた戦略を解説する。

「イナズマイレブン」を大ヒットにつなげた〝ある起爆剤〟

イナズマイレブンはポケモンの立役者でもある小学館の久保雅一氏が「すごい会社が福岡にある」とコロコロ編集部に紹介したところから、２００８年５月にコロコロで漫画連載がスタートしたという。

漫画人気は中位で、その後8月に出たゲームも10万本程度。だが潮目が変わったのは２００８年10月からスタートしたアニメである。アニメで獲得した認知を使い、漫画とゲームでメディアミックスした本作の人気は上昇し続け、２００９年10月の『イナズマイレブン２　脅威の侵略者ファイア／ブリザード』（２バージョン出す戦略もここから開始）になると売上は１００

図表3-9　Googleトレンドで見るレベルファイブ社のIPを比較

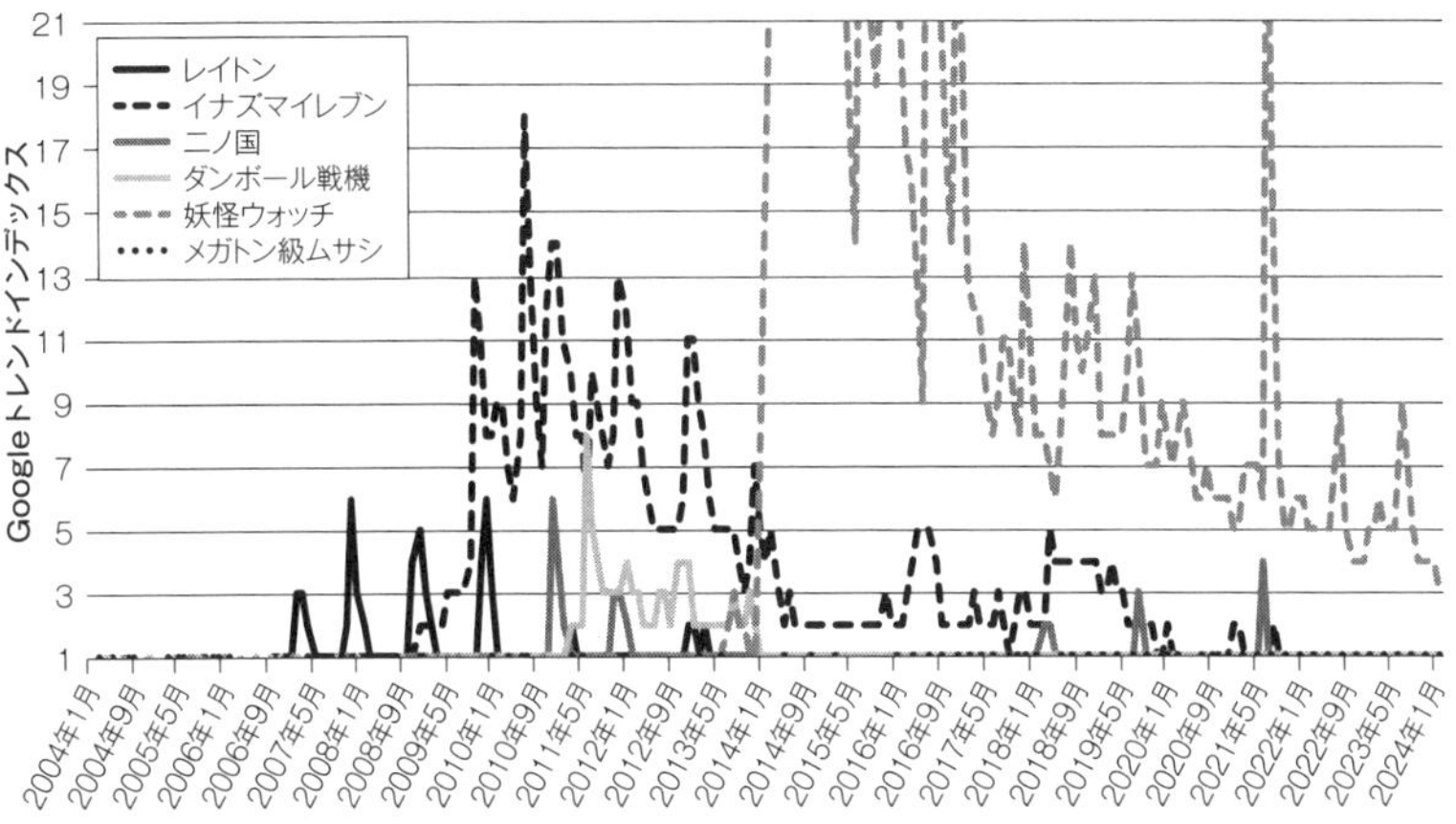

（出典：Googleトレンドより筆者作成）

万本に到達する。

作品が多すぎて保守化していく子供やその親たちも、漫画・ゲーム・アニメがそろうと、大ヒット作の予感を感じ、シリーズが続くという安心感から関連商品の購買を決断しやすくなる。こうした流れに乗り、２０１０年の東宝配給映画も17・7億円という成功を収めている。

レベルファイブはこの成功に安住することなく、次なる仕掛けにトライする。『ダンボール戦機』は２０１１年2月に漫画連載、3月にアニメをスタートさせた上で、6月にプラモクラフトRPGゲームとして出しながら、バンダイで発売されたプラモデルも２０１１年11月には累計２５０万個も売れるようなヒット作になっていた（ガンプラ以外では久々のヒット作）。その後、２０１１年10月から始まった『機動戦士ガンダムＡＧＥ』はレベルファイブが初めてアニメのシリーズ・ストーリー構成を担当することになる。

小学館・バンダイ・東宝ら「最強タッグ」の勝ちパターンとは

この小学館・小学館集英社プロダクション・電通・バンダイ・東宝など、ヒットメーカー同士の座組によるメディアミックス戦略は、すでにここまでの段階で「仕上がっていた」と言える。イナズマイレブン（２００８年）、ダンボール戦機（２０１１年）、機動戦士ガンダムＡＧＥ（２０１１年）といった挑戦の先に結実したのが、妖怪ウォッチなのだ。

日野氏が次のターゲットにしたのが『ドラえもん』だった。〝今の子供〟が共感できる、現代版のドラえもんを作ろう、という目論見のもとに始まったのが妖怪ウォッチプロジェクトだった。小学生の日常で起こるちょっぴり不思議な体験、1話完結型のコントバラエティ。ケータ（のび太のような平凡な主人公）をメインに据え、フミちゃん（気の強いしずかちゃん）とカンチ（意地悪さのないアキバ系のスネ夫）、クマ（暴力を振るわないジャイアン）という4人組に、ウィスパー（役にたたないドラえもん）。今の子供たちの目線でドラえもんを捉え直すとどうなるかを徹底的に追求した先に生まれた作品だった。

２０１２年12月にコロコロ連載、２０１３年7月のゲームソフト『妖怪ウォッチ』は20万本程度、この２０１３年を通して、結果はイナズマイレブンのときと近い数字だった。だが、同様に本作も爆発のトリガーはＴＶアニメ、今回はダンボール戦機からアニメ脚本にも手を入れるようになっていた日野氏自身が企画・シナリオ原案を手掛けている。

２０１４年1月に放送が開始されると瞬く間に（半年前に売り出された）ゲーム1作目が売上１００万本に到達。それ以上に特別だったのはバンダイから発売された「妖怪メダル（妖怪ウォッチの作中に登場するメダル）」だ。販売初月で３００万枚（6億円分）を売り上げたほか、発売から2カ月後に東京駅一番街で開催されたイベント『妖怪ウォッチ　発見！妖怪タウン』は、想定を超える来客により、たった2日で一時休業せざるをえない騒ぎとなるほどヒットした。

実はバンダイはすでにこのタイミングで絶好調まっさかりであった。２００９年以降の仮面ライダー第2期において「ベルト連動型アイテム」としてベルトに付随するメダルを販売する商法が大当たり。仮面ライダーシリーズ「オーズ」のメダル、「フォーゼ」のスイッチ、「ウィザード」のリングという〝付随品販売〟でもともと100億円単位だった仮面ライダー玩具売上が200~300億円にまで跳ね上がっていた。

こうしたノウハウが遺憾なく応用されたのが「妖怪ウォッチ」である。2014年を通じて妖怪ウォッチのバンダイナムコ売上は552億円、ONE PIECEやドラゴンボールよりも上で、ガンダムに次ぐ2位のIPになってしまったのだ。

なぜ妖怪ウォッチ3000億経済圏は急落したのか?

ここまでの大ヒット作がなぜ続かなかったのか。レベルファイブのみならず、バンダイも東宝も小学館もこれまでのヒットノウハウの結集をして「必勝パターン」を最大限に投入したが、その結果は、あまりに洗練されシステマティックに構築された「革新的な販売戦略」に対するユーザーの疲弊だった。

家庭用ゲームは年3本出され、それぞれ2バージョンかつ、追加でダウンロード版も用意されている。それだけで売り物が12点もあるような状態であった。ゲームがなくても遊べるウォッチは顧客層を格段に広げたが、付随されるメダルに限定性を帯びさせた結果、対応バージョンが相関図なしには理解できないほど複雑化していった。

何よりファンの期待値とともに「一緒に成長している」感は薄かった。すでに仕上がっているものを供給ベースで息切れしながらついていくのに必死だったファンたちは、徐々に妖怪ウォッチから別コンテンツへの乗り換えを模索した。

バンダイの妖怪ウォッチIP玩具売上は552億円（2014年）→308億円（2015年）→93億円（2016年）と急落。東宝配給映画も77億円（2014年）→55億円（2015年）と3年は大ヒット水準だったが、その後は31億円（2016年）→20億円（2017年）→13億円（2018年）→8億円（2019年）と数字を落とし、2021年からはついに東宝からイオンエンターテイメントに配給会社も変わってしまったのは今後の成長期待値の表れだろう。

肝心のゲームも2016年7月発売の7作目『妖怪ウォッチ3　スシ／テンプラ』あたりから評価を落とした。主人公ケータの父が海外転勤になり、日本側の新女性主人公のイナホは共感が得られにくいキャラクターだったのかもしれない。2017年12月の9作目『妖怪ウォッチバスターズ2秘宝伝説バンバラヤー　ソード／マグナム』に至っては、レベルファイブではなくデジタルワークスによる下請け開発で、これがバグも多く、ゲームシステムとしても評価を下げた。

ユーザー層を広げる画策で激変したアニメも、既存ユーザーを一気に取りこぼす原因になった。2018年から始まった『妖怪ウォッチシャドウサイド』はカワイイはずの妖怪キャラがトラウマ級に怖い姿に変貌し、主人公も変更。視聴率急落をみた上で2019年からの第3弾は再び最初のケータを主人公に戻したが、時すでに遅し、であった。

このように、玩具や映画、ゲームなど、妖怪ウォッチの関連売上の推移をまとめたのが、図3－10だ。

妖怪ウォッチの凋落を早めたポケモンの大復活

思えばレベルファイブを含めた「妖怪ウォッチ製作委員会」の〝焦り〟が一番の大きな原因だったのかもしれない。妖怪ウォッチは2014～2016年にあった〝ポケモンの死角〟に入り込んだ大成功事例であった。

だが、2016年夏、妖怪ウォッチが落ちてくるタイミングで『Pokémon GO』が世界的大ヒットを記録する。ポケモンはこの2016年以来、現在に至るまで売上を10倍以上に伸ばすような快進撃を続けてきた。

そうしたポケモンの復活こそが、焦りにつながり、アニメの改修やゲームの量産を駆り立て、既存ファンを困惑させるところとなったのかもしれない。

ガンホーと組んで『Pokémon GO』のような位置情報ARゲームとして2018年6月にリリースした『妖怪ウォッチ ワ

図表3-10　妖怪ウォッチの推定キャラクター経済圏

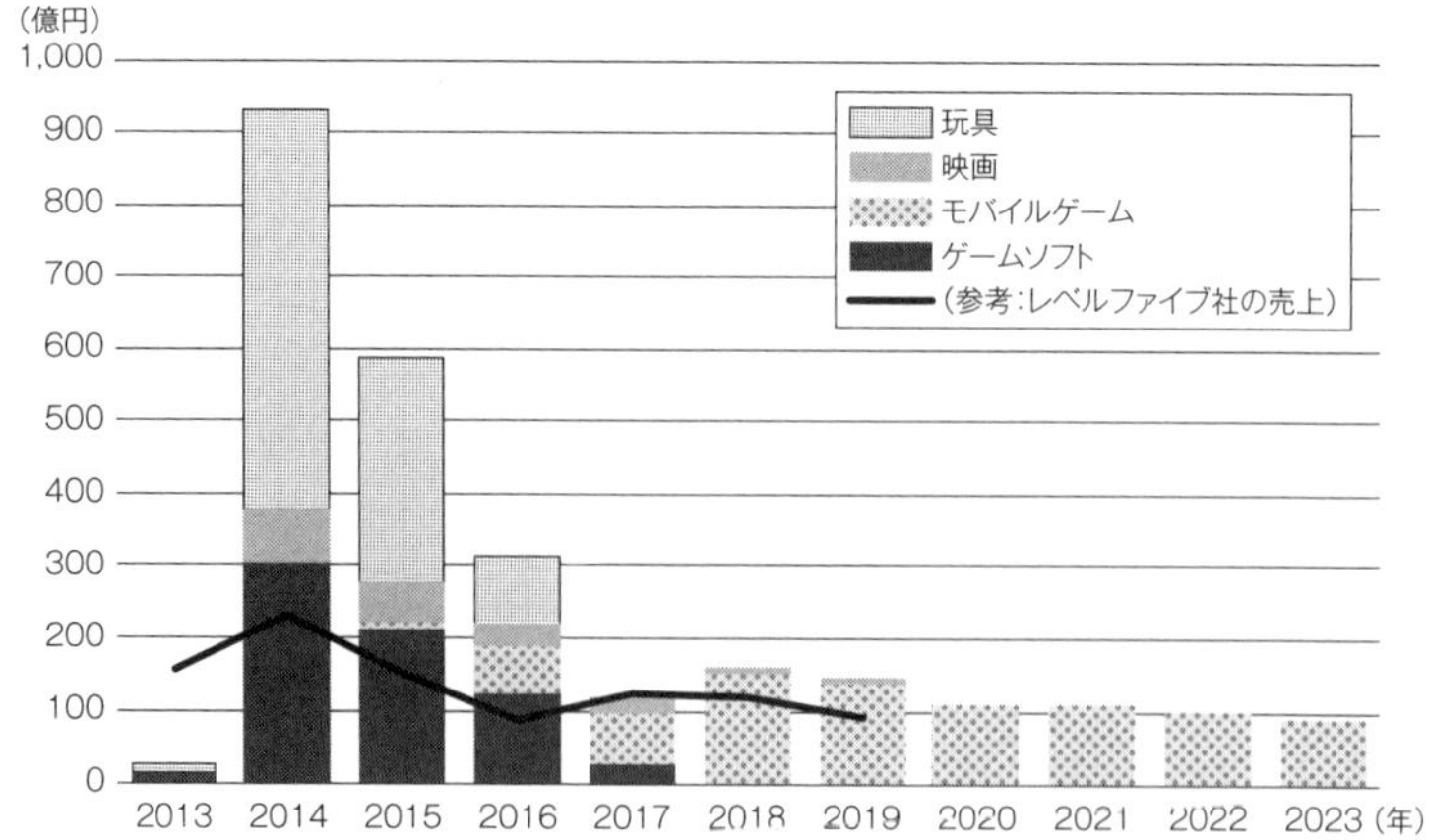

（出典：各種公表資料より筆者作成）

ールド』は思ったような数字にいかなかった。

また、海外展開を急ぎ、2015年8月には電通との協業で新会社「Level-5 abby」を設立。マッキンゼー、ディズニーを歴任した優秀な人材をトップに据えて、ハズブロ社とも玩具供給を展開したが、人気が出る以前に玩具の供給を急いだことで在庫もダブついた。3年の契約満了で更新はされなかった。

韓国Netmarble社との取り組みも含めて（2019年7月にリリースされた『メダルウォーズ』も早々にクローズ）海外展開の取り組みもまた〝仕上がっていた〟印象はあったが、ファンダムの醸成前に仕掛けが早すぎるということは必ずしも吉と出ないのだ、ということを同時期にIP海外展開をしていた私自身も学ばされた。

座組の大きさと広さと深さに対して、「原作」部分の日野氏への依存度の大きさもまた一つの枷《かせ》になったことは想像に難くない。普段からイナズマイレブン、ダンボール戦機などすべてのIPを統括し、アニメのシナリオ会議にはすべて出席。ときにはその脚本すら自身で執筆し、絵コンテにも目を通す（実際に2017～2019年の劇場版は日野氏が脚本を担当）。そうしたスーパークリエイター1人に依存する体制から脱却できなかった「原作チーム作り」にも課題があったのではないかと思う。

ただ、たとえそれが一時の夢であったとはいえ、新興の会社が委員会の座組で世界一のキャラクターに挑戦し、その隙をついてトップIPを創ることは可能なのだという「一歩」をみせた偉業の大きさは、手放しで評価すべきことだ。

何より「妖怪ウォッチ」の挑戦は続いている。家庭用ゲームは2020年8月の13作目『妖怪学園Y　~ワイワイ学園生活~』、劇場版は2023年1月の46分モノが最新作でテレビアニメは2023年3月で終了しているが、NHNプレイアートの秀作『妖怪ウォッチぷにぷに』はいまだ日本で50万人以上が遊び続けているアプリになっている。ここまで頂きに届いたキャラクターがこのままなくなってよいはずはない。

累計5億個『ベイブレード』大成功の裏側、知られざるタカラトミーの命がけの経営判断

タカラの重要な分岐点、『ビーダマン』の誕生

ゲームは電子ゲームに限らない。玩具も一つの「ゲーム」であり、特に1990年代以降は対戦型の玩具ゲームが量産されていった。そうした中でも『ベイブレード』は20年以上続く、立派な玩具ゲーム発のIPである。

『ベイブレード』を生み出したタカラトミーは、もともとロボット玩具とゆかりが深い企業である。たとえば、米玩具メーカー大手ハズブロ社と共同開発し大ヒット商品となった『トランスフォーマー』（日本、1985年）や『魔神英雄伝ワタル』（1988年）などがある。

当時、同社はこうした玩具とセットになるアニメへ出資をしながら、玩具を展開していた。しかし、競合のバンダイは『ガンダム』や『ドラゴンボール』とともに大きく成長し、任天堂も『ポケモン』（1996年〜）で急成長する中、タカラの主戦場である子供向け玩具の市場はどんどん劣勢になっていた。

それもそのはず、時代はジャンプ・マガジンなどの週刊マンガ誌とファミコン大活性時代。タカラとしては、何度手を出しても失敗してしまう企業の多い家庭用ゲーム市場、バンダイが独占するアニメ玩具市場を前に、それらと違う〝第三の道〟を模索していた。

その末に辿り着いた答えが、〝ゲーム性を持った玩具〟として、ビー玉をはじき出し合う『ビーダマン』（1993年〜）のコンセプトだった（4700万個販売、累計400億円）。

もはや伝統芸となっていた「変形合体」のロボット玩具の王道に、対戦コンセプトを入れた作品だ。この商品の誕生には、おそらく1987〜1991年の第一次ミニ四駆ブームも大きく影響していたと考えられる。

順風満帆ではなかった？　『ベイブレード』苦難の時代

ベイブレードの発明に、ビーダマンの成功の影響があったことを物語るように、開発者の真《ま》下《しも》修《おさむ》氏（1986年タカラ入社、2001年同社取締役、2006年タカラトミー取締役、2015年退職）は当時、次のようにコメントしている。

「伝承玩具のアレンジはひとつの方向じゃないかと気づいたんです。ビー玉があるなら、ベーゴマもあるな、けん玉もあるなと思った」

（出典：竹森健太郎『「タカラ」の山—老舗玩具メーカー復活の軌跡』朝日新聞社、2002

年）

しかし、ベーゴマに着想を得た玩具は、はじめから成功したわけではなかった。１９９５年に発売した商品はヒットとはいかなかったようだ。遊びを１人で達成させてしまうコンセプトだとダメ、あくまで競争性に軸を置くべきだとして、１９９９年に『ベイブレード』は誕生した[01]。

『ベイブレード』は、パーツを組み合わせて自分だけのコマを作れる点、そしてベーゴマを回すための「紐」という熟練性が要求される部分をカットし、コマを回すための「シューター」を使うことで、誰でもバトルに参加できる形にした点で、ベーゴマとは大きく異なる。

そうは言っても、そうした〝新しい遊び〟が最初から流行るわけもない。ヒットのタイミングは１９９９年7月の玩具発売時点ではなかった。初動で20万個を売り上げるも、売上はたったの2億円足らず。この頃、月刊誌『コロコロコミック』（小学館）でのマンガ人気も高かったが、社内では「成功した」という感覚はなかったようだ[02]。

それでは、その後、『ベイブレード』はいかにしてヒット商品になっていったのか。ここからは、世界的な玩具に上り詰めるまでの「3つの分岐点」を解説する。

01〜02　竹森健太郎『「タカラ」の山—老舗玩具メーカー復活の軌跡』朝日新聞社、2002年

タカラ、最初のヒットを摑んだ〝命がけの経営判断〟

『ベイブレード』のポテンシャルが顕在化するのは、2001年1月に始まった年間テレビアニメからであった。この時点のタカラの財務状況を知っていたら、このアニメ化が尋常でない判断であったことを改めて実感できる。1984年上場以来、創業者の佐藤安太氏は、長男・博久氏と、次男・慶太氏に権限移譲を進め、1993年に売上492億円、経常利益マイナス14％に大きく落ち込んだタイミングで、長男・博久氏に社長を譲ることになる。

ワンマン経営から組織経営に、「おもちゃの神様」と呼ばれた創業者・安太氏頼りの経営から合理的な経営へと舵を切り、緩やかに回復してはいたが、効率化を追求するあまりにヒット作を生み出せない組織になっていたようだ。離職者も増える中（次男・慶太氏も1996年に独立）、タカラの業績は1999年には売上430億、経常マイナス4％と5年ぶりに大きな赤字に傾く。

その後、長男・博久氏が更迭され、創業者・安太氏が社長に戻る。独立して成功していた次男・慶太氏を呼び戻し、新しい経営体制となったのが1999年だ。完全な緊縮財政と、社員450人（当時の全社員の20％）の早期退職という大混乱状態の中で、『ベイブレード』の年間アニメ化には当時の金額で月に2000万、年間2・4億円が広告費として「溶ける」覚悟が必要だった。

一般的に、玩具の売上が2億にも満たない中、本来「Ｎｏ」となるはずだった『ベイブレード』のアニメ化は、長らくヒット作が出ず、「次の〝柱〟ができないと、もうタカラはもたない」という状況下で、次男・慶太氏によってまさかの「Ｇｏ」という判断が下されたのだった。

しかし、この心配は杞憂であった。２００１年を通してアニメの平均視聴率４・６％、小学生男児に限れば20％に達し、１年経ったところで３０００万個が売れ、売上３００億円を達成する。３年続いたアニメが終わった２００３年末には国内で６０００万個、海外では１億個という大成功の玩具となった（売上ベースで１６５０億円）。

機動戦士ガンダム越え達成、売上爆増を生んだ「奇跡」とは

だが、アニメが終了すると２００４年にベイブレード第１世代のブームは終息、タカラは一気に赤字決算となり、トミーとの合併への決断につながってくる。ベイブレードがあったからタカラが延命したとも言えるし、ベイブレードが終わったから合併せざるを得なかったとも言える。

２００５年、タカラは玩具メーカーのトミーとの合併（現在のタカラトミーへ）にあたり、さらなる大変革を経験する。グループ会社は50社から24社へ、従業員も１７００名から６８０名に減少した。この２００５年頃はバンダイとナムコが、スクウェア・エニックスとタイトーが統合し、ゲーム・玩具業界の大合併時代でもあった。そんな時代に進められていた第２世代『メタルファイト　ベイブレード』（２００８年８月〜）は、合併の象徴とも言える作品となっ

た。アニメ化に関しても、玩具発売後からおよそ1年半かかっていた前回よりもかなり期間が短縮され、２００９年4月にはアニメ放送がスタートしている。

とはいえ、アニメの制作費・運営費は諸々合わせると、年間10億円にもなる。玩具メーカーのタカラトミー自体がそれをカバーすることは予算的にも文化的にもあり得ない。それではそのお金は誰が負担したのだろうか。当時の『ベイブレード』の存在感を踏まえ、投資を加速させていた会社が「ディーライツ（d-rights）」（第1世代から投資）だ。もともと同社は、ゲームメーカーのハドソンのライセンス事業展開を目的とした子会社であったが、上場を機に手放し２００1年から三菱商事の子会社となっている。

関係者の話によると、スタジオジブリ作品にも出資しライセンス事業にも熱心だった三菱商事は、リーマンショック後の不景気の中、ほとんどの大人向けアニメから撤退し、海外展開の芽があった『ベイブレード』だけを残していたという（後にそれも手放し２０１４年にＡＤＫに半分売却、２０１8年に完全売却して撤退済）。

タカラトミーにとっての幸運は、自社は「国内ベイブレード」のみに集中し、「海外ベイブレード」は『トランスフォーマー』以来の盟友ハズブロ社に委託し（製造のみタカラトミーが担当）、プロモーション戦略となるアニメ放送は、海外の地上波・ケーブル・配信と関係性の深い三菱商事のネットワークが使えたことにある。この三つ巴の展開戦略によって、第2世代は第1世代の1・6億個から売上を伸ばし、1・9億個、アニメ放映期間の3年間で約２００0億円も売り切ったことになる。[03]

03　「新ベイブレード、大人開拓へ発射　タカラトミー、再成長起爆剤に株最高値うかがう」日本経済新聞、2023年12月2日

2010年度のタカラトミーのIP別売上はベイブレード189億円。トランスフォーマー115億円、ポケモン67億円、トミカ65億円を抑えてのNo．1商品であり、同年のバンダイ玩具における仮面ライダー230億円には及ばないまでも、機動戦士ガンダム134億円や、プリキュアシリーズ125億円よりも大きい[04]。

なぜ「世界的オモチャ」になれた？　効果抜群の〝ある秘策〟

日本どころか世界的な玩具となった『ベイブレード』に残る課題は、「3年でブームが終わる」ことに対する対抗措置だろう。1年でブームが過ぎるヒット作よりはマシだが、アニメ依存を脱する必要があった。この第3世代が相手にするのは、アプリとSNSが普及した時代だ。ADKの子会社となったディーライツはケーブルテレビが中心だった第2世代までの動きから一転し、YouTubeチャンネル「BEYBLADE BURST」でインフルエンサーと協働しながら、アニメに頼らないバトル画面をどんどん露出させ、2012年から展開され世界中で競われる「ベイブレード World Championship」を重視して展開していった。

テレビからSNSへの戦略は大成功だった。アニメも過去最長で6年間で309話、2022年3月まで続いた大長編となったが、同時に公式YouTubeも登録者100万人以上、月間再生数もその後も落ちず、月300万回程度を維持している。ハズブロ社の公式対戦アプリ「BEYBLADE BURST」は5年間ずっと継続した100万人単位のユーザーを保持してお

04　バンダイナムコHD、タカラトミーIR資料

り、米国・ブラジル・インドが3大市場でありながら、そのシェアは4割強に過ぎない。[05]
この3大市場だけでなく、メキシコ、ロシア、フランスと全世界に広がったユーザー網があり、「World Championship」は第4世代で展開される『ベイブレード』のeスポーツゲーム化にむけて大きな布石となった。
なお、第3世代の売上は累計1・7億個、個数こそ落としたが単価が約1000円→1500円になったことで過去最高の2500億円をマークした。

ベイブレードの6000億経済圏

ベイブレードは現時点で累計5億個、この数字は玩具業界における金字塔である。ガンプラが発売40年で5億個、世界中で売れたトランスフォーマーですら7億個（2021年6月）であり、いかに大ヒット作となっているかが分かる。

第1世代1・7億個、第2世代1・9億個に対して、アニメも3年、4年と続けてきたが、第3世代1・7億個はこれ

図表3-11　ベイブレードのYouTubeチャンネル「BEYBLADE BURST」の登録者数・月間再生数

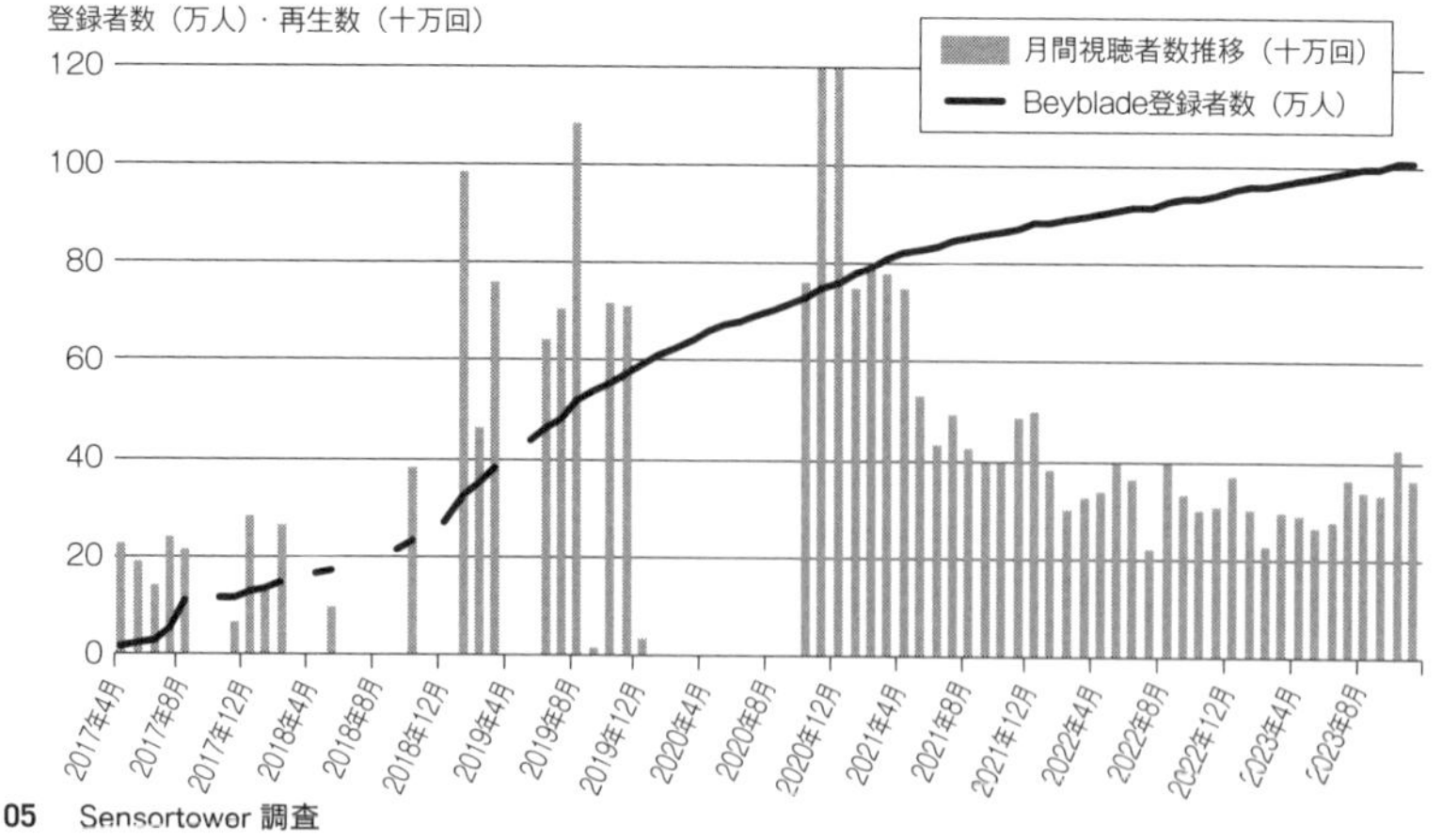

05　Sensortower 調査

（出典：各種公表資料より筆者作成）

までの「売り切り」とは違い、アニメも破格の6年コースとし、トレーディングカードゲームのように長くトーナメントを楽しむような形に進化させ、そのまま勢いを落とし切ることなく第4世代として2023年7月に発売された『ベイブレードX』に引き継がれていく。

もはや国内売上が1〜2割といった規模になってきている近年において、タカラトミー社の海外売上を牽引する本作は、これからまさに過去の集大成とも言える記録を見せてくれることだろう。

図表3-12 ベイブレードの推定キャラクター経済圏

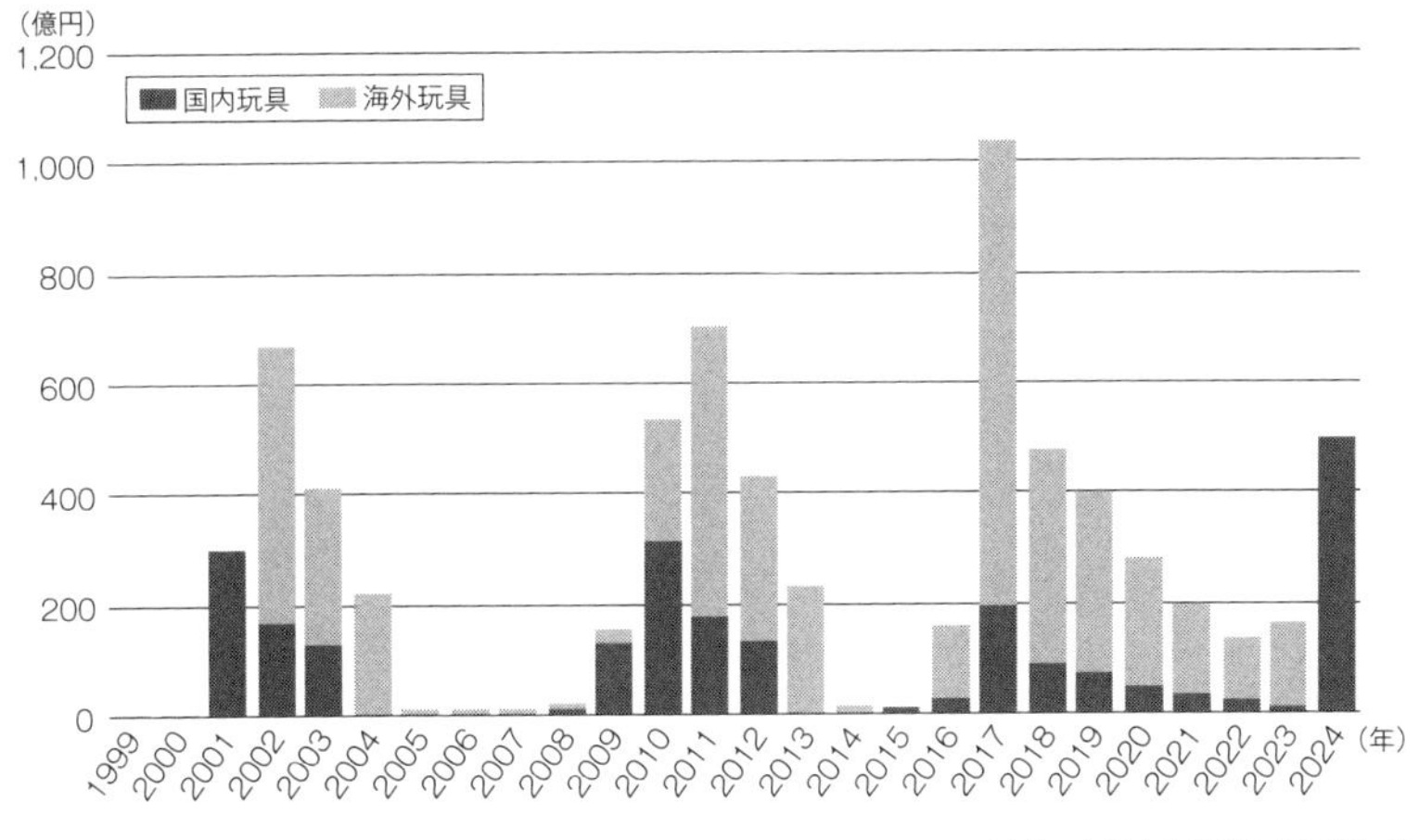

(出典：各種公表資料より筆者作成)

第4章

欧米IPのグローバル展開史

1社包括型の管理体制で世界へ挑む

ゴジラは東宝、ウルトラマンは円谷、マリオは任天堂、キティはサンリオ、こういったＩＰと企業は1対1の関係性がわかりやすい。だがドラゴンボールは集英社に東映アニメーションにバンダイナムコＨＤ、ガンダムも創通にサンライズにバンダイナムコＨＤ、アンパンマンはフレーベル・日テレ・トムス、ベイブレードもタカラトミー・ディーライツ・ハズブロ、平成キャラクター以降の日本ＩＰは製作委員会方式がほとんどで1社が1つのキャラクターを独占するという事例はほとんどない。大規模化する投資と、複雑化するメディアミックスに、自社だけではまかないきれない部分を他社と協力しながら一緒に大きくしてきた。だがウルトラマンやドラゴンボールの事例でみるようにそれは著作権問題にも抵触し、大ヒット後に揉めはじめることも珍しくはない。対して米国を中心とした海外のＩＰは、基本的に日本の昭和式で1ＩＰを1社が包括的に展開している。ひとまずその比較をすべく、欧米型ＩＰの動きについても追っていきたい。

モバイルゲーム発のＩＰ
アングリーバード、10億人を虜にした秘密

２０１０年、世界中で大ヒットした『アングリーバード』

２００９～２０１０年頃、世界中で大ヒットしたパズルゲーム『Angry Birds（アングリーバード）』を知っているだろうか。アングリーバードは、２００３年にヘルシンキ大学の学生が立ち上げた、ノキアのガラケー向けのコンテンツ会社「Rovio Mobile（現Rovio Entertainment、以下ロビオ）」から生み出された52作目（２００９年）のゲームである。

当時、アップルは「App Store」を２００８年7月にリリースしたばかりであり、このアプリストア自体の成長がアングリーバードとともに始まったと言えるほど、２００９～２０１０年頃は全世界の無料ゲームランキングを独占し続け、結果「最も早い速度で売れたアプリ」としてギネス記録にもなっている。

だが、そのロビオが、その後どんな進化を遂げているかについてはあまり知られていないのではないだろうか。同社は２０１１年に4億２０００万ドルの出資を集め、何社も開発会社を

買収し、20億ドルを超える買収オファーを退けながら、２０１２年にはスター・ウォーズとのコラボ作品がリリースしたほか、家庭用ゲーム業界にも進出し、世界初の10億ダウンロードに到達する。２０１３年にはテレビアニメ化され、２０１４年、20億ダウンロードにまで到達する。

だが、快進撃はそこまで。ゲーム、アニメや映画など度重なる投資が回収に至らず、２０１４年末に社員１１０名のリストラを発表する。２０１５年にはＭＤ（商品化）・グッズ収入が昨対比４割減となったタイミングで、さらに２６０名のリストラを決行。２０１５年の赤字決算は象徴的で、いまだロビオをこの時点のままの凋落イメージで見ている人も多いことだろう。しかし、ロビオはそのまま消えていったわけではない。

ヒット作の背景には30作以上もの失敗の積み重ね

図表４－１で見るように、「底」となった２０１５年の１・５億ユーロから売上は2年後には倍増しており、ゲームもライセンス事業も利益率は回復している。

回復の兆しを作ったのは映画とゲームである。２０１６年映画第1作目の『Angry Birds Movie』は全世界で３・５億ドルの興行収入となり（制作費も７３００万ドルと、かなり高額なリスクテイクは行ったものの）米国だけでなく、全世界で好評を博した。２０１９年の第2作『The Angry Birds Movie 2』はその半分程度の1・47億ドルだが、それとて決して悪い数字ではない。

急回復は本丸のモバイルゲーム事業で果敢に攻め続けた成果だとも言える。52作目のアプリの後、そこから10年強でロビオは類似ゲームアプリを31作品もリリースしている。その中でも正統な進化版として２０１５年に出された『Angry Birds ２』が大きく貢献し、先述の映画とあわせて２０１７年以降は安定的に年商３億ドル、利益３０００万ドルを稼ぐ優良企業になった。

わざわざ儲からない「モバイルゲーム市場」に挑戦した理由

キャラクターをヒットさせる上では、プラットフォーム選定と、その参入タイミングがなにより重要である。アングリーバードが登場した２０１０年、App Store はチャレンジングな状況であった。

２０１１年に行われた２５２社のゲームパブリッシャー調査によると、アプリ開発には１本あたり70万～２０００万円がか

図表4-1　ロビオ社の事業別売上・営業利益率

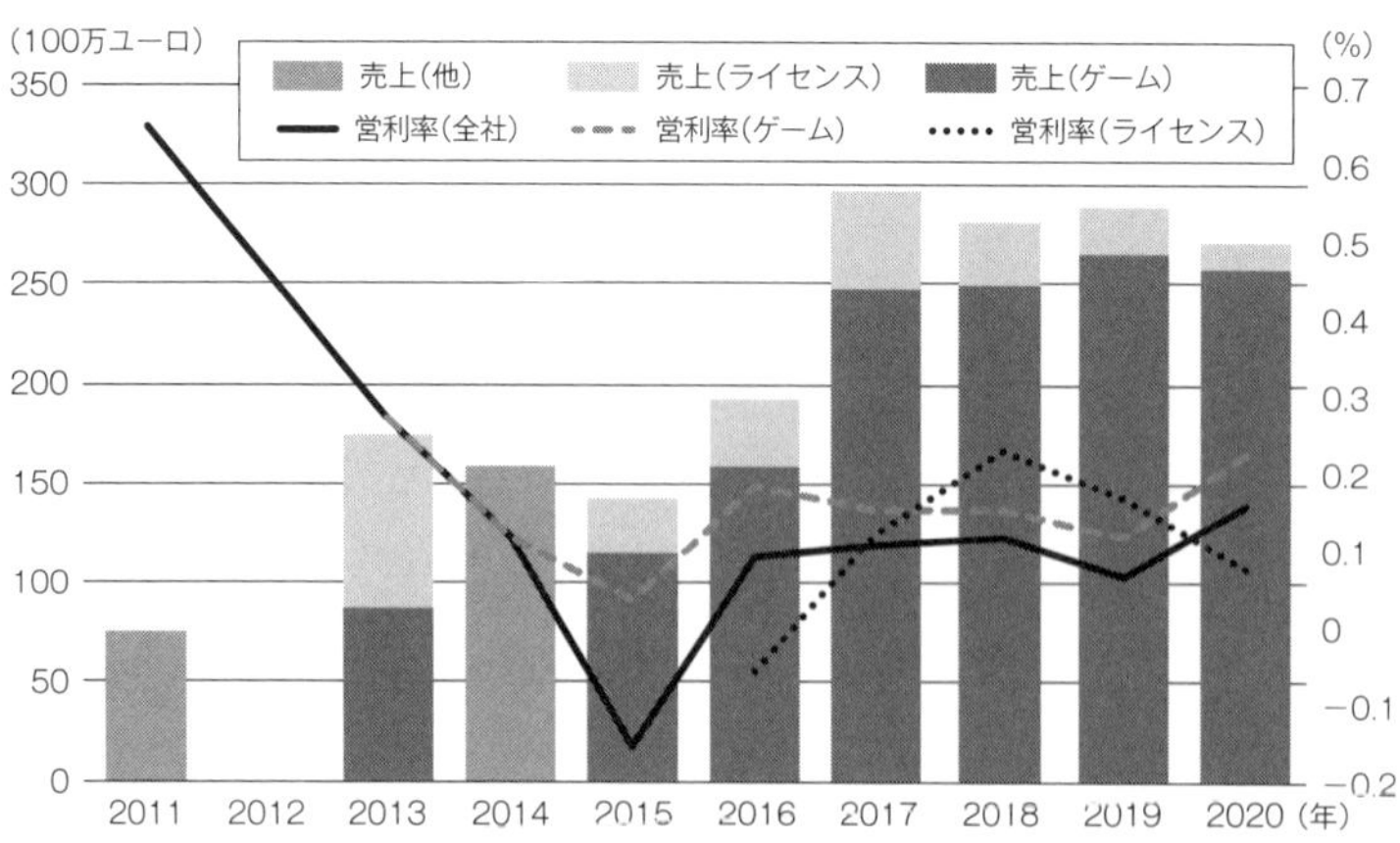

（出典：Rovio Entertainment の公表資料より筆者作成）

けられていることが分かった。それなりに良いものを作ると300万円、そうした中で1300万円かけられたアングリーバードは、当時としてはかなり思い切った投資がなされた作品だったと言える。

そうしてリリースされたタイトルから、(当時はサブスクもゲーム内課金もあまりなく、広告や1~3ドルの追加パッケージ課金などがメインだった)得られる収益の「中央値」は30万円程度であった。1本のゲームの期待値で言うと開発費の10%回収できれば良い、そんな「儲からない」市場だったのだ。当時、年間1億円を稼げていた開発会社は252社のうち10社ほどしかなかった。[01]

私自身はその頃、月商10億円のタイトルを何本も生み出すモバゲー(Mobage)のWebゲームストアの成長に四苦八苦していた。当時は、アップルもグーグルのアプリストアも全世界でモバゲーの10分の1も儲からない、といった規模感であった。だが、どう見ても採算の合わない勝負の中で「人が集まってきている」という事実だけはあった。

「人は集まるけど皆儲かってはいない」「時期尚早である」――。これが15年前のソーシャルゲーム業界であり、12年前のアプリストア市場であり、10年前のYouTubeであり、3年前のWebtoon市場であった。

ロビオはそのときすでに創業5~6年目、新進気鋭のベンチャーとは言えないタイミングになっており、2000種類に及んだノキアプラットフォームの異なる携帯向けすべてにプレイされるゲームを作るために四苦八苦しており、ピークには50名いたチームをリストラして12名

01 Sunil Gupta, Dharmishta Rood "Angry Birds" Harvard Business School, March 2012

だけ残っていた、小さなフィンランドの開発会社でしかなかった。

ロビオにとってApp Storeは起死回生のためにすがるしかないプラットフォームだった。こうした中、スマホ時代の到来を予感して、非常にシンプルでチュートリアルもなく幼稚園児でも老人でも同じようにプレイできるパチンコ型の直感的なゲームを作った。知名度のなさも考え、すでに多くのゲームラインナップを持っていたChillingoというパブリッシャーとも契約し、売上の2〜5割を渡すディストリビューション契約を結んでもゲームを「広めること」を重視した。

2009年12月、最初は〝フィーチャーをとる（ストアで良いゲームとしておすすめされる）〟こともできなかったが、1日150ダウンロードされるなど、フィンランドの中では1番のゲームとなり、口コミとレビューの高さがフィンランドからデンマーク、スウェーデン、ギリシャ、チェコへとどんどん広がっていき、2010年2月には英国で1位となる。

1・99ドルという価格も、0・99ドルに下げて快進撃を続け、2010年4月に米国で1位、同年9月にグーグルのアンドロイド対応を進め、その頃には毎月1億円相当の広告収入が入るようになっていた。つまり皆が気づいた「大ヒット」に至るまで1年近く時間をかけているのだ。

『アングリーバード』が儲かるカラクリ、ロビオ社は何を仕掛けた？

Ｇｏｏｇｌｅトレンドで見ると、アングリーバードの知名度としてのピークは２０１２年である（図表４－２）。その後２作の映画のタイミングで再び検索は上がっているが、栄光の時代には及ぶべくもない。

だが、ロビオの収益を見ればこの「落ち目」の時代にも売上は２倍に、利益は10倍規模に膨らんでいる。一度大ブームを味わったキャラクターが、再び返り咲くケースはほとんどないが、ブームによって積層された認知度と人気からどうやって安定的なその後のビジネスを生み出すかは、まさにライセンス含めた他メディア展開の手腕次第である。ロビオ創業者のミカエル・ヘッド氏はこのときに「次のディズニーになる」として、アングリーバードをいかにミッキーマウス級のキャラクターにしてるかに強い意欲を示していた。

２０１０年のアプリゲームのヒット作は『Angry Birds』ばかりではない。同社のゲーム以外にも、『Cut the Rope』や

図表4-2　Googleトレンドから見るアングリーバードの全世界での検索指標

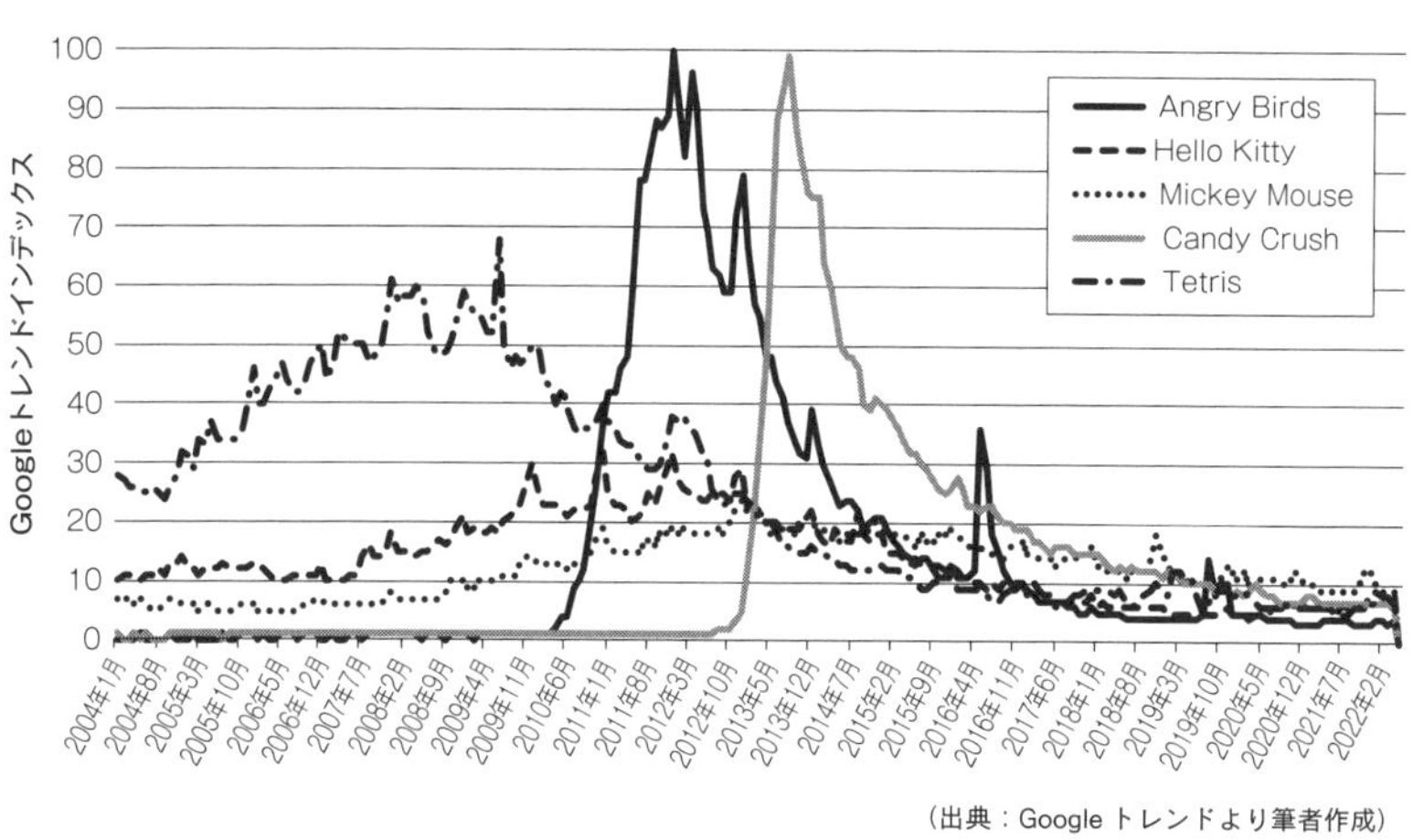

（出典：Googleトレンドより筆者作成）

『Pocket Frogs』といったカジュアルゲーム、美麗なソードアクション『Infinity Blade』など、いくつもミリオンセラーに到達していた。だが、ロビオのような発展を遂げた企業はほとんどなかった。買収されて急落したアプリもあれば、中途半端なライセンス化の中で埋もれていったものもある。当時ヒットさせられたキャラクターが、そのまま10年後も残っているロビオのような事例もまた稀なのだ。20世紀フォックスと映画『Ｒｉｏ』でゲームコラボしたり、ブランド動画をＹｏｕＴｕｂｅやＦａｃｅｂｏｏｋに展開したり、航空会社と組んでヘルシンキ〜シンガポール間にアングリーバードで装飾された航空機も飛ばした。

こうしたエンターテインメント企業への脱皮がまさに生みの苦しみでもあり、会社の財務状態を危機的なところまで追い込む。だが２０１０〜２０１３年の発展期にその羽を大きく伸ばそうとしたこと自体が、２０１４〜２０１６年の混迷期を越えて、２０１７年以降にブランドとして大きく影響してきているようにも思える。この脱皮があったからこそ、２０１０年の20〜30億円企業でも、２０１４〜２０１５年の１００億円企業でもなく、現在ある３００億円規模の企業になりえたとも言える。

『アングリーバード』２０００億円経済圏

アングリーバードのＩＰとしての経済圏は図表４ｰ３のようになる。２０１１年末までの10億ダウンロードで世界的認知を得て、その後２年間の「大ブーム期」は20億ドル近くの玩具・

MDが展開され、5年目となる2014年からは凋落するも、2016年映画で再び人気を取り戻しながら2017年の『Angry Birds 2』のゲーム収益が急拡大することで、年1000億円規模の経済圏が保たれている。

経済圏そのものは「大ブーム期」の半減に近いが、5%程度のロイヤリティだけの玩具・MDに対して、粗利の金額がとれるゲーム事業での再成功は、図表4－1のようにロビオ自体の企業サイズをむしろ「成長させる」結果にもなっている。

いずれにせよ、何もしないと3年目、頑張っても7年目という人気コンテンツの〝寿命〟に対して、映画とゲームの仕込みが相乗効果を発揮したことで、作品8年目以降の2017年からも企業サイズが維持され続けたという「成長の舞台裏」が明確になっている。

つくづくヒットキャラクターとは一番ブームに乗っているその瞬間に次の一手を画策できるかどうか、というところに要諦があるということが改めてはっきりした。

「人気が落ちてきている」というキャラクターの状態は、〝常態〟である。その常態の中で、ファンを固定し、安定したビジネスにつなげていくには、先を競うような機敏さではなく、「運営」としてつなげていく試みが必要なのだ。

キャラクタービジネスは成熟している。それでも近年「ドラゴンボール」「ガンダム」「ウルトラマン」といった数十年来のキャラクターが復興し、大きな経済圏を創り上げている事例も散見される。IP事業の面白さは、失敗も含めてその歴史がミルフィーユのようにファンベースを積層してくれるところだ。もちろんダメージも負うし、リストラも必要になるし、赤字にもなる。だがそれを含めた「認知度」によって遅行指数としてあとから収益がついてくるといったことが起こる、ということをロビオの果敢な挑戦の歴史が教えてくれている。

２０２３年４月、ゲーム大手セガサミーがロビオを１０３６億円で買収することが発表された。〝時代遅れ〟と言われるアングリーバードも、その培われたＩＰ展開力はモバイルゲームの海外化で課題を抱えるセガには垂涎《すいぜん》の宝箱であった。この価値はロビオが８年目以降も果敢に挑戦し続けていなかったら実現しなかったものだろう。次はアングリーバードとソニックがコラボによって世界を席巻していくことになる。

図表4-3　アングリーバードの推定キャラクター経済圏

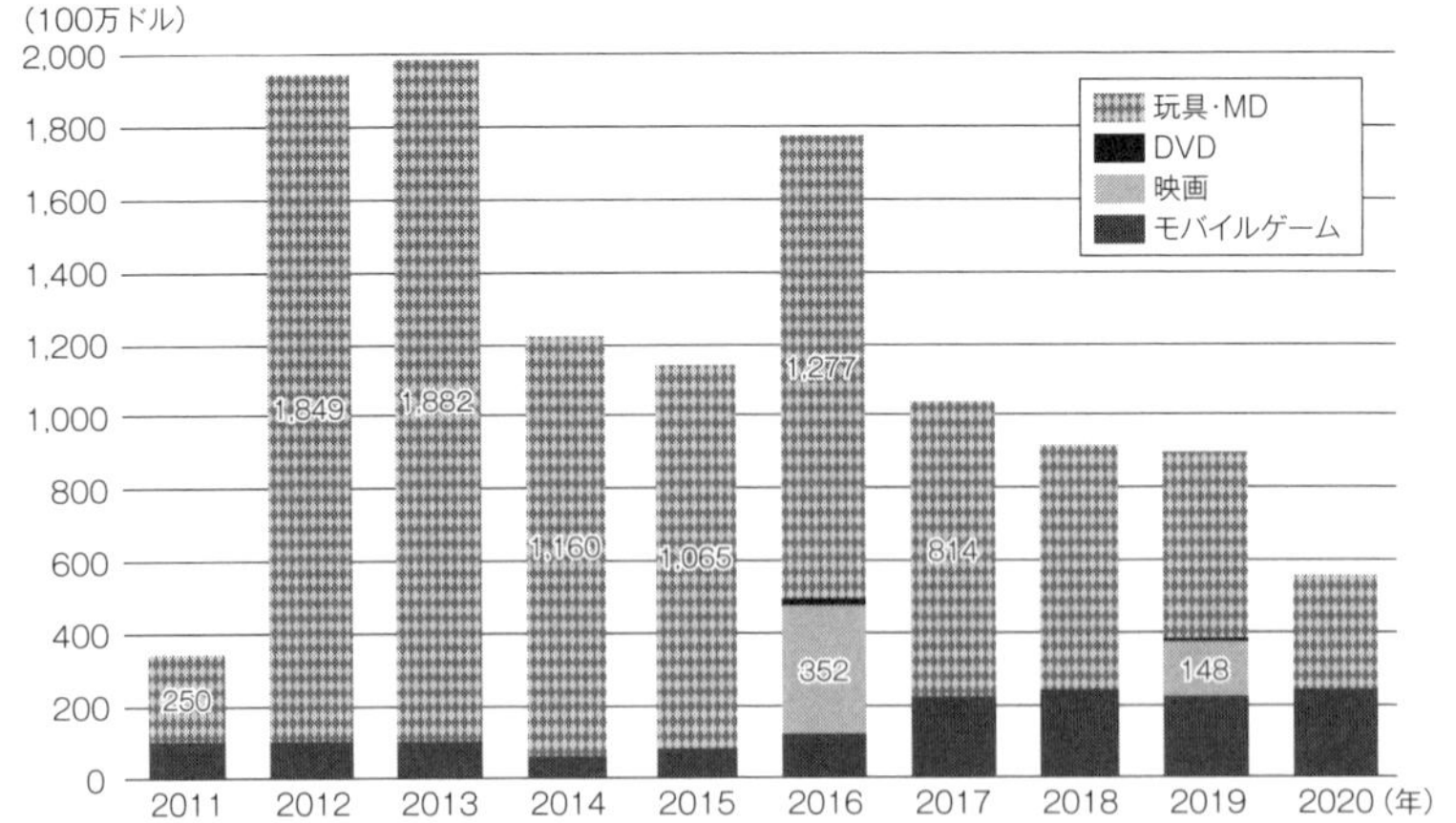

（出典：各種発表資料から筆者作成）

GAFAに匹敵する超巨大マインクラフト、1億人が熱狂し続けるUGCという新世界

GAFAに匹敵する？「マインクラフト」の規模

『マインクラフト（Minecraft）』と言えば、『フォートナイト（Fortnite）』『ロブロックス（ROBLOX）』と並ぶ世界三大ゲームである。これら3つは、単に「ゲーム」というにはあまりに巨大すぎるメディアであり、将来的にはGAFAなどのWeb2時代のプラットフォーム企業らを凌駕するかもしれないメタバースとして期待されている。

PC版マインクラフトは累計2・38億個、モバイル版は1・3億個もの数が販売されており、NetEase社が発売するマインクラフトの中国語版は、無料とはいえ4・25億個もダウンロードされている。現在、マインクラフトは、毎日320万人、毎月1・7億人がその空間でプレイしており、〝1つの国〟と言っても差支えはない規模に成長している。このマインクラフト人口は、人口世界8位のバングラデシュを超え、7位のブラジルの数に迫っており、これが毎日増え続けている状態である。伸び率も高く、2016年に4000万人だったマインクラフト

国の人口は、コロナ前の2019年には9000万人になり、2022年では1・7億人、6年間で4倍以上に成長している。

ちなみにフォートナイトは、毎月8330万人、ロブロックスは2億人である。

「マインクラフト」「フォートナイト」「ロブロックス」の特殊性

21世紀オンラインゲームの時代になり、その特徴は、1つのタイトルをプレイし続ける長期永続性にある。そして、その長期永続性を実現してきたのが、「MMORPG（大規模多人数同時参加型オンラインRPG）」だ。

PCゲームを起点に拡大したMMORPGは、すでに20年以上の歴史があるが、最近になって登録者や売上の記録更新をしている事例がいくつもあるなど、長きにわたり特定のコンテンツが利用され続けていることが分かる。

たとえば、韓国のゲーム会社NEXONのMMORPG『マビノギ』は、2004年から運営スタートしているが、18年目となる2022年に過去最高売上をたたき出している。また、直近のスクウェア・エニックスでも、その好業績が『ファイナルファンタジー15（FF15）』（2016年）でも、『ファイナルファンタジー16（FF16）』（2023年）でもなく、2013年からサービスを開始していた『ファイナルファンタジー14（FF14）』によるものだったという〝事件〟が話題になった。登場から12年を経た現在も、FF14は毎日120万人のユーザーがいるのだ。

なお、こうしたFF14人気はもう1つ別の要素が関係している。最近、オンラインゲーム「World of Warcraft」（2004年）のアップデート版に憤慨した米国人Twitchストリーマーのアスモンゴールド（Asmongold）氏がFF14に乗り換えたことで、数十万人単位の「移住」が起こったことが背景にある。330万人ものフォロワーを持つインフルエンサーともなれば、もはや1つの町を動かす影響力である。

それでは、マインクラフトの場合はどうだろうか。マインクラフトは物語を攻略・体験したり、相手を倒したりといった一般的なゲーム要素よりも、むしろ「表現をしたい」というメディアとしての特性が際立っており、それがYouTubeやTwitchなど自己発信型ツールの普及とともに巨大化していったと考えられる。また、世界トップのゲーム配信プラットフォームでもあるTwitchにおいて、配信者100万人を超えている作品は8個あり（ロブロックスも入っている）、1位がフォートナイトの375万人、3位がマインクラフトの222万人である。

このように、毎日のようにプレイされ、配信され、視聴されている効果は絶大である。図表4－4は世界全体で話題を集めたコンテンツをGoogleトレンドで比較してみたものだ。瞬間的なインパクトこそ「スター・ウォーズ」や「アベンジャーズ」の映画公開タイミングには敵《かな》わないが、数カ月単位で収束してしまうそれらの〝お祭り型コンテンツ〟に比べると、マインクラフトは決して衰えることのない興味を惹き続ける永続性の高い作品である。マインクラフトは２０１２〜２０１６年と高位安定しており、２０１３年７月のピークからなだらかに落ちた時期はあるが、２０２０年のコロナ禍以降、明確に復活している。

そんな人気の衰えないマインクラフトは、なぜこれほどまで人気のコンテンツとなれたのだろうか。ここからは、マインクラフトの生みの親の成功ストーリーを紹介しつつ、マインクラフトがここまでの成功を手にするに至った３つの分岐点を解説する。

マインクラフトの生みの親、とんでもない成功ストーリー

マインクラフトの生みの親マルクス・〝ノッチ〟・ペルソン氏は、１９７９年生まれのスウェーデン人であり、２０００年当初、ＩＴバブル華やかな時代に就職したウェブ会社をすぐに辞めたフリーターでしかなかった。

マルクス氏は、２００４年にミダスプレーヤーというウェブゲーム会社に入る。そこでは、本業の片手間の趣味としてミニ

図表4-4　数字から分かるマインクラフト人気

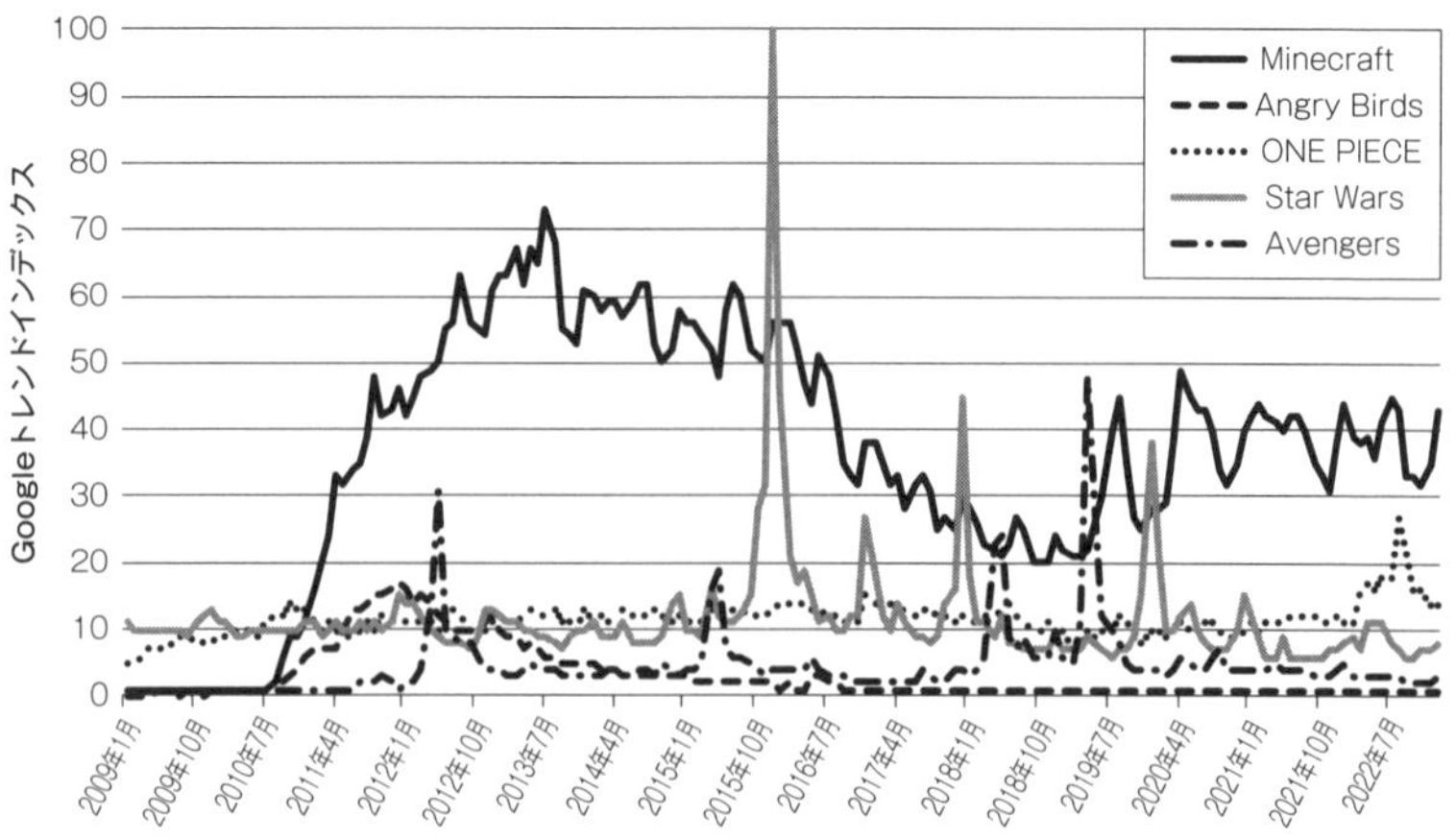

（出典：Googleトレンドより筆者作成）

ゲームづくりをしては、社内のメンバーにプレイしてもらっていたという。しかし、開発した自作ゲームが会社からは〝職業著作〟とみなされてしまう。そのことに対し強い反感を覚えたマルクス氏は、独立を考えるようになっていく。

マインクラフトには「原作」がある。２０００年代後半は、任天堂・ソニー・マイクロソフトの三つ巴競争が激化する中で、大型のトップゲームにばかり注目が集まり、数名で作ったようなインディーズゲームが世界でヒットするような自由な空間が失われつつある時期であった。

そこでインディーズゲームたちは、ＰＣ上で自作ゲームをシェアしあうようになる。そうした中、２００９年4月に登場したゲーム『インフィニマイナー（Infiniminer）』に、後のマインクラフトの開発者となるマルクス氏は衝撃を受ける。ごつごつした四角のブロックで構成された世界で、それを積み上げたり、採掘・建築をしたりしながら、珍しい鉱物を探すといったゲームだった。プレイするたびにゲーム空間が自動生成されるという面白さもあった。[01]

ただ、このゲームには欠陥があった。ゲーム自体のソースコードが流出しているために、誰でも簡単に改変できるようになっており、そのせいで皆が思い思いに改変した互換性のない無数のゲーム空間が生まれてしまい、プレイヤー同士が一緒に楽しむことができないような状態になっていた。

これを見たマルクス氏は、インフィニマイナーの改良版を数週間で作り、ＹｏｕＴｕｂｅにアップした。それが２００９年5月のことである。そして、この改良ゲームは、〝鉱石を掘り出す〟Mineと〝創り出す〟のCraftを合わせて『マインクラフト』と命名される。

01　https://variouscolors.net/game/books/minecraft-history/2/

2009年6月から、マインクラフトの注文受付を開始したマルクス氏は、驚愕することになる。今まで何本も作ったゲームは鳴かず飛ばずであったが、このゲームは1日で15人も買ってくれたのだ。ペイパル口座には1万円以上ものお金が入っていた。その後、1年もすると売上はみるみる上がり続ける。毎日400人が購入、1日で50万円も稼ぐヒット作になっていた。

当時は、マインクラフトを入手するにはマルクス氏が自作したサイト「Minecraft.net」のURLを直接たたき、そこで購入する以外に手段がなかった。そうした環境にもかかわらず、累計2万本で合計2000万円を超える〝成功〟を手にしたのだ。

マインクラフト成功の分岐点（1）：バルブ社のオファーを断り独立を決断

そして2010年夏頃、マルクス氏は信じられない招待を受ける。米国ワシントンにあるバルブ社から「旅費・ホテルを出すので、当社で一緒にコーヒーでも飲みませんか」というメールが舞い込んだのだ。バルブ社は、『ハーフライフ』『カウンターストライク』などのゲームやSteamというPCプラットフォームを持つ、クリエイターたちの憧れの頂点にあるような会社だ。

マルクスは色めきたつ。あのバルブ社から、買収もしくは入社のオファーが届いたのだ。当時の結婚前の彼女に「シアトルに住んでも良いか」という相談すらしていたマルクス氏は、5000万円を超える金額の入った銀行口座を眺めながら、逡巡に逡巡を重ね、遂に決断する。

「バルブの社員にはならない。今の会社も辞める。独立をするんだ」と。[02]

そうして2010年9月にマルクス氏はMojangを設立する。スウェーデン語でガジェット／小さな道具、という意味だ。2009年5月に最初にYouTube投稿をしてから、2010年9月には累計2万本を記録する。それは起業を促し、バルブ入社を断るくらいには勇気を後おしできる「大成功」だったが、まさかそこからさらに1万倍に売上が膨らむことになるとは想像だにしていなかっただろう。

半年後の2011年3月、毎年開催されるゲーム開発者の祭典「GDC（Game Developers Conference）」でマインクラフトが2010年度の「イノベーション」「ベストダウンロードゲーム」「ベストデビューゲーム」で3つの賞を受ける。さらに2013年には『TIME』誌で「世界で最も影響ある100人」にマルクス氏が選ばれることになる。

2010年に年商100万ドルで喜んでいたマルクス氏も、1年後に累計300万本、年商1億ドルになる頃には色々なものが巨大化しコントロール不能になっていった。2011年半ば、YouTubeではすでに3・5万本ものマインクラフト関係の動画が投稿されており、毎日1000本単位で増えていくような状況であった。Mojang社は、それまで広告宣伝費に1円たりとも使ってこなかったが、話題は際限なく広がっていった。

02　ダニエル・ゴールドベリ他著、羽根由訳『マインクラフト　革命的ゲームの真実』KADOKAWA、2014年

マインクラフト成功の分岐点（2）：インフルエンサー中心のコミュニティ形成

膨れ上がる数千万人ものコミュニティをどうやって崩壊させずに維持するかはMojangにとっても喫緊の課題だった。毎日何千というクレームや質問が舞い込み、あらゆる局面で人手不足の状況が続いていたのだ。

こうした中、インフルエンサーが〝Minecraftic（マインクラフト的）〟な被り物をしながら配信を行い、それがコミュニティをまとめあげる形となっていった。あの四角いボックス状のフォルムはマイクラIPを象徴しており、それを使って注目を集めようとする模倣品も後を絶たない。「ゲームがうまい人間がゲーム実況をする」のではなく、ゲームが苦手な女性が頑張って配信しながらアイドルになっていくという、ゲーム実況の新しい「発明」が生まれたのもマイクラからだ。

このように、非常にコミュニティ・ドリブンであり、YouTuberと〝ゲーム実況〟の進化はほぼマイクラの成長と軌を一にしている。日本でも2006年12月からYouTubeチャンネル開設をしていたHIKAKIN氏がゲーム実況「Hikakin Games」を始めたのが2013年、マイクラを最初に配信したのが2014年6月のことだ。HIKAKIN氏が触媒となって日本でもブームとなる頃には、マイクラは買収され、マイクロソフトのものになっていた。[03]

03　https://gamebiz.jp/news/352453

マインクラフト成功の分岐点（3）：マイクロソフトのテコ入れ

インディーズの星でもあったMojang社が2014年末に25億ドルでマイクロソフトに売却されたことへの批判は大きかった（2011年にナップスター、元FacebookCEOのショーン・パーカーからの出資は辞退していたにもかかわらず）。

だが蓋をあけてみれば、大手資本傘下に入ることでマイクラはさらに大きく広がった。マルクス氏のもと2014年までに会社としては年商3億ドルを超え、世界で4000万人がプレイする一大ゲームとなっていたが、マイクロソフト買収後の2015年以降、特に中国語圏への展開が始まる2017年以降の飛躍は加速度的になり、Mojangは2019年6月期で10億ドルを超える収益を記録し、ユーザー数も1億人を超えるほどに成長を遂げる。

買収前から3倍に膨らんだのは、特にXboxゲームとのシナジーや、文教エリアへの教育コンテンツ化など、1992年からWindows展開のために中国市場に展開してきた政治力・ネットワーク力が存分に生きており、IPOよりもExitがベストシナリオだったという「正解」を選択できた、珍しい事例と言える。

マインクラフト5000億経済圏

このように、超人気コンテンツになるまでには、「創業者マルクス氏が独立を選択したこと」や「インフルエンサーを中心としたコミュニティが形成されたこと」、「マイクロソフトの買収」といった分岐点があったのだ。

マイクラ以降、「クリエイティブ」というユーザーが自由に創造性を発揮するジャンルが広がっていく。メタバースで有名なThe Sandboxの原型をPixowlが開発したのは2012年、バトルロワイヤルゲームのフォートナイトがクリエイティブモードを導入したのが2018年末。今後ユーザーがその世界に根付くことを目指すゲーム会社のみならず、映像・音楽・出版会社、さらには不動産から公共領域にいたるまで「クリエイティブ」の持つポテンシャルを使おうとする組織は、例外なくこのマイクラという「原点」に立ち返る必要性に迫られるだろう。

図表4-5　マインクラフトの推定キャラクター経済圏

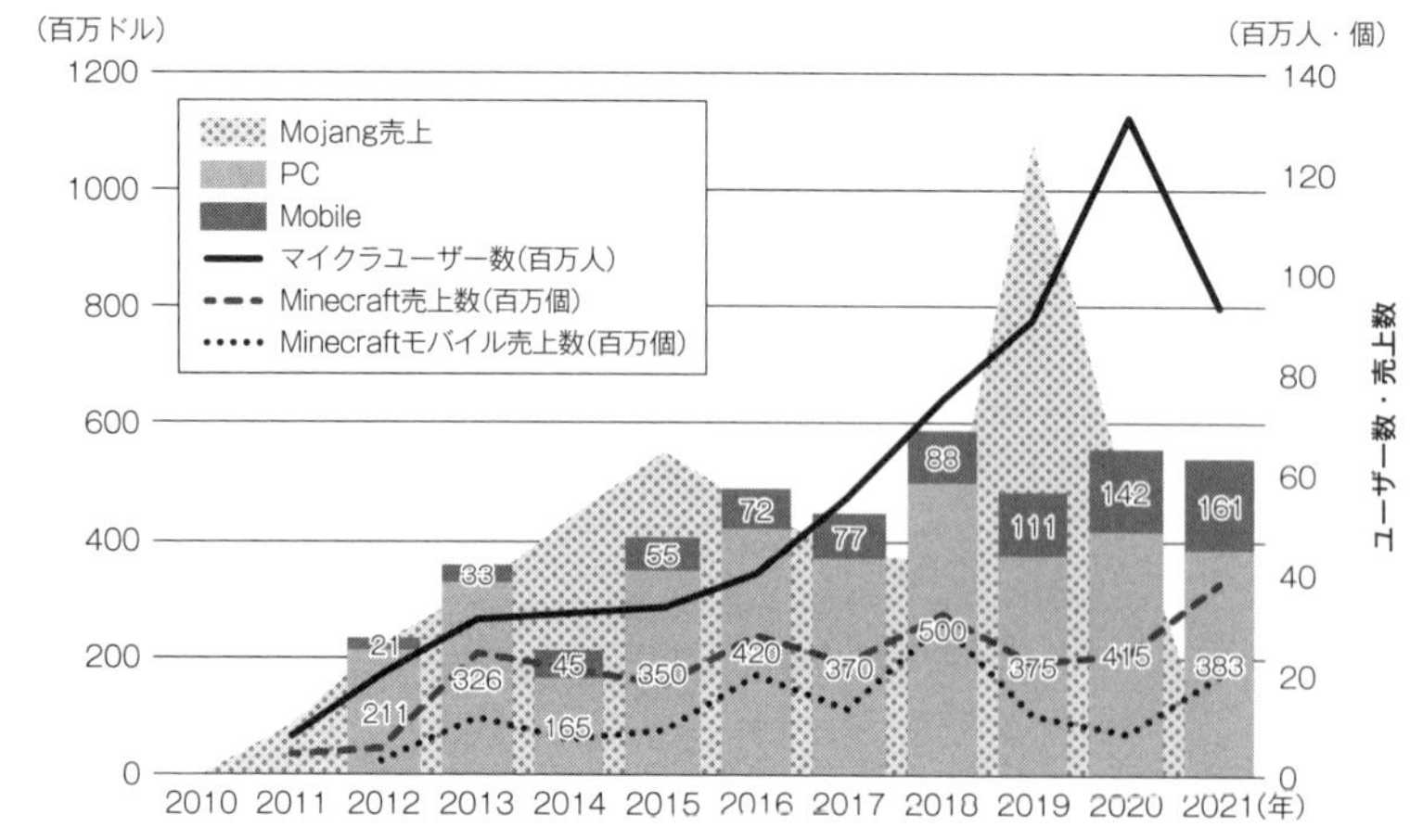

(出典：各種資料より筆者作成)

第5章

インタラクティブメディアが可能にしたファンとの共創

ユーザー発見・共創型IPの誕生

2000年代はゲームの時代といっていいほど「ゲームIP」があふれてきた。それは映像・アニメ・マンガが持ちえなかった「ユーザーの反応を逐一取り込むインタラクティブ性」に恵まれ、その特性は2010年代になるとSNSによってネットそのものがIPを運ぶ主体になっていく。すると、これまで顧みられてこなかったニッチなユーザー層が「発見」されるようになる。ネットミームが生み出した初音ミクがその代表例であり、続くソードアート・オンラインはゲーム世界そのものをメタ化するラノベユーザーを、うたプリはそれまで見られてこなかった女性ユーザーを発見している。すみっコぐらしやくまモンなどゆるキャラがSNSを中心に広がっていき、モバイルゲーム発のIPとしてグランブルーファンタジーなどが現れる。これまでテレビか映画かマンガ誌か、とマスメディアのチャンネルがプロデュースするのが常であった20世紀の世界に「亀裂」が生まれ、2010年代は様々な入口からIPが出現するようになる。

ボカロとニコ動の軌跡の邂逅　ユーザー参加型ーＰ「初音ミク」が見せる未来

どうやって初音ミクは誕生したか

「初音ミク」とは、アニメや漫画などのキャラクターではなく、コンピューターに自身の作った楽曲を歌わせるソフトウェアのことであり、その楽曲を歌うソフトウェア上のキャラクターである。

同ソフトウェアは、２００３年にヤマハが開発した「ＶＯＣＡＬＯＩＤ（通称ボカロ：ＰＣで人間の音声を再現する）ソフト」を軸にして作られた。[01] もともとＰＣで再現されていた（人間の声のような）音声の部分を、声優・藤田咲氏の声をベースにした合成音にアレンジして作られたのが初音ミクというわけだ。これを手掛けたのが、札幌にあった当時社員20名前後の中小企業クリプトン・フューチャー・メディア（ＣＦＭ）社だ。

約１・５万円の同ソフトを１本買えば、どんな音程の曲でも初音ミク（声優・藤田咲）の声で歌わせることができる、画期的なソフトであった。初音ミクの登場以来、ギターやドラムな

01　「VOCALOID（ボーカロイド）」および「ボカロ」はヤマハ株式会社の登録商標となっている

どあらゆる音色の音楽合成ソフトがある中でも、「ボカロ」は常に市場の2～3割を占めてきた〝重要な楽器の1つ〟である。

初音ミクの登場以前から「DTM（デスクトップミュージック）」としてPCの力で音楽を作ってきた職人たちは、初音ミクの登場以降、「ボカロP（ボカロ曲を制作して動画サイトに投稿する音楽家）」と呼ばれるようになる。米津玄師（ボカロ名：ハチ）を代表に、yama、くじら、YOASOBIのAyaseもボカロP出身のアーティストである。

ボカロという音楽合成ソフトに「キャラ」をつけて売り出したのは初音ミクが初めてではない。日本で初めてボカロにキャラ設定を付けたソフト『MEIKO（メイコ）』は、初音ミク発売の3年前に同じくCFM社から売り出されており、通常の音楽合成ソフトのヒット作基準である1000本の3倍も売れている。その後、男性キャラバージョンのソフト『KAITO（カイト）』を売り出すも販売本数500本と伸び悩み、女性の声のソフトのほうが需要は高いことが分かる。

そこで、「声優」という新しいジャンルを取り入れつつ、有名な絵師KEIを起用したキャラクター・デザインも入れ込み、2007年8月末に販売開始された初音ミクは、約半年で3万本という大ヒット作となった。とはいえ、まだこの時点では3万人の楽曲製作ユーザーが生まれたに過ぎない。

初音ミクが「過去にないキャラクタービジネス」と言えるワケ

初音ミクは、それまで半世紀かけて培われてきたキャラクターづくりのセオリーを完全に外していた。なぜなら初音ミクは、誕生直後から現在に至るまで改変・改修・デフォルメされた数十万種類ものイラストと楽曲が「勝手に使われてきた」からだ。

それはストーリーやキャラクター性などを持たずに誰の隣にも居心地よくおさまる『ハローキティ』のような世界観重視のキャラとも違うし、次々と公式がキャラを量産していく『アイドルマスター』とも違う。「勝手にユーザーが創り、勝手に構想を広げ、勝手に盛り上がっていく」という、かつてない〝キャラクタービジネス〟と言えるのだ。

難しいのはCFM社の立ち位置である。初音ミクは当然ながらCFM社のものであり、使われる度にロイヤリティを請求するのが通常である。だが、初音ミクはすでにソフトを販売しており、それによって「勝手に使われる」ことが使用の根幹にある。さらにリリースして数週間もしないうちに、誰かが二次利用で描いた絵・作った曲が、勝手に三次・四次利用されるというクレームもCFM社に殺到し、ユーザー同士でのいさかいも起きていた。

こうした状況に対し、CFM社のとったやり方は画期的なものだった。「ネットに分散しているクリエイター同士がお互いの得意なコンテンツ（音楽、歌詞、イラストなど）を投稿し合い、協業して、新たなコンテンツを生むための〝創造の場〟」として、公式サイト『piapro』を作ったのだ。

このサイトでは、ユーザー全員が非営利で、利益は求めないという特徴がある。ただ、盗用・盗作にならないよう、どこまで改変して良いかを二次〝創作者〟が決めて、三次・四次で利用する人はそこに挨拶コメントを入れて、借りていくという仕組みになっている。このサイトは初音ミク発売後3カ月の２００７年12月にリリースされている。

初音ミクの大成功に欠かせない「ニコニコ動画」

初音ミクはキャラクタービジネスの文脈よりも、テクノロジーやアート界隈での文脈で語られるほうが適切かもしれない。

このキャラクター史に名を残す異端のキャラの成功には、２００６年12月にリリースされていた動画配信サービス「ニコニコ動画（以下、ニコ動）」の存在が欠かせない。このサービスはドワンゴ（１９９７年設立、２００３年上場）創業者である川上量生《かわかみのぶお》氏と、１９９９年に日本最大級の電子掲示板サイト「2ちゃんねる」を生み出した〝ひろゆき〟こと、西村博之氏が結びつくことによって生まれたものである。

上場企業のドワンゴは、多くの訴訟問題を抱えていたひろゆき氏との付き合いを嫌がる証券会社・株主からの視線を避けるべく、子会社という形で西村博之氏の頭文字の「に」をとってニワンゴを設立した（ドワンゴ75%、２チャンネルの運営会社をしていたひろゆき氏が役員の未来検索ブラジルが20%出資）。

何のサービスをやるかが決まっていたわけではないが、ガラケー向けの着うた・着メロ市場が突き当たりとなって、創業初の赤字に苦しんでいたドワンゴの川上氏が「何かサービスを作らないと」という焦りから生まれたのが、（非同期でも参加でき、コメントが入れられる）バーチャルライブ事業のニコ動である。

２００６年12月にサービス開始するも、許可なくＹｏｕＴｕｂｅ（２００５年2月開始）の動画を引用し、勝手にコメントを入れて展開するという荒っぽい運用方法をとった結果、３カ月でグーグルからＢａｎされ、急遽《きゅうきょ》自分たちで作り直すという、不安いっぱいの船出であった。当時について、音楽ゲーム「ＢＭ98」の開発者として知られるプログラマーのやねうらお氏は「（ドワンゴもニコ動も）海に出た瞬間、沈んでたはずの泥船だった」と表現している[02]。

当時からニコ動は独特な立ち位置にあるサービスであった。たとえば、動画を視聴しているユーザーの視聴画面が（ＹｏｕＴｕｂｅ広告のように）勝手にゲームに切り替わり強制的に参加を強いられる「ニコ割ゲーム」と呼ばれるものがあった。これは、強制参加させられたゲームを優れた点数でクリアすると、その直前に視聴していた動画の内容とともにランキングとしてユーザーアカウントがさらされる仕組みであった（恥ずかしい動画を見ていた人は赤っ恥を食らった経験も……）。また、突然時報が割り込んできて「ニッコニッコ動画〜♪」と誰の得にもならないＣＭが流れることもあった。

さらに、「ニコニコ動画のすべて（だいたい）を地上に再現する」ということをコンセプトとして毎年開催される「ニコニコ超会議」と呼ばれるイベントは黒字になったことがない。そ

02　4Gamer.net 編集部、川上量生『ゲーマーはもっと経営者を目指すべき！』KADOKAWA、2015年

もそも、荒削りのベータ版サービスだから、突っ込まれても「しょうがないよね」のゆるさを表現するために、当時流行っていた消費者金融のニコニコローンからモジった冗談のようなネーミングとアイコンで始まったサービスがニコ動だった。

「理解されがたいものを作る」「儲かるとか市場規模ではなく、壮大な物語になるものを作る」「突っ込みどころの多いUIにしていく」――。YouTubeはじめ世界のテックサービスを牽引するGAFAとは対極的な設計思想を持つニコ動は、川上氏やひろゆき氏の個人的嗜好も存分に反映しつつ、日本独特の「ネット民」カルチャーを育てていった。これが初音ミクをインキュベートした最初のファンベースである。

ニコ動の会員急増？　ネット民の象徴・初音ミク効果とは

2007年8月31日の初音ミク誕生直後、9月4日にニコ動へある動画がUPされる。「VOCALOID2 初音ミクに『Ievan Polkka』を歌わせてみた」、ネギを片手に〝残念に〟アレンジされたミクが（後に「はちゅねミク」と命名）海外の民謡を歌うのである。

続く9月20日に投稿された「iKa_mo（鶴田加茂）」の「みくみくにしてあげる♪【してやんよ】」は後に1300万再生、ニコ動史上トップ10を誇るヒット動画となる。この2曲をもって、初音ミクはスターダムに駆け上がり、アイドルマスター、東方プロジェクトとともに「ニコニコ御三家」と呼ばれるようになる。

2ちゃん民、ニコ動民が〝いじりはじめる〟ことで、初音ミクはネット界に降り立つ新生の女神のような存在に祭り上げられていく。月額525円のプレミアム会員がなかなか増えないニコ動も、2007年末には初音ミク効果で16万人まで急増（サーバー代に圧迫されたため、黒字転換するのは会員109万となった2010年度）。スマホ浸透前にもかかわらず、2014年末に有料会員254万人まで到達する巨大なサービスとなるが、その後はPCからスマホへの転換期に失敗し、YouTubeに牙城を奪われていく。

初音ミク経済圏、巨大化し続けるカラクリ

初音ミクが「キャラクタービジネス」となっていくのは、2008年4月、グッドスマイルカンパニーが「ねんどろいど初音ミク」を発売、2009年7月にセガが『初音ミク -Project DIVA-』をPS版でリリースし、さらに同年8月に「Animelo Summer Live 2009」へ出演を果たしたあたりからだろう。勝手に二次利用であっという間に有名になっていった初音ミクを、きちんとBtoBでライセンス契約をした会社が、料率を払ってビジネスとして運用し始める。

テクノロジーが生み出した初音ミクは海を越えるのも早かった。シンガポールのAFA2009から始まり、2011年にはトヨタ北米オフィスがカローラのCMに初音ミクを起用、同年7月には単独ライブ「MIKUNOPOLIS in LOS ANGELES」で5千人超満員のコンサートを実施。CFM社はTOKYO MXとの共催で、企画展も併催した3DCGコンサート『初音

ミク「マジカルミライ」を２０１３年から毎年開催し、すでに10回目、２０２３年時点で累積30万人を動員している。２０１４年からは初音ミクの世界ツアーシリーズとして「HATSUNE MIKU EXPO」も展開され、北米・中米・欧州・アジア圏の世界30都市で68公演を実施してきた。

　透過スクリーンで自由自在に動き回るバーチャル・シンガーのライブは今でこそＶＴｕｂｅｒなどで馴染みもできてきたが、それを10年以上も続けてきたのが初音ミクである。なぜ「実在しないアイドル」の「編集済の動画・モーション」を、皆が1万円近く払って楽しむのか。これは当時画期的だった。あの憧れのアイドルが髪をふり乱して踊らなくとも、それが編集された画像だとしても、実はアイドルがいるかいないかは「ユーザーが決める」ものなのだ。ライブで全員がサイリウムを振って一面の〝ネギ畑〟を作っている中で、初音ミクの〝実在感〟はありありと立ち現れる。ライブの体験価値はバーチャル・シンガーであっても生み出せるものだ、ということを証明したのも初音ミクの功績である。

　著作物でありながら、皆が著作性を半分放棄している初音

図表5-1　ドワンゴの売上推移から見る初音ミク効果

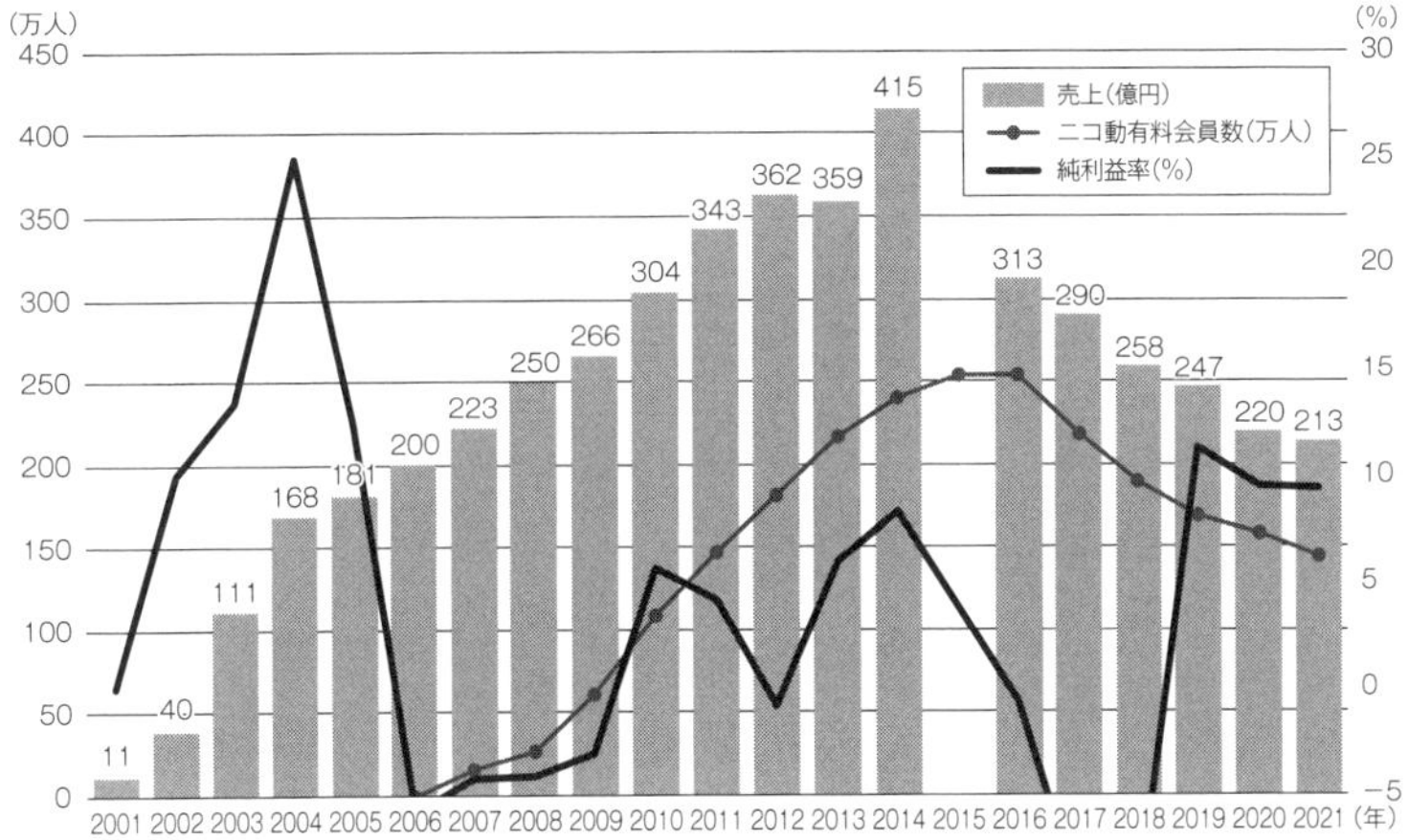

※2016年（16年4月～17年3月）からはKADOKAWA社「Webポータル」事業、営業利益率

（出典：ドワンゴのIT資料より筆者作成）

ミクのビジネスはそれゆえの制約もはらんでいる。いかに有名になったとしても、ＣＦＭ社ですら、コンサートで初音ミクの〝あのイラスト〟や〝あの曲〟を自由に使えるわけではない。ゲーム化や商品化といったビジネスにとって、実はこれほどやりづらい話もない。原作者や公式が「正解」を握っているはずのライセンスビジネスにおいて、初音ミクの場合はそれがない。

しかし、その手綱の緩さこそが12万曲のオリジナル曲を生み、ニコ動に20万種類の動画が上げられ、Ｐｉｘｉｖに40万種類のイラストがＵＰされた、一大キャラクタープラットフォームを作った秘訣でもある。ＣＦＭ社の役割はあくまでその「遊び場づくり」なのである。

Ｇｏｏｇｌｅトレンドで分析、初音ミクの「人気の波」

ＳＮＳの動きはユーザーの初音ミクへのエンゲージを如実に物語る。図表５－２を見ると、コロナ前の初音ミクは正直「落ち目」だった。Ｇｏｏｇｌｅトレンドで言えば国内は２０１２～２０１３年をピークに、２０１４～２０１９年は低迷していた。海外のトレンドはＥｘｐｏなどの運用のお陰もあってか２０１５～２０１６年まで伸びるが、やはり国内同様にその後３年はめっきり話題が落ちた。それはニコ動そのものとまったく連動するトレンドである。

だが、数字が〝暴れ出す〟のは20年９月に始まる音楽アプリゲーム「プロジェクトセカイカラフルステージ！　ｆｅａｔ．初音ミク（プロセカ）」からである。初音ミクはやはり「使われて」こそのＩＰであり、皆が昔聞き親しんだボカロ曲がふんだんに入り、手元でオンライン同期プレイできる新しい遊びを手に入れた瞬間、初音ミクブームは再び当時の活気を取り戻す。月間ユーザーは200万人を超え、1年後にリリースされた英語版や海外版でその人数は倍以上に膨らんでいる。

公式YouTubeの総視聴数（月2000万→4000万）、「#初音ミク」でのつぶやき数（月50万→100万回以上）と2倍以上にエンゲージも上がっている。コロナ後のロックダウンでのゲーム需要という後押しもあるが、むしろニコ動などの「ネット民」文化と、実は近いようで反りが合わなかった声優やアニメ、コンテンツ好きなどの若い世代も含めた広い層を「モバイルアプリ」によって融合させ、初音ミクの経済圏はまるで生まれ変わったかのようだ。時を同じくしてボカロPの曲は『チェンソーマン』『SPY×FAMILY』まで大ヒットアニメの曲に抜擢《ばってき》されてきている。

初音ミクの1000億経済圏

さて、経済圏分析ではあるが、この初音ミクを分析すること

図表5-2　SNS関連の数字から見る初音ミクの復活

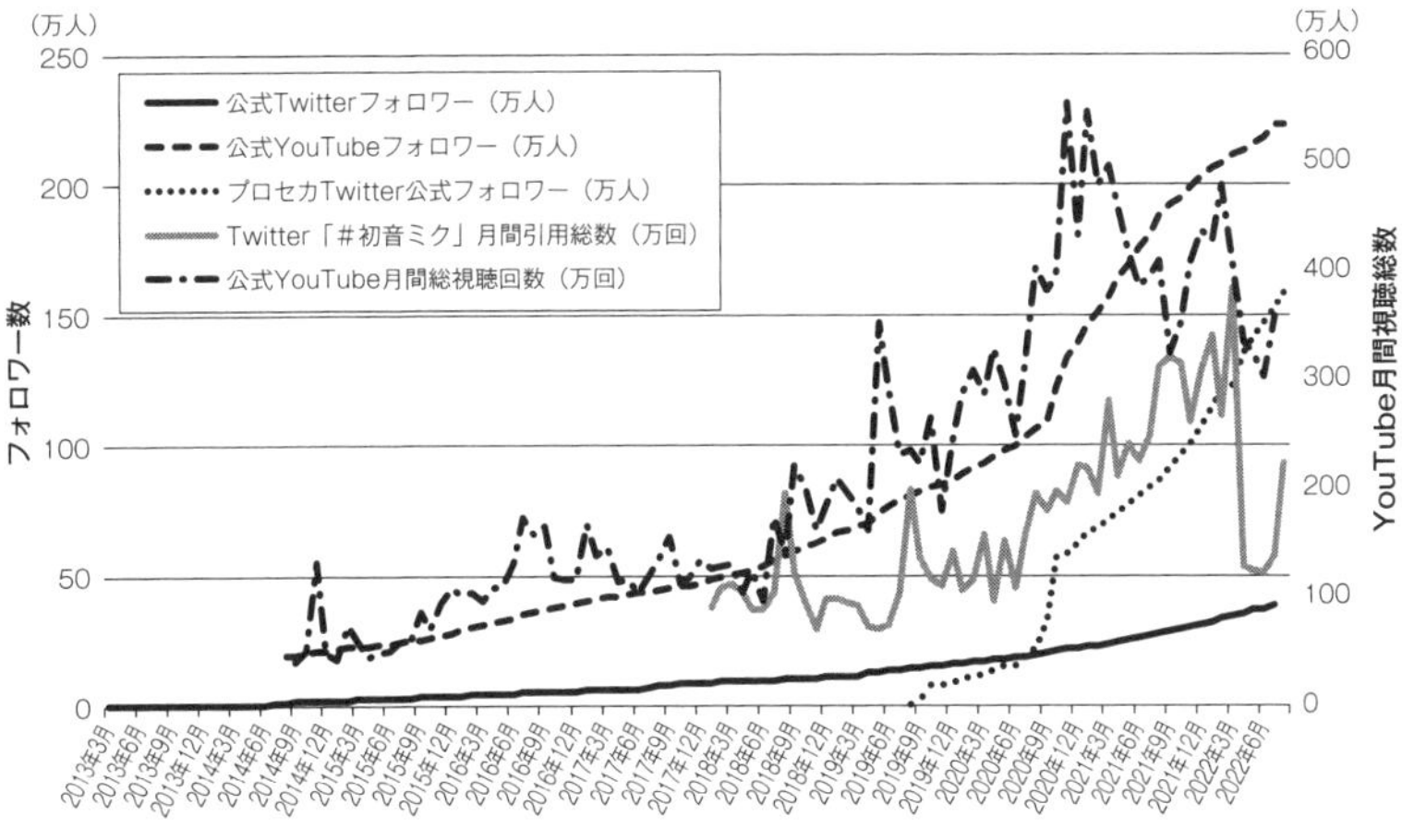

（出典：Googleトレンドより筆者作成）

は甚だ難しい。そもそもが二次創作のカタマリで、版元CFM社の収入になっていない動きが大半を占める。アニメ化による派生商品展開という通常のルートを通っていない。それでいてCharaBiz調査による認知度75％は、『エヴァンゲリオン』『ピーターラビット』『シナモロール』『プリキュアシリーズ』といったキャラクターと同等で、累計数千億〜1兆円といった群に十分入るほどの「国民的キャラクター」の1つでもある。

図表5－3は取得できる限りの「イベント（参加者数×チケット費）」「CD販売枚数」「家庭用ゲーム（セガ発売の過去13本）」「モバイルゲーム（プロセカを含めた6本のアプリ）」といった数字を抽出したものである。抽出されたのは累計で1000億円超、直近2年間は年300億円規模にもなる市場経済圏である。これは本当にごくごく一部だろう。なぜならこの経済圏に現れない部分で、初音ミクはファンのファンによるファンのための活動を無数に続けているのだから。

図表5-3　初音ミクの推定キャラクター経済圏

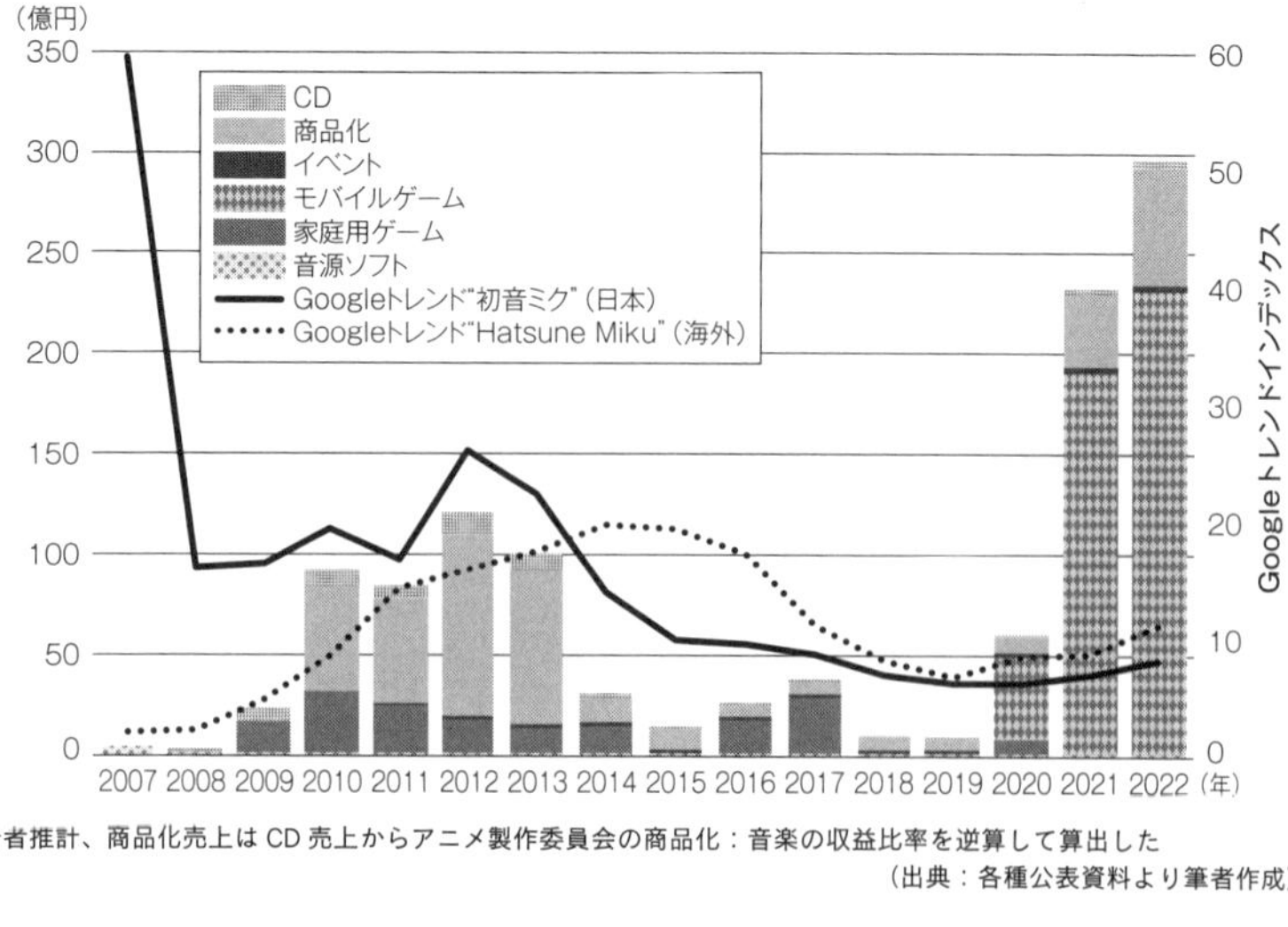

※著者推計、商品化売上はCD売上からアニメ製作委員会の商品化：音楽の収益比率を逆算して算出した

（出典：各種公表資料より筆者作成）

ラノベ界の超新星「ソードアート・オンライン」、物語の設計図でトランスメディアを推進

SAOは「ラノベ界のドラゴンボール」と言える理由

『ソードアート・オンライン（以下、SAO）』は、次世代型VR（仮想現実）ゲームであるSAOにログインした主人公キリトが、主人公を含む1万人のゲームプレイヤーとともにゲーム世界に囚《とら》われてしまい、そこから抜け出す（ログアウト）ためにクリアを目指すというストーリーだ。

2022年はSAOのアニメ放送10周年。原作者である川原礫《かわはられき》氏が自分のウェブサイトに最初の作品を投稿した2002年から数えれば20周年となる。それほど前に書かれた作品でありながら、現在のメタバースブームを予見していたかのような先駆的な内容だった。

SAOは、川原氏が第15回電撃小説大賞を受賞した『アクセル・ワールド』でKADOKAWAデビューしたのをきっかけに〝発掘〟された作品だ。そこから2009年になってようやくライトノベルとしての出版が実現した。

当時からＳＡＯの評価は高く、宝島社が発行するライトノベルガイドブック『このライトノベルがすごい！』で２０１２・13年作品部門連続1位、「２０１０年代総合ランキング」では堂々の総合1位を獲得。累計２６００万部という販売部数は歴代ラノベ作品としては、『とある魔術の禁書目録』を軸とする「とある系」と、『転生したらスライムだった件』をはじめとする「転生系」に次ぐ歴代3位の金字塔を打ち立てた。

1桁違うが、漫画コミック界に置き換えれば『ＯＮＥ ＰＩＥＣＥ』『ゴルゴ13』に次ぐ『ドラゴンボール』の位置づけにあたる。

小説50冊・アニメ１２０話、20年続いたＳＡＯの全体像

ＳＡＯのストーリーをストーリー上の時間（ゲーム内時間）とストーリーが展開される場面（ゲーム内の展開場所）の軸で整理したのが図表５－４である。

（1）アインクラッド編（小説第2巻・アニメ第14話）

この物語は、茅場《かやば》晶彦《あきひこ》というマッド・サイエンティスト的登

図表5-4　ソードアート・オンラインの物語の全体像

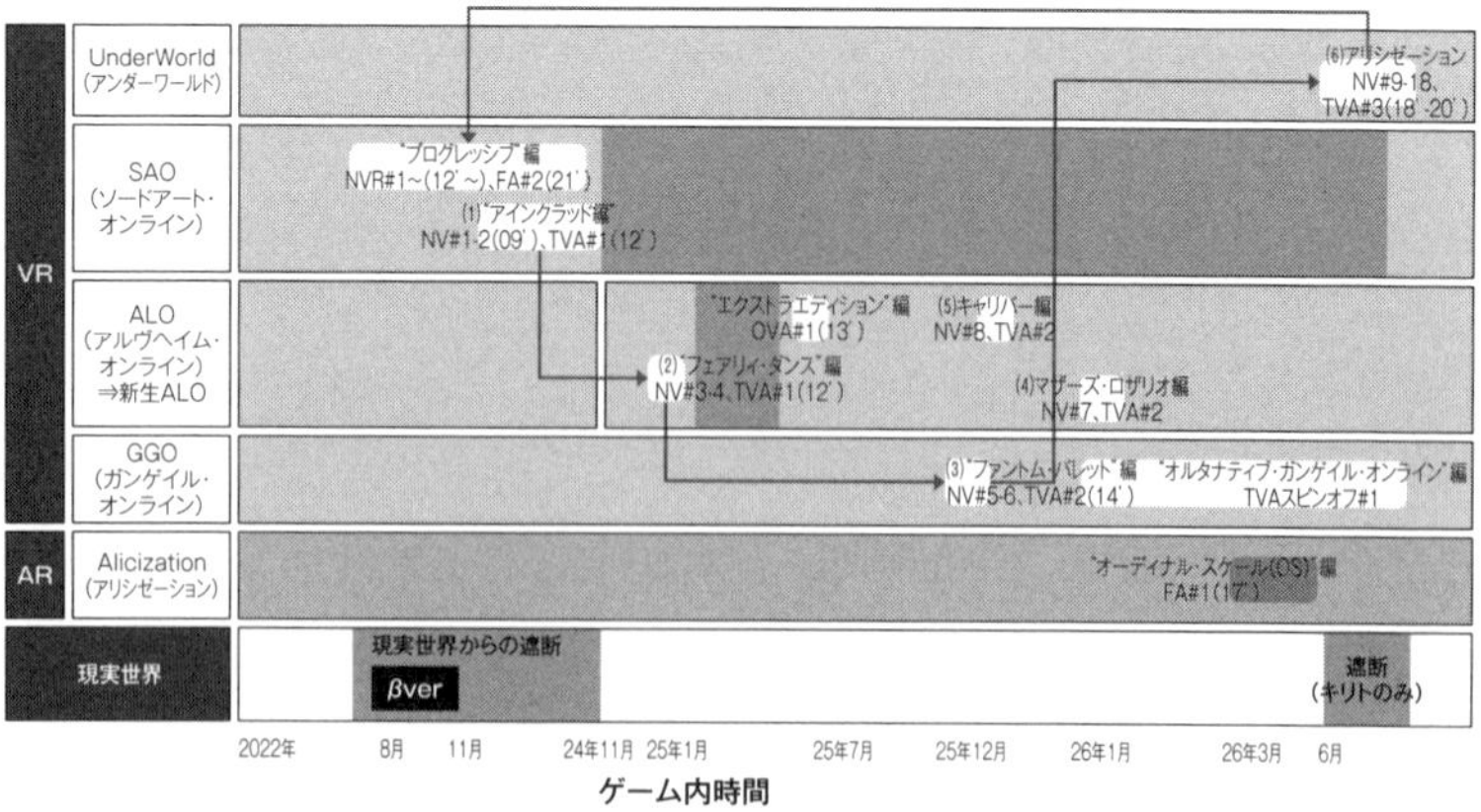

（出典：https://w.atwiki.jp/swordart-online/、https://nizidara.com/sao-time/#yuuki）
TVA＝テレビアニメ、FA＝劇場アニメ、OVA＝OVAアニメ、NV＝ノベル、NVR＝ノベル・リブート編　年号は2009年＝09'、2012年＝12'という形で表記している

場人物がSAOの世界のゲームマスターとなり、ゲームにログインした参加者をログアウト不可にして1万人をVR空間に閉じ込めた「(1) アインクラッド編」から始まる。

ゲーム内時間で言うと「2022年11月」に事件が起き、主人公キリトが茅場を倒して、そこまでで生き残った約6000人を救って生還することになる「2024年11月」までの2年間が、小説第2巻・アニメ第14話までで描かれている。

SAOの世界では、脱出不可能なVR空間、かつゲーム内で死ぬと現実世界の自分も死ぬというデスゲームの条件下で、脱出を諦めてゲーム内で結婚・生活し村人化するプレイヤーや、逆に法治のない体制下でプレイヤー殺しに興じるプレイヤーなどが出てくる。

このように本来は単線型であるRPG内で、ゲームの参加者が多様化・〝社会〟化していく過程は、まさにメタバース空間社会の思考実験作とも言える。なお、オンラインゲーム『ウルティマオンライン』にも同じような特徴が見られる。

(2) フェアリィ・ダンス編(小説第4巻・アニメ第25話、テレビアニメ第1期)

この(1)のみで視聴を終えている人も多いのではないだろうか。その後、(1)の主戦場となる仮想世界「浮遊城アインクラッド」が崩壊しても現実世界で目覚めることのないヒロインのアスナを救うため、主人公キリトが別のVR空間ALO(アルヴヘイム・オンライン)に没入することになる。

この小説第4巻・アニメ第25話までに当たるストーリーが「(2) フェアリィ・ダンス編」であり、「テレビアニメ第1期」で描かれた。

（3）〜（5）ファントム・バレット、マザーズ・ロザリオ、キャリバー編（テレビアニメ第2期）

次に、銃と武器による激しいバトルフィールドとなっていたGGO（ガンゲイル・オンライン）と呼ばれる空間で展開されるストーリー「（3）ファントム・バレット編」と、生まれ変わった新生ALO空間で繰り広げられるストーリー「（4）マザーズ・ロザリオ編」「（5）キャリバー編」も合わせた25話分が「テレビアニメ第2期」となる。

（6）アリシゼーション編（テレビアニメ第3期）

そしてGGOのショックから新たに飛ばされたUW（アンダーワールド空間）で主人公キリトが再び現実から遮断される「（6）アリシゼーション編」を描いた「テレビアニメ第3期」も含めると、すでに100話超の長編である。

だがSAOの魅力はこうしたメインストーリーのみならず、その派生の多様さにある。OVAアニメとしてのEE（Extra Edition）や小説のみで展開されるサイド・ストーリー、スピンオフ作品がありつつ、主人公が変わった「GGO編」もまたアニメとして存在している。劇場版2本とスピンオフも入れると、小説でも約50冊、アニメで120話を越え、50時間近くの大長編物語となる。

盛り上がりのピークとなったのは一世を風靡《ふうび》した劇場版アニメ『オーディナル・スケール（OS）編』（2017年）で、新しいAR空間のアリシゼーションが描かれているところなど、時系列に配慮しながら丹念に描かれ続けるキリトとアスナの物語である。

長く愛される理由は「キャラ・ストーリーの構造」

興味ない人には複雑の極みだが、ファンにとっては考察や議論を重ねずにはいられない、この上なく歯ごたえのある深みになる。[01] 他で展開されるシリーズものと比較しても、キリトとアスナという主人公の柱がしっかりしているため、10年続いているわりには比較的シンプルに、整合性をもって〝運営〟され続けている作品とも言える。

作品の長期運営の難しさは容易に想像がつく。『サザエさん』にしても『ドラえもん』にしても、延々とストーリーを紡げるのはキャラクターと関係性を固定して、場所と物語だけをどんどん変遷させていくオムニバス形式ゆえだ。

だが、そこに登場人物の成長やゴールへの達成といった「変化する指数」を入れると、「今、悟空は戦闘力何兆なのか」とか、「日本一になった大空翼は読者の興味が届かない南米・イタリアを舞台にどう話を持たせるのか」とかの、〝運営しづらい〟要素に突き当たってしまう。商売を重視しすぎて物語が〝殺される〟事例もあれば、物語をきれいに完結させようとするあまりにブームの火付けが間に合わない・認知度のわりに商売になっていない事例も枚挙に暇《いとま》がない。

このような難しさを超えたところにSAOの凄さがある。ここからは、SAOのキャラクターが生み出した経済圏について解説していく。

01　Satomi Saito 2015 “Beyond the Horizon of the Possible Worlds: A Historical Overview of Japanese Media Franchises” Mechademia 10 University of Minnesota Press

累計1000億円「SAO経済圏」の凄さの秘密

これまでにSAOで展開されてきたノベル、マンガ、映画、家庭用ゲーム、モバイルゲーム、関連グッズの売上などの一般データを基に推計してみた。

図表5－5がそれであり、図表5－4で示した重層的なストーリーにファンを巻き込みながら、どれほど関連グッズや毎日のゲームログインでデジタルアイテムを消費させてきたかという定量的なデータも付け合わせると、商売も含めた「キャラクタービジネス全体像」が理解できると思う。

（あくまで推計データだが）こうして見ると、2012年アニメ化時点では50億円にも満たない経済規模だったものが、「読者／視聴者」自体は少しずつ減らしながら、より深く作品にコミットするファン層が純化していき、一世を風靡した劇場版アニメ「オーディナル・スケール（OS）編」（2017年）のタイミングをピークに、200億円を超える市場を形成していたことが分かる。

この年は劇場版1作目かつオリジナルストーリーというタイミングに合わせ、一番の収益源であったモバイルゲームも「コー

図表5-5　ソードアート・オンラインの推定キャラクター経済圏

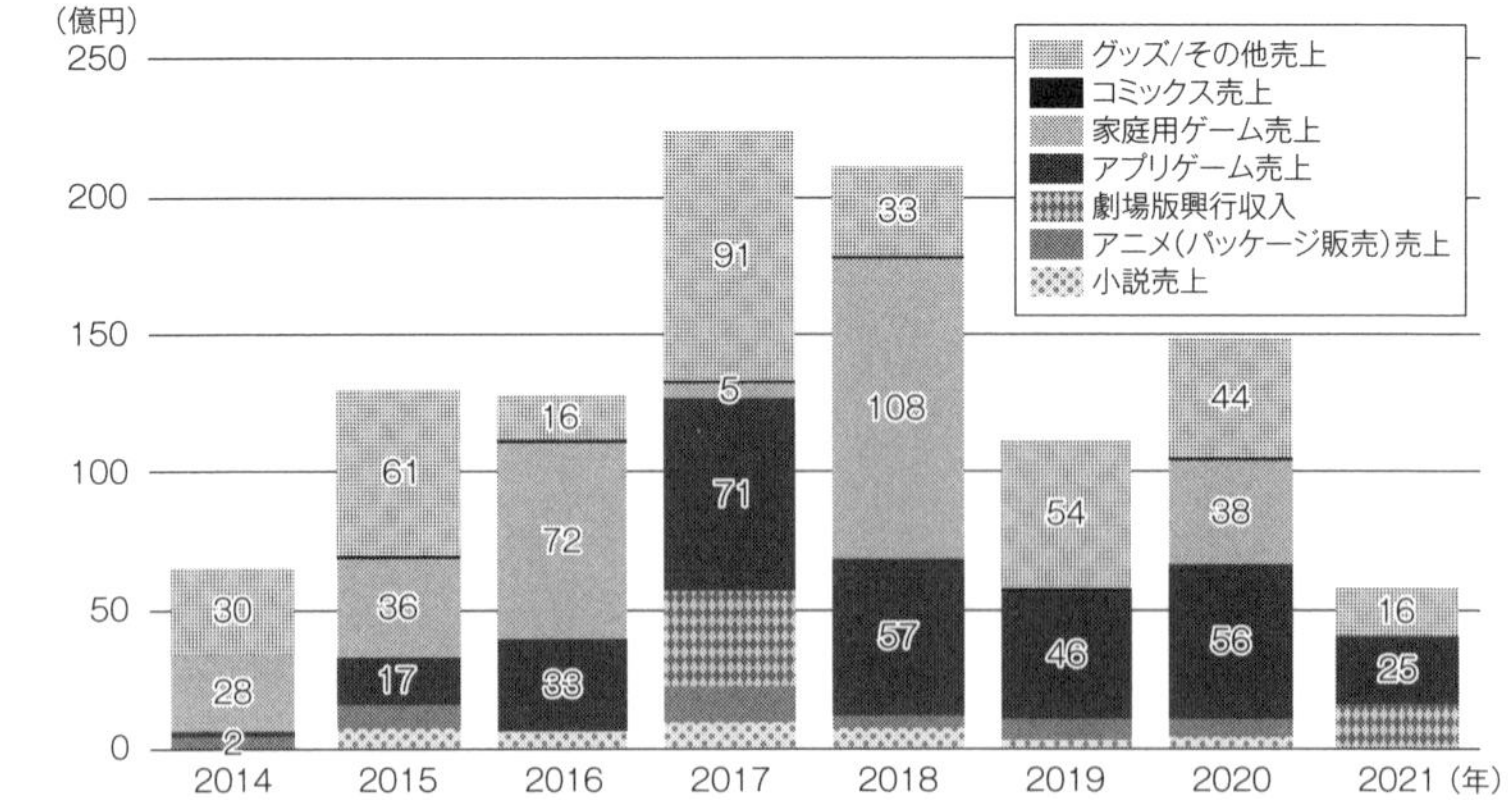

(出典：各種情報ソースから著者作成。グッズ売上は2017年広義のアニメ市場からアニメパッケージ：グッズ・その他＝1：7でパッケージ販売枚数から推定)

ド・レジスタ」「メモリー・デフラグ」「インテグラル・ファクター」という3つのタイトルが同時に運営されていた時期であり、翌年から始まるアニメ第3期のリニューアルに向けた集大成のような年であった。

『名探偵コナン』に共通する作品展開のカラクリ

映画館でアニメがかかれば市場は増大する、という単純な話でもない。他の作品を研究すると、テレビアニメで火はついたが劇場版でむしろガッカリされてファンが離れる事例も少なくない。

SAOの劇場版OS編は国内33・5億円という興行収入も大きかったが、中国でも800万ドル、米国でも1500万ドルとそれなりの数字がついて「国内6割、海外4割」という売れゆきだ。その成果と言えるか、2019年も200億超の経済規模を維持できたのは家庭用ゲームの「フェイタル・バレット」のお陰で、国内で20万本足らずだったが、海外は120万本と爆発的に売れている。

OS編は図表5-4で分かるように完全に新しいストーリーで、既存作品を見ていない新規ファンにもSAOワールドを楽しめるものでありつつ、既存ファンにも新たに深掘りすることができる要素を加味した、「原作ストーリー展開の初出しが小説でなく映画で行われる」といった両方のユーザーに満足度の高い作品であった。

本来、ノベル・コミックから始まった作品は、新たな進展はそこだけで済ませて劇場版アニメは「総集編」として過去あったことをまとめるだけというケースも少なくない。

例外は『名探偵コナン』で、まさにそこが秀作たるゆえんなのだが、原作のコミックでも縦糸・横糸を繰りながら、劇場版にも秘密を進展させゴールに近づける要素をきちんと配置し、網羅的に複数のメディアをカバーすることで作品を再発見できる要素に満ち溢れている。

SAO劇場版はこの点が受けた理由でもある。当然ながら、これは開発のタイムラインも時には関係者すら違うテレビアニメ、劇場版アニメ、小説、コミックス、ゲームそれぞれで適切に情報展開を行う、難易度の高い離れ業である。

大ヒット作が直面する「壁」、ファンを維持する戦略とは

だが盛者必衰、永続できるコンテンツなど存在せず、SAOもまた例外ではない。2019年頃から小説・コミックス・アニメ視聴はユーザー離れを起こし、収益は半減する。これはあくまで自然現象である。ドラゴンボールもポケモンも、このように自然とファンが別の作品に移ろうものであり、むしろどうやって再び視線を集めていくかで四苦八苦する。作品の維持は、まさに水面下でもがく白鳥のごとく、手練手管やりつくしたアイデアの残骸から、なんとか知恵を絞り出しもう一度人々の興味を取り戻そうという、苦中作楽のプロセスとも言える。

SAOにとってはそれが「リブート」であった。(1)のアインクラッド編で最も人気があ

った浮遊城のシリーズを取り上げ、描かれなかった視点・端折《はしょ》った物語を再び丹念に描き込むものであり、古いファンは歓喜した。小説では２０１２年から並行して出版され、２０２１年の劇場版『劇場版　ソードアート・オンライン　―プログレッシブ―星なき夜のアリア』で映像化が始まっている。

だが2作目の劇場版となる同作は興収13億円と前作の半分、欧米の各国興収も、おおむね前作の半分で経済圏全体の動きとも符合する。なんとか底はうったが、ピークの5年前に比べると視聴者数は3分の1、市場規模は半分を保ち、ここからどう盛り返すかといったタイミングに見える。

２０２２年はアニメ10周年プロジェクトということもあり、なかなかの力の入れようである。9月10日には『劇場版　ソードアート・オンライン　―プログレッシブ―冥き夕闇のスケルツォ』が上映された。ノベルだけ、マンガだけという単一商流の作品に比べて、こうしたアニメ化・ゲーム化・商品化巻き込むメディアミックス作品は、消化も早く永続性の難易度は格段に上がる。だからこそ世界中から多くの視聴を集め、数百億の経済を生み出せるが、物語としては当然諸刃の剣となることも多々ある。そういった「キャラクター経済の運営」という意味でも、今後のＳＡＯにはぜひ注目したい。

黎明を開いた「うたの☆プリンスさまっ」、音楽家と声優が生み出した「ライブするためのIP」

「うたプリ」誕生後、ブロッコリー社の快進撃

「うたの☆プリンスさまっ（以下、うたプリ）」は、2010年にブロッコリー社から発売された女性向け恋愛シミュレーションゲームだ。CDをはじめ、アニメ、ゲームとメディアミックス展開されている。

うたプリを生み出したブロッコリー社は、1994年に木谷高明《きだにたかあき》氏（現：ブシロード代表取締役社長）が設立、同人誌即売会「コミックキャッスル」のイベント運営に始まり、「ゲーマーズ」という小売店舗業態を展開してきた。

2000年代は受難の時代で、「タカラ」→「ガンホー」と株主が移り変わり、2007年の創業者木谷氏の退任後、ゲーマーズの競合店でもあったアニメイトの資本が入り、赤字経営が続いていた中で成長性の低い小売事業からの撤退が決まる。夜明け前が一番暗い。うたプリがリリースされる2010年6月前後のブロッコリーの株価を見るとかなり厳しい状況であっ

たことが分かるが、そこからの逆転劇はすさまじいものがある。

うたプリのゲームソフトが発売されて以降、アニメ化などの横展開により徐々にブロッコリーの売上は改善していく。うたプリのアニメ1期（2011年7〜9月）が終わる頃には時価総額は20億円超え、アニメ2期（2013年4〜6月）には100億円超えとなる。

その後のアニメ3期（2015年4〜6月）で200億超え、アニメ4期（2016年10〜12月）で遂には時価総額300億円にも達した。まさに「うたプリにとって良いことは、ブロッコリーにとっても良いことだ」とGMと米国経済ばりの蜜月の時代をともにし、成長の軌跡を同じくしてきた。その後は2017年夏をピークとし、2年かけて100億程度まで落ちつき、現在に至る。

単純な積み上げで言うと、うたプリというコンテンツ自体が100〜300億円といった価値で評価されてきたとも言える。ブロッコリー自体の所有は、その後アニメイトから2015年にバンダイナムコグループの玩具卸最大手ハピネットに変わり、2023年9月に上場廃止し、ハピネット子会社となった。

そんなうたプリの成功には、原作・楽曲を手掛けた音楽クリエイター集団Elements Gardenの上松範康《あげまつのりやす》氏の存在が大きい。これまで『ETERNAL BLAZE』（水樹奈々／『魔法少女リリカルなのはA's』OP）や『深愛』（水樹奈々／『WHITE ALBUM』OP）など、人気楽曲を数多く手掛けてきた業界の超重要人物である。

上松氏は、うたプリで何を仕掛けたのだろうか。ここからはうたプリが人々を惹きつける理由を考察したい。

大ヒットの秘密、上松範康×水樹奈々による〝発明〟とは

本来、コンテンツは「マンガ」→「アニメ」→「グッズ」といった展開が一般的である。ただ、うたプリには原作となるマンガは存在せず、当然ながらアニメ化も定かではない1つの企画としてゼロから始まったものだ。現在においては当然であっても、当時、「女子向けキャラクターコンテンツ」はまず企画として通りにくかった時代、しかも音楽家である上松氏が推進したという点はあまりに異色である。

「声優をオマージュする形でキャラ設定を行う」という点が、この原作の過去類例のない特徴である。すでに多くのアニソンを声優と作ってきた上松氏ならではの、「あの」声優が歌うならこういうキャラだ、という従来とは異なる設定づくりを行ったのである。実際、『アニソン・ゲーム音楽作り　20年の軌跡～上松範康の仕事術～』（主婦の友社、2018年）において、

図表5-6　ブロッコリー社の事業収益とコンテンツ別売上シェア

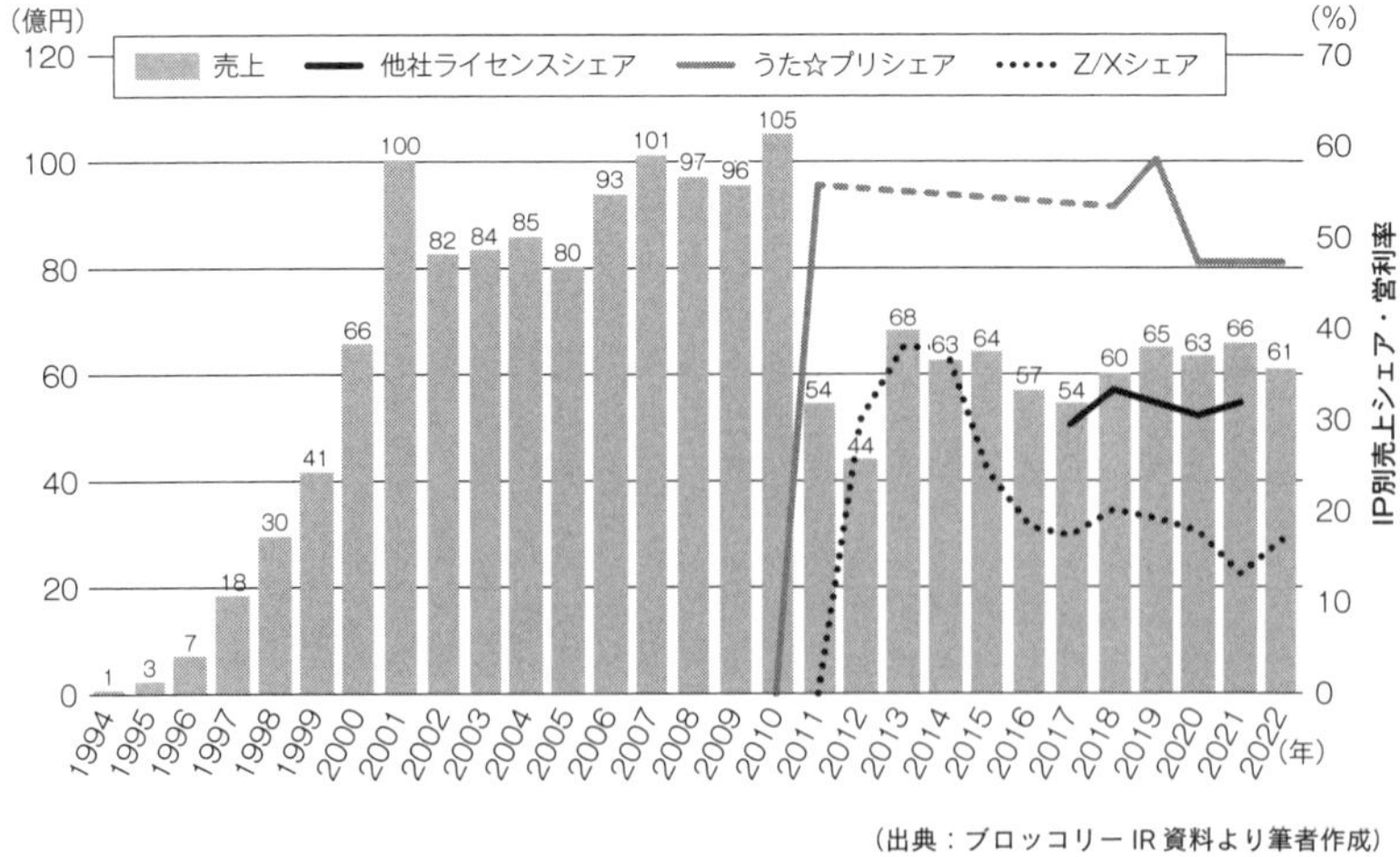

（出典：ブロッコリーIR資料より筆者作成）

上松氏は「声優の皆さんにはできるだけ純度を高めた生命を吹き込んでもらう。そうして生まれたキャラクターたちには尊さが宿る」と語っている。

また、上松氏がその後手掛けたテレビアニメ『戦姫絶唱シンフォギア』もそうだが、「楽曲とライブシーンをゴールとした原作」という入口自体が1つの発明品だったと言える。

上松氏がこうした野心的な動きをできた理由は、アーティスト水樹奈々氏が築いてきた道と切っても切り離せないだろう。もともと2000年代前半にキングレコード経由で水樹奈々氏に提供した『ETERNAL BLAZE』（『魔法少女リリカルなのはA's』のOP）が2005年にオリコンシングルチャートで初登場2位、声優単独名義として当時の最高位のヒット作となった。やがて2009年7月に声優初のドームコンサート（サイズが大きいため、普通のアニソンライブにはありえない西武ドームで数万人の集客を実現）、そして遂には声優初の紅白歌合戦への出場を果たすところとなる。

〝声優〟と〝アニソン作家〟としては異例のスターダムを上り詰め、記録を築き上げてきた実績こそが、うたプリという前例のない野心的プロジェクトを推進できた背景であるように思う。

タイミングも良かった。2000年代後半は、ちょうど「女性向けアニメのビッグバン」が起こった時代でもある。『金色のコルダ』（2006年）や『夏目友人帳』（2008年）、『薄桜鬼〜新選組奇譚〜』（2010年）などがヒットした時代になる。

2007年に女性向け恋愛ゲーム専門ブランド「オトメイト」が誕生し、MIXI、Pixiv、ニコ動、TwitterといったSNSインフラが、それまで〝潜在〟していた女性アニメファンの存在を浮かび上がらせ、コンテンツメーカーがその対象に向けた作品を創り上げるようになる。[01]

音楽家原作の2作のコンテンツにアニメ出資を決めたキングレコードの三嶋章夫氏は「上松範康のような音楽家、もう二度と現れないと思いますよ。時代の流れみたいなものはあったとは思うけど、こんな短期間に、音楽の力でひとつの業界を動かした作曲家は他にいない」と語っている。[02]

うたプリ650億円経済圏、絶頂期はいつ頃だったか？

最初に展開された商品は2010年6月、日本一ソフトウェア社が開発するPSP（プレイステーションポータブル）向けの恋愛アドベンチャーゲームだ。その1年後となる2011年7月からアニプレックスのアニメ制作会社A-1 Picturesでアニメ化が実現。製作委員会にはキングレコード、MAGES、ムービック、MAPといった企業が名を連ねる。2期（2013年）、3期（2015年）、4期（2016年）とアニメ化は続き、その先に劇場版として2019年と2022年の2回、興行がなされている。

並行して2012年から毎年2回ほどの定期的なライブ公演が実施され、2017年からは同様に年2回ほどいわゆる「2・5次元舞台」も展開される典型的な「メディアミックスプロジェクト」であった。こうした展開の成果もあって、第二弾ゲームの『Repeat』（2011

01　「アニメ界はいつ『女性』を発見してきたのか：アニメライターが見つめてきた30年間の発展の軌跡」gamebiz、2022年9月8日

02　上松範康『アニソン・ゲーム音楽作り　20年の軌跡～上松範康の仕事術～』主婦の友社、2018年

年）は15万本を超える大ヒットとなった。『Debut』（2012年）、『All Star』（2013年）と売上を伸ばしていき、一大コンシューマーゲームシリーズとなっている。

うたプリが「SNS炎上」を招いた理由

しかし、そこから10年もすればコンテンツは原作者や制作会社の手を離れ、ファンのものになる。それをまざまざと感じたのは2023年4月1日に起こった炎上事件であった。

男性向けの女子アイドルユニットとして『うたの☆プリンセスさまっ♪ BACK to the IDOL』（通称：バクプリ）が発表されると、Twitterでは否定的なリプライ・リツイートが渦を巻く。

男性向けブランドがファンたちの期待とは異なる展開だったのかもしれない。10年強「プリンスさまっ♪」を支えてきたファンにとって、アニメ・劇場版続編であれ、ゲームの3D化であれ、期待に対する「運営の答え」が自分たちの求めていない方向に向かった瞬間、明確なNoを突き付けることもある。

図表5-7　うたの☆プリンスさまっ♪の推定キャラクター経済圏

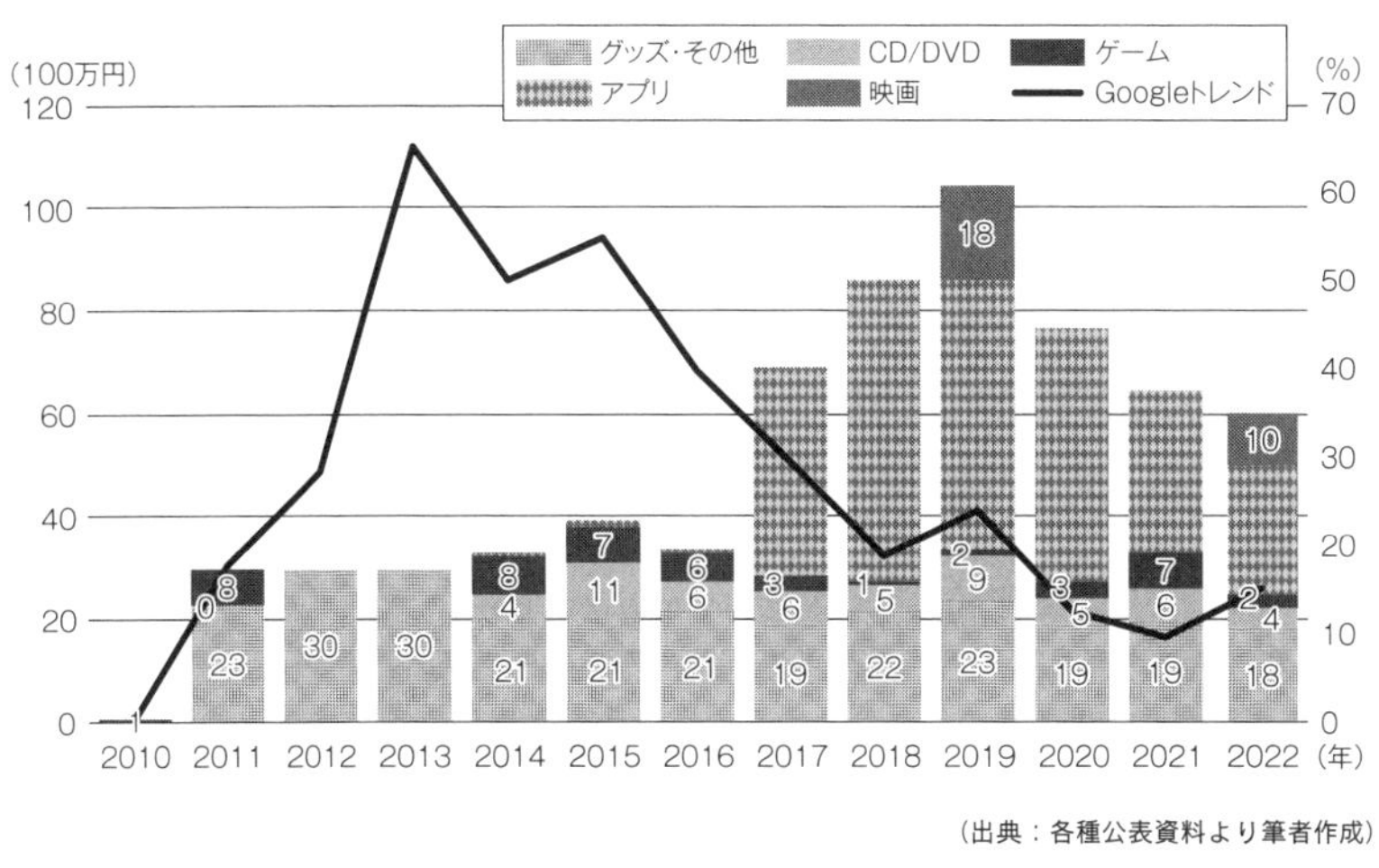

（出典：各種公表資料より筆者作成）

原作者がどう作っていきたいか、というフェーズは過ぎ、今やオーナーシップを持って「支えてきた」自負を持つ数十万のファンの意向は、コンテンツの向かうべき方向性に大きな影響を与える。

ただ、直近は、ハピネット傘下の新体制となり、2023年3月のコロナ明けに久々となったSSS（Shining Star Stage）のライブで「再燃してきました」というファンも多い。女性向け音楽コンテンツ開祖でもある本作にかけられた期待は新体制でどう転じていくのか、まさに今、ハピネットとブロッコリーが、原作者とともに沈思黙考しているタイミングだろう。

捨ててはじめて見えた世界。版権フリーで地方創生を実現した　くまモン

終わりゆく「ゆるキャラブーム」

「ゆるキャラ」という言葉ができてすでに20年近くになる。この言葉は1980年代から商品・企業で盛んに用いられたマスコットキャラという言葉の改変であり、「ゆるいマスコットキャラ」としてエッセイストのみうらじゅん氏が2004年に商標登録したものだ。折しも、キャラクタービジネスで世界を冠していたサンリオ社が「シナモロール」（2001年）、追いかけるサンエックス社が「リラックマ」（2003年）を作り上げた時期である。

だが、本当の「ゆるキャラ」ブームはそこからしばらくした2007年、その前年にデビューしていた滋賀県彦根市「ひこにゃん」が彦根城築城400年祭での集客を成功させてバズったところから始まる。

その後、各地方自治体が、地域おこし・観光イベント・PRのためにご当地キャラを量産していくようになり、それは2010年からスタートしたゆるキャラの地域貢献度などを競う

「ゆるキャラグランプリ」の創設にもつながった。

だが、粗製乱造されるバブル市場は弾けるのが世の常というもの。その後、ゆるキャラグランプリのエントリー数は２０１５年にピーク（１７２７体）を迎える。なお、その年は６９５万票という過去最大の得票数で、静岡県浜松市のゆるキャラ「出世大名家康くん」が1位を獲得した。

だが、Ｇｏｏｇｌｅトレンドで「出世大名家康くん」の注目度を見てみると、ゆるキャラグランプリ創設当初の人気キャラである「くまモン」の足元にも及ばぬ状況。倍々ゲームで伸びる投票数とは反比例に、一般ユーザーの熱量はこの２０１５年あたりから急速に冷めていくのだ。

それもそのはず、２０１８～２０１９年頃になると、「ゆるキャラ」投票は社会問題化し、ある自治体では本来の職務を忘れた市役所職員が工作活動にまで手を染め、その多くが組織票・不正投票であった事実が取り上げられるようになっていた。

行き過ぎた「ゆるキャラ」ブームは、その目的をはき違える事例にまで発展し、そして10年間多くのキャラクターのデ

図表5-8　Google トレンドから見るゆるキャラ人気の変遷

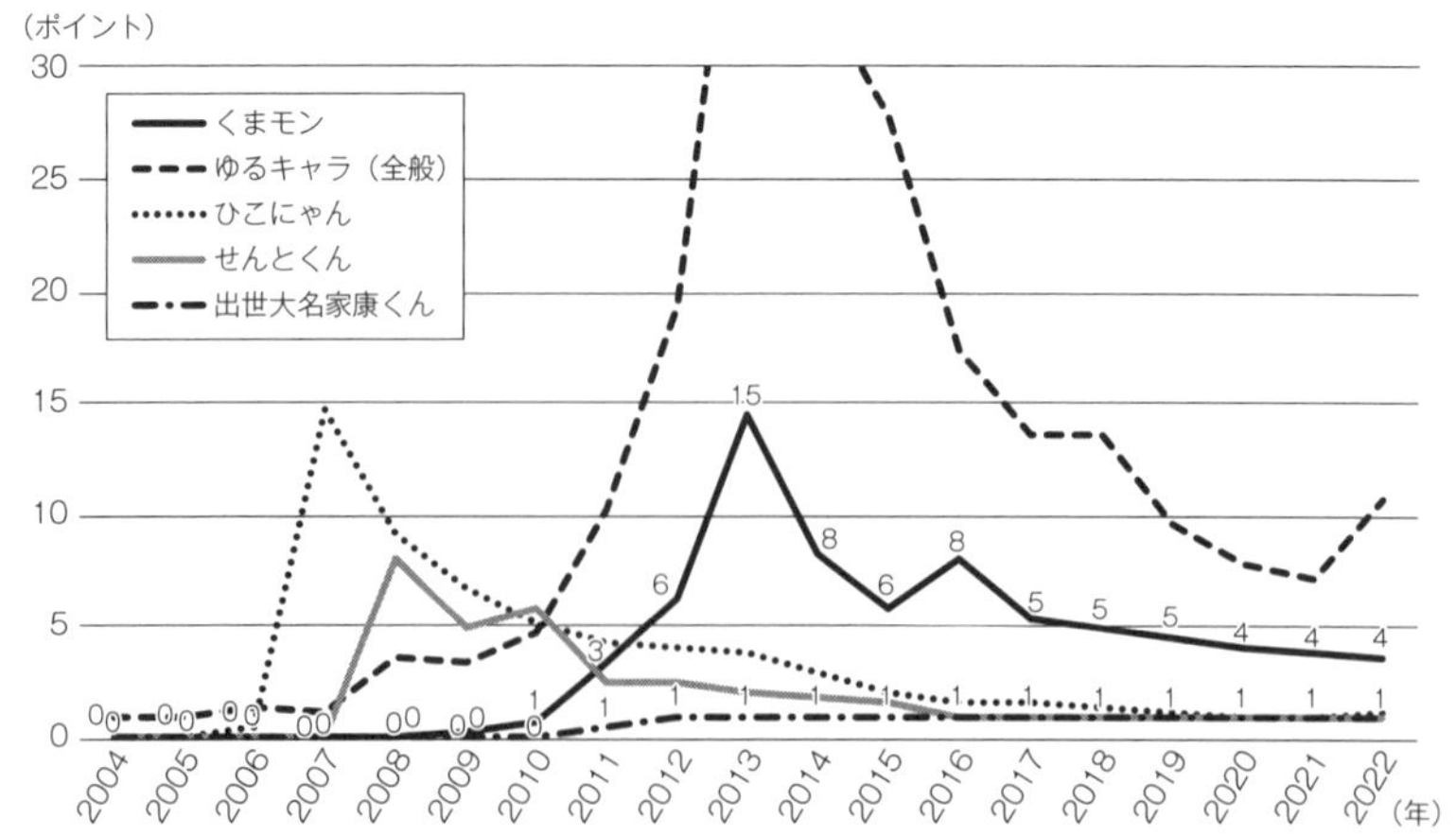

※ Google トレンドは2004年1月からの月別相対指標値を年平均で割り戻したものを計上

（出典：Google トレンドより筆者作成）

ビュー装置として機能してきた「ゆるキャラグランプリ」も第11回目（2020年）で幕を下ろすことになる。そんな地方ゆるキャラブームの唯一無二の生き残り、それが第2回ゆるキャラグランプリ（2011年）で1位を受賞した「くまモン」である。

くまモンの成功要因（1）：破格の予算

くまモンの成功要因はいくつかある。1つは熊本観光産業の〝危機感〟である。2011年3月にJR九州は新幹線の路線を延長し、福岡〜鹿児島までを開通させた。これは福岡や大分、長崎、鹿児島に対して知名度が低かった熊本県にとってはチャンスのように見える一方、知名度の差がさらに広がり余計に〝素通り客〟を増やすのではないかといった懸念もあった。

そうした危機感から、熊本県天草市出身の脚本家・小山薫堂《こやまくんどう》氏の発案により、九州新幹線全線開業をチャンスに変えるべく、熊本の日常にあるサプライズで観光客を楽しませる「くまもとサプライズ」運動がスタートした。そして、このくまもとサプライズ運動のPRキャラクターとして、小山氏とデザイナー・水野学氏が共同制作したのがくまモンであった。

そして2010年3月に生まれた、この海のものとも山のものともしれないキャラクターに、熊本県は8000万円の宣伝費を予算確保する。新幹線開通のタイミングでの「観光PR予算」だったからこそ、ゆるキャラとしては破格の宣伝費をかけられた（ちなみに「家康くん」は浜松市が1700万円を投入している）。

くまモンの成功要因（2）：抜群の企画力による「話題作り」

そしてなにより際立っていたのは企画力だ。熊本県は「初めて」「唯一」「トップセールス」の要素にこだわり、話題づくりに注力したのだ。

たとえば、2010年8月に関西国際空港で開催された「関空夏まつり」でひこにゃんとコラボ出演、同年10月には近畿エリアのローソン内の熊本アンテナショップにおいて、（当時）ローソン社長の新浪剛史《にいなみたけし》氏・熊本県知事・くまモンが共演、さらに2011年1月には「吉本新喜劇」に熊本県知事・熊本県の宣伝部長であるタレントのスザンヌ氏とくまモンが共演している。

加えて、Twitter上ではくまモンのゆるくシニカルなギャグのツイートが席捲しメディアにも大きく取り上げられた。この期間の広告効果はなんと6・4億円（ちなみにせんとくんの2008年広告効果は15億円、2018年までに奈良県にもたらした経済効果は2105億円とも算出されている）。

■くまモンの〝キャラクター性〟が垣間見えるツイート例

熊本県は、くまの手も、借りたいらしい。
来てくれないから、売りに来た。
デスクワークより、フットワーク。

これは、出没ではなく、出張です。
願いは熊モテ県♡
ゆるキャラから、売るキャラへ。

結果として、くまモンは2011年3月までの約1年で宣伝費予算の8倍近い効果を上げ、それが2012年2月のゆるキャラグランプリ第2回優勝につながったことは間違いない。そして優勝を機に、多くのマスメディアが取り上げ、2012年からその経済圏は加速度的に増していくことになる。[01]

くまモンの成功要因（3）：商品ライセンスの無料化

3つ目の成功要因は「商品ライセンスの無料化」である。現在では多くのゆるキャラがそうしているが、当時くまモンほど思い切って無料化をしたキャラは珍しかった。それでも申請は受け付けて監修はするため、どのくらい製品が作られ、売られたかはある程度把握できる（結果報告するケースが半分くらいなので、実際はこの2倍くらいと言われる）。

くまモンに関わるグッズの総額販売金額は図表5－9のようになる。デビュー翌年の2011年が累計25・5億円、400社ほどの事業者が約2000品目のライセンス申請を行い、それぞれの商品あたり100万円、事業者あたりで500万円ほどの商品（食品・飲食系が8割

01 熊本県庁チームくまモン『くまモンの秘密―地方公務員集団が起こしたサプライズ』幻冬舎、2013年

に及ぶ）を出荷されている。

２０１２年には２９３・６億円とたった1年で10倍以上に膨らみ、それ以降も順調に伸び続け、この10年間での累計関連商品売上はなんと1兆１３４１億円、経済圏の規模で言うと「リラックマ（２００３年〜）」や「ウルトラマンシリーズ（１９６６年〜）」、「アングリーバード（２００９年〜）」といった世界的キャラクターと同規模サイズとなる。[02] そして経済圏が拡大するとともに、Ｔｗｉｔｔｅｒのフォロワー数も比例して伸びていっている。

ちなみに熊本県のライセンス担当も無料とはいえ、この商品数をまわすのは本当にしんどいはずだ。途中で３名から９名に増員している。[03]

なぜくまモンだけが儲かる？ 収入ゼロで1兆円経済圏のからくり

このくまモンが生み出した1兆円という金額をどう見積もれば良いのだろうか。２００７年の「ひこにゃん」は関

図表5-9　くまモンの推定キャラクター経済圏とTwitterのフォロワー数の関係

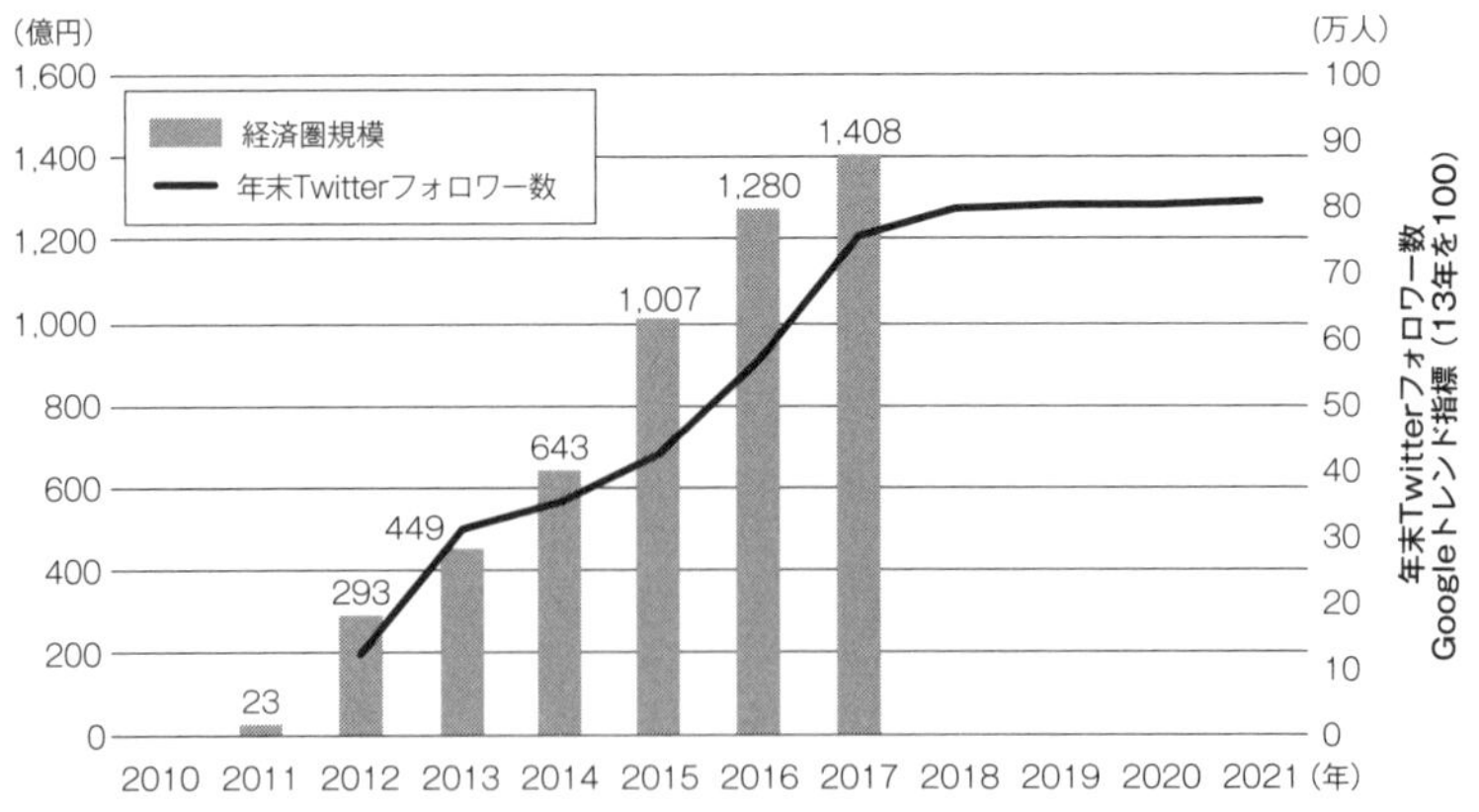

（出典；各種データより筆者作成）

02　https://en.wikipedia.org/wiki/List_of_highest-grossing_media_franchises

03　チームくまモン『くまモンの成功法則―愛され、稼ぎ続ける秘密』幻冬舎、2018年

連商品17億円、ナンバー2の人気と言われた奈良県の「せんとくん」もまた有名だが、13億円（2009年）、17億円（2010年）ときて、翌年に2億円（2011年）に急落して以降は1億円にも満たない関連商品の売上となっている。04

つまり、ゆるキャラ数千体のうち、3位のせんとくんで累計50億円に満たず、2位ひこにゃんでも推計数百億円の中、1位のくまモンだけが累計1兆円を稼ぎ出したことになる。ただ経済圏としてのこの数字に個人的に驚きはない。1位、2位、3位というポジションによる認知度の差が1桁ずつ違う、というのはコンテンツ業界にはよくある話だし、そのくらい人々の関心というのは不平等に配分されているものだからだ。

さらに言うと、せんとくんのように、3年目でブームが消え去ると突然年収10分の1以下、というのもほぼ納得できる。一発屋芸人の年収推移に近い傾斜なので、我々が日常的に「流行っているもの」への忘却の傾斜は、この重力度数が〝自然〟とも言える。だからこそ定期的に数百億円といった市場が10年単位で維持されているということ自体の「異常」さが際立つわけで、それはデザイナーやマーケター、組織による努力のたまものなのである。

もちろん中身の精査も必要だろう。くまモン関連商品のうち食品割合が高く、総額のうち食品を除く関連グッズの売上が1～2割程度となっている。なぜ食品の割合が高いかというと、普段は単価が低くコラボしにくい食品がライセンス料が発生しないくまモンに殺到したために金額が膨れやすくなっているのだ（日用品である食品はライセンスがなくてもある程度流通する）。

その点を加味すると、正確なくまモンの経済圏の規模は、1兆円の2割で累計2000億円

04　FNNプライムオンライン「『せんとくん』のライセンス料収入が年々減少。奈良県の担当者に聞いてみた」（2018年5月）の奈良県ライセンス収入を3％から逆算した商品出荷売上総額

程度で見ておくことが妥当そうだ。こうなると「どうぶつの森」や「カンフーパンダ」などと近いサイズになる。

一発屋キャラの限界3年を超えられた理由

図表5－8に見たようにGoogle検索のピークは2013年で、これは発火点であると同時に、最もゆるキャラと縁遠い層までもが関心を向けた時期とも言える。

この時期のくまモンの活動を振り返ると、天皇皇后陛下（現・上皇上皇后陛下）御前でのくまモン体操、NHK紅白歌合戦出演に加え、雑誌『AERA』の企画「現代の肖像」に、人間ならざるもので選ばれている（ミッキーマウスに次いで史上2〝匹〟目）。また、海外にもその露出は展開し、2013年にジャパンエキスポ参加、テディベアコラボやハーバード大学での講演、2014年にバカラ、2015年はライカ・カメラ、F1レースのル・マンやカンヌ映画祭などに出演。商標問題などがクリアされ、海賊版の摘発などをしながら、海外販売の全面解禁は2018年1月。そこからはロイヤリティも徴収する形へと変わっている。

図表5－9で見ると、経済規模と連動して、ツイッターのフォロワー数は2017年まで順調に年20万人規模で伸びている。経済圏規模≒露出の総面積とも言えるため、この1400億円分の視聴面を確保していた結果としての認知の増加と捉えても良さそうだ。

逆に増えなくなった2018年以降は、同じTwitterで「ちいかわ」が115万、

「シナモロール」が78万、「すみっコぐらし」が44万と考えると、一ゆるキャラとしての認知限界点にまで至っているという点と、流行から7年という寿命限界にも至っている点などが想定される。

つまり、「くまモン」は２０１０年誕生から他ゆるキャラの10倍規模の宣伝予算をはずみぐるまにして、熊本県の「危機」を組織の結集力として用いながら観光ＰＲキャンペーンにのせ、ゆるキャラグランプリ１位をとった２０１２年頭まで走り抜けた。

そこからは商品化無料という武器に加え、キャラクター性の強いツイッターバズによって日本全国に露出面を広げ、一発屋キャラの限界３年の２０１３年をやすやすと乗り越え、ヒットキャラの寿命を7年まで延ばし、商品化売上を年１４００億まで拡大し続けた、この20年間の死屍累々《ししるいるい》のゆるキャラ史で唯一無二の生き残りクマ、と言える。

すみっコぐらしのささやかならざる大規模経済圏

「すみっコぐらし」とは

「すみっコぐらし」は2012年にサンエックスに所属していたデザイナー、よこみぞゆり氏によって生み出されたキャラクターである。学生時代にノートの隅に描いた落書きがもとになっており、「すみっコ」というコンセプト通りに、「とんかつの身が入っていない端っこの脂99%」「食べ残されるエビフライのしっぽ」「ミルクティーで最後に残ったタピオカ」など、すみっこに生息する「取り残された小動物」「余りもの」「残りカス」がキャラクター化したものである。

よこみぞ氏自身が、周りにある派手で明るいキャラクター群に共感できなかったこと、自身も含めて「すみっこが好き」な日本人の特性に合致するとし、毎年社内コンペ&店頭アンケートで選出するサンエックス社の新キャラ候補がちょうどいなかったタイミングも幸いし、商品化が決まった作品である。入社2年目のデザイナーとしては異例の抜擢であった。

そうした経緯もあるのか、サンエックスをあげてプロモーションしていく、といった力の入れようは感じられず（キャラクター・世界観としてもまさにそれが合っていたのかもしれない）、その成長はまことに慎ましやかなもの。

2014年3月に発売されたキャラブック『すみっコぐらし　ここがおちつくんです』（主婦と生活社）は12万部というヒット商品になり、同年11月のニンテンドー3DSのソフト『すみっコぐらし　ここがおちつくんです』（日本コロムビア）もわずか1カ月で10万本が売れ、2014年に入って火がついてきた感触はあった。

しかし、この当時であっても年間の経済圏総額は16億円。2015年に入って始まった公式Twitterが半年で10万フォロワーとなったが、それらを総合しても「数十万人が認知していて、数千円のグッズを購入する人が10万人」といううまだまだニッチなキャラクターコンテンツだったと言える。

「ONE PIECE」と肩を並べるすみっコぐらしの人気

すみっコぐらしの特徴は「派手さはないがコンスタントかつ永続的な成長」だろう。そもそも「Twitterが月数万人増加した」といったような急激な跳ね方をしたことすらないのだ。Twitterのフォロワーの推移を見ると、8万（2015年末）→14万（2016年末）→18万（2017年末）→21万（2018年末）→27万（2019年末）→33万（2020年末）↓39万（2021年末）↓46万（2022年11月現在）と、面白いほど単調に毎年増え続けている。

Googleトレンドを見ても、後述するすみっコぐらしが生み出した経済圏の規模を見ても、すべてが同じ〝緩やかな〟傾斜を描いており、まさに口コミが口コミを呼んで、ひっそりとかつ堅調に伸びてきている。まるで「うさぎと亀」でいう亀のようなキャラクターコンテンツである。

そして誕生から8年目、すみっコぐらしは、その年の国内最高のキャラクターを選出する経産省後援の賞である日本キャラクター大賞2019でグランプリに輝く。これは、「ポケットモンスター」や「ONE PIECE」「妖怪ウォッチ」などが受賞してきた栄誉ある賞で、続く2020・2021年は「鬼滅の刃」、2022年は「ちいかわ」がグランプリ受賞となっていることを前提にすると、すみっコぐらしもここまでの規模のキャラクターとなったかと壮観ですらある。

たれぱんだ・リラックマも生んだ「サンエックス社」の実力

同コンテンツを展開するサンエックス社は、実は相当な老舗企業で、その創立は1932年。神田にあった文具店向けの商店「チダ・ハンドラー」が1973年5月にサンエックスという現在の社名に改名した（ちなみに1960年設立のサンリオは絹製品販売の「山梨シルクセンター」を発祥とし、社名をサンリオに変えたのは1973年4月。つながりのありそうなこの2社は資本関係のない別の会社である）。

「ロンピッシュクラウン」（1980年）や「ピニームー」（1987年）など、同社のキャラクタービジネスへの参入は1980年代から進んでいたが、サンエックス社のブランドは1998年の「たれぱんだ」のヒットによって、はじめて確立されたと言えよう。1999〜2000年の2年間で700億円もの経済圏を生んだたれぱんだは、短期間とはいえ、近年のリラックマやすみっコぐらし級の最初のヒットであった。

これを皮切りにサンエックスは「こげぱん」（1999年）、「アフロ犬」（2001年）など続々とキャラクターを量産し、ついに2003年に「リラックマ」にたどり着く。リラックマは、サンエックス社にとっての「ハローキティ」（1974年に誕生したサンリオの主力キャラクター）のような大ヒットキャラクターであった。

とはいえ、サンリオと違ってサンエックス社は直販店舗も持たなければ、テーマパークも所持していない。純粋にキャラクターの絵を人気にし、その版権のみで商売する（部分的には自社での文房具やグッズ制作・販売もあるが）企業である。

ビジネスモデルが違う？　マンガキャラとゆるキャラ

思えばこうした「一点モノのゆるキャラ」はキャラクター業界の中では非常に特殊な位置づ

けを示してきた。その理由は、キャラクター業界のこれまでの流れを振り返ると、よく分かる。キャラクターの王道と言えば『週刊少年ジャンプ』を代表とするマンガ週刊誌があり、1980年代を中心に「マンガ連載スタート→アニメ化→キャラクタービジネス化」というプロセスを通じて巨大な産業を形成してきた。

また、キャラクター商社とも言えるバンダイが「機動戦士ガンダム」や戦隊シリーズなどを玩具にすることでこの市場に参入を進めた一方、任天堂は「スーパーマリオ」から「ポケモン」までゲーム発のコンテンツで参入を進め、市場は巨大化していった。「セーラームーン」や「プリキュア」など女性向けのキャラクターもまた、それまでの少年向けのノウハウを横展開したものである。

それでは「ハローキティ」や「たれぱんだ」、「リラックマ」のようなコンテンツは、この文脈の中でどう位置づけられるのか。これらは文房具やアパレル、贈答品といったグッズがメディアそのものとなり、世間に定着してきたキャラクターである。後にアニメ化やゲーム化もされてはいるが、人気の発祥はそこではないのだ。

ゆるキャラ急成長の理由、小売流通構造に起きた大変革とは

宇都宮出身の私は今でも覚えている。片田舎の近所にサンリオショップがオープンし、人が殺到していた1980年代。当時、ヤマダ電機もアニメイトもコンビニすらもなかった時代に、

誰かへのプレゼントを探しに出かけるのは、こうしたキャラクターグッズが置いてある「ファンシーショップ」だった。

デパートに行くには若干ハードルの高さを感じていたあの時代に、原宿っぽさが詰まったあの空間で、子供たちは浴びるように「キャラクター中心の商品を買うこと」に夢中になっていた。ファンシーショップが文化発信のメディアとして十分に機能していた時代があったのだ。

そうしたキャラクターたちはいつのまにか、ロードサイドを中心に出店する衣料品チェーン店「しまむら」の商品棚を席巻し、いつのまにか日本全国の土産物屋に立ち並んだり、スワロフスキーの装飾品にまではりつけられるようになった。

サンエックスが伸張した2000年代は、まさに「ゆるキャラ」が渇望された時代だったとも言えるのだ。ちょうど子供時代にめいっぱいキャラクター映像・玩具・ゲームを浴びた世代が20代となって可処分所得が増え、それらから卒業することなく、ちょっとしたキャラクターグッズや室内装飾品を買い始めた。

そしてゆるキャラにとっては何よりも「面」の広さが重要である。折しも地方の商店街、パパママショップを守るために大規模な店舗展開を禁じる大店法（大規模小売店舗法）は、「トイザらス」からシネコンまで商業施設の日本市場参入を目論む米国からの外圧によって1990年代に緩和され、2000年に廃止。この過程で、それまで地方における文化浸透の役割を担っていたデパートやファンシーショップは、ロードサイドの大型ショッピングモールや家電量販店・コンビニに変わる。

そして1990年代を通じてキャラクター版権の全国頒布とともに店舗集客のノウハウを蓄積したそれらの大企業が、がっつりと「ゆるキャラ」の力を活用していく。「リラックマ」の2003年からの急成長は、こうした小売流通の構造改革と時代的に不可分の関係にある。

すみっコぐらしのSNS時代だからウケる「キャラ設計」

2004年から爆発する「リラックマ」は、20年近くにわたって年間400億円の経済圏を維持し続けてきたサンエックスの誇るヒット作である。対する「すみっコぐらし」は冒頭にあるようにちょっと特殊な成り立ちがあり、図表5-10に見るように、その成長はGoogleトレンドと軌を一にしており、明確な大器晩成型である。面をおさえたプロモーション戦略の勝利ではなく、純粋なコンテンツとしての勝利パターンなのである。

「すみっコ」というディテールに注目するのは日本ならでは、だろう。慎ましく密やかに、さまざまな外敵に怯えながらも助け合って、という〝ムラ社会性〟はまるで日本そのものだ。3年ほどでピークアウトした「ぐでたま」との比較で見えてくるのは、「関係性というコンテンツ」の重要さである。

2010年代からは特に「主人公」を特定せずにキャラクター同士の関係性そのものを楽しむ「キャラクター群」コンテンツが大活況の時代に突入する。特に、SNSを中心に多様な関係性に言及できる面の広いメディアが浸透したお陰でもあるだろう、かつてなら複雑で余計にしかなりえなかったサブストーリーそのものが、むしろコンテンツに厚みを与え、ファンが深掘りして味わっていく重要な要素となっており、キャラクター作品はどんどん〝ユニバース化〟している。

この潮流を作ったのは、ゆるキャラ界では間違いなく「すみっコぐらし」であり、「ちいかわ」もそれを踏襲、最近ではむしろ「リラックマ」側が複数のくまを登場させ、すみっコの「群戦略」に近づける傾向も見られる。

すみっコぐらしの2400億経済圏

口コミ自然拡大型とは言っても、ただ流れに任せて成長してきたわけでもない。すみっコライセンス商品売上の25%を占める「玩具」は『すみっコパッド』『すみっコスマートウォッチ』（アガツマ）が2021年、『すみっコウォーター』（タカラトミー）『すみっコセルフレジスター』（アガツマ）が2022年の「日本おもちゃ大賞優秀賞」に輝き、純玩具として優れた商品も展開している。

図表5-10　すみっコぐらし、リラックマ、ぐでたま、ちいかわの検索ボリュームの推移

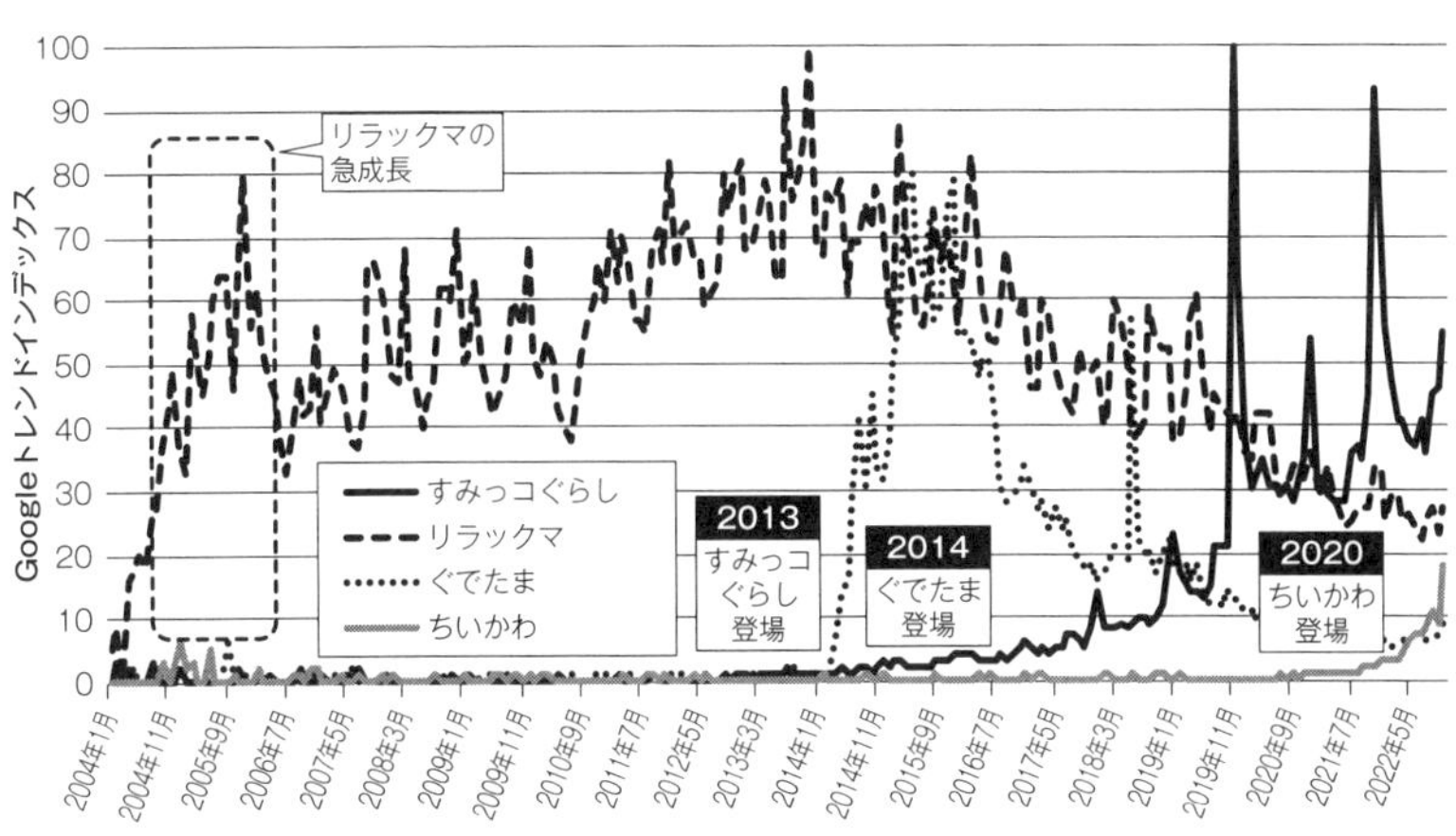

（出典：Googleトレンドより筆者作成）

なにより次に売上の大きい「キャンペーン」ジャンルは、リラックマ以来のサンエックスの多様な企業との版権関係性がインフラとして生きているものであり、コンビニから飲料・食品メーカー、金融や医薬品に至るまで、さまざまなコラボと期間限定キャンペーンにより、収益化と同時に露出面の確保を達成している。関連書籍で１３００万部を超える売上に至っている「出版」は驚異的な数字である。

堅調な成長の中にも大きなジャンプはある。２７０億（２０１９年）→４６０億（２０２０年）という倍近い成長は、明確に『映画　すみっコぐらし　とびだす絵本とひみつのコ』の成果と言えるだろう。１２０万人動員、15億円という興行収入はすみっコ全体から見ればそれほど大きなものではないが、「やわらか戦車」で有名なファンワークスらしく「すみっコ」の世界観を存分に反映したアニメ映像は、その版権を利用してさらに提携先を拡大させることに成功した。映像版権を利用して、出版や家庭用ゲーム、モバイルゲームにも展開され、サンエックスにとっては映像出資の実額以上のリターンを見込めた「成功事例」である。

２０２１年に公開された第２作も12億円の興収入となり、２０

図表5-11　すみっコぐらしの推定キャラクター経済圏

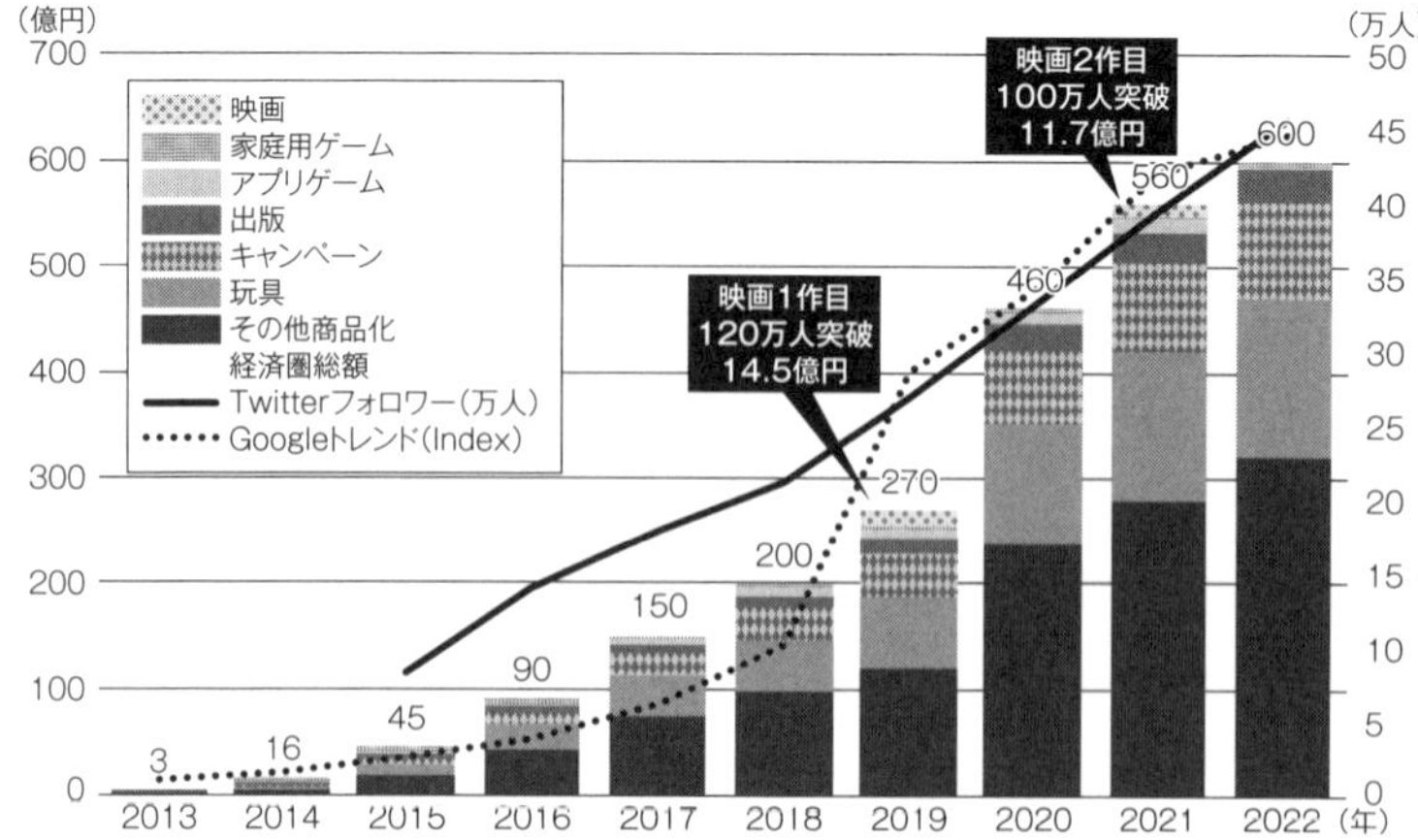

（出典：玩具25%・キャンペーン15%・出版10%という21年度ライセンス売上比率から概算）

22年はその2作目映像出資の刈り取りの結果として600億円もの経済圏が生み出された。この時点で初めてサンエックスNo．1のキャラクター商品は20年ぶりに「リラックマ」から「すみっコぐらし」へと禅譲がなされたというわけだ（リラックマは2021年に460億円）。

ちなみにマニアックな分析になるが、サンエックスはそのアライアンスで「古き良き長い付き合い」を大事にする傾向が透けて見える。家庭用ゲームは日本コロムビア、モバイルゲームはイマジニア、海外ライセンスはイングラム、それぞれ10年以上長く付き合う会社が同じジャンルで5本も10本も商品を展開する。ゲームの分野でそれらの会社は必ずしも一線級で活躍している企業、とはいえないが、地道にコツコツ出し続けながら、共存共栄をしている。

実はイマジニアは売上の半分をNTTドコモのスゴ得、auのスマートパスが占めていたガラケー向けコンテンツの老舗企業だったが、ここ3年で明確にスマートフォンにシフトし、Apple／Googleによるアプリ取引額が前述の2社を上回った。この文脈では「ライセンスアウトによる収益最大化」というよりも、「すみっコぐらしのライセンスインによって（苦手だった）スマホ領域にも事業ピボットに成功した」といえ、イマジニア側にも大きなメリットをもたらしている。

「みんななかよく」はサンリオの経営理念であるが、サンエックスもまた、同じ路線を感じさせる提携・拡大を続けており、ゆるキャラによるゆるキャラな経営戦略が実を結んで、取引先数百社も含めた一大〝ゆるくない〟キャラクター経済圏を築き上げた。海外アニメの子供向け動物キャラとは違った、この一風変わった「大人向けゆるキャラ」というニッチトップ作品は、今海外をも席巻できる強いポテンシャルを秘めていると感じる。

ソシャゲ業界唯一の覇者、Cygamesの「グランブルーファンタジー」にみるIP生成文法

急成長を遂げた「ソシャゲ市場」の歴史

２００９〜２０１０年頃、ＤｅＮＡとＧＲＥＥの2社がガラパゴスケータイ（以下、ガラケー）向けソーシャルゲーム（以下、ソシャゲ）のプラットフォームを開設し、そこからソシャゲ市場は拡大していくことになる。2社のプラットフォーム開設から2年と経たないうちに数百社が参入し、２０００本も新規ゲームがリリースされるというトンデモナイ状態になっていくのだ。

なにせ当時は『PlayStation 3』のような家庭用ハイスペックゲーム機は２０００人月で20億円もかけないと作れないとされていた。そんな家庭用ゲーム市場に対して、ガラケー向けゲームは10人月でたった１０００万円程度の製作費と言われていた。[01]

4〜5人かけて2カ月で創り上げてしまうような〝チープな〟ものであったにもかかわらず、それが数十億、時には数百億円にも化けることに気づいた企業の「ゴールドラッシュ（新たに

01　中山淳雄『ソーシャルゲームだけがなぜ儲かるのか』PHPビジネス新書、2012年

発見された金鉱に発掘者が殺到すること）」が起こり、ゲーム会社のみならずハード機器メーカーもＷｅｂ制作会社も猫も杓子もソシャゲを作っていた。

こうしてソシャゲ市場は、３７１億（２００９年）→１４００億（２０１０年）→２５７０億（２０１１年）→３４２９億（２０１２年）と急激に成長を遂げていく。ちょうど家庭用ゲームソフトの市場規模２７４６億を越えたタイミングで、「後発組」として生まれたソーシャルゲームメーカーがＣｙｇａｍｅｓであった。

設立1年で売上100億円超え？ Cygames急成長を牽引した「神撃のバハムート」

Ｃｙｇａｍｅｓの快進撃は、ブラウザゲーム『神撃のバハムート』（２０１１年9月）から始まる。２０１１年5月に設立されたＣｙｇａｍｅｓが初めてのゲーム作品として、ＤｅＮＡが運営するソシャゲのプラットフォーム「Ｍｏｂａｇｅ（モバゲー）」にリリースされた本作は、あっという間に月商数億円クラスのトップタイトルとなった。

当時は『ドラゴンコレクション』（２０１０年9月、ＧＲＥＥ向けゲーム）、『大進撃!! ドラゴン騎士団』（２０１１年7月、Ｍｏｂａｇｅ向けゲーム）『大連携!! オーディンバトル』（２０１１年11月、Ｍｏｂａｇｅ向けゲーム）など、ファンタジーモチーフの「カード合成×ガチャモデル」のゲームが市場で隆盛を極めていた。そうした中でリリースされたＣｙｇａｍｅｓの

『神撃のバハムート』は必ずしも珍しいジャンルでも画期的なゲーム性を持ち合わせた作品でもなかった。

しかし、当時1枚数万円が相場と言われたカード絵に10万円以上も費やし、とにかく美麗な絵と世界観で「ガラケーなのに見ていて楽しい高品質ゲーム」で差別化し、一躍トップ企業に名乗りを上げる。

だが本当の意味での〝神撃〟はその後のＣｙｇａｍｅｓの市場アジャストのスピードだろう。『神撃のバハムート成功後の2カ月後、２０１１年11月には『アイドルマスター シンデレラガールズ』をＭｏｂａｇｅにリリースし、３本目のゲーム作品で年間１００億円越えの巨大タイトルに成長する（神撃のバハムートの成功前からＣｙｇａｍｅｓに発注していたバンダイナムコの担当者の慧眼はスゴイ）。

いくら誕生から数年で３０００億円まで拡大した急成長市場とはいえ、月商10億円を超えるタイトルはＤｅＮＡ、ＧＲＥＥの作品も含めて10本足らず。そこに設立1年未満のＣｙｇａｍｅｓが次々にヒットを生み出すのは爽快なジャイアントキリングであった（他の大手ソシャゲメーカーも設立5年未満の会社が多かったが）。

そうした市場動向を受け、ＤｅＮＡの初動も早かった。２０１２年2月には戦略的提携を発表（Ｃｙｇａｍｅｓはそれ以来サイバーエージェントグループ子会社であるとともに、ＤｅＮＡの資本も入れた会社になっている）し、期待の米国市場展開（２０１０年10月にＤｅＮＡ社は米国のソーシャルアプリ会社 ngmoco を約4億ドルで買収していた）の旗手として『神撃のバハムート』

を選んだのだ。

2012年4月、『Rage of Bahamut』と名前を変えリリースされた本作は、日本企業としては初めてとなるアップルとグーグルのアプリ市場どちらでも売上ランク1位を獲得し、あっという間に100万ダウンロードに到達する。これらはまだ、Cygames設立後1年足らずの話だ。

優等生Cygamesが抱えていた〝ある悩み〟

2012年の快進撃は止まらないが、逆にこの時期は「秀作」が鳴りを潜めた。同年4月に『ディズニーファンタジークエスト』『バトルスピリッツ 覇者の咆哮』『聖闘士星矢 ギャラクシーカードバトル』『スーパー戦隊ヒーローズ』の4作を出し、6~7月も『サカつくSワールドスターズ』『烈火の炎 BURNING EVOLUTION』『TIGER&BUNNY ロードオブヒーロー』の3作とトップIP作品のソシャゲ化を続々と手掛ける。

遂には『神撃のバハムート』のゲームスキームを〝側替《がわが》え〟して『マーベル ウォーオブヒーローズ』を11月に世界展開した。だが、この1年間にリリースされた8作は、その後1~2年でサービス終了を迎える（平均1・5年とも言われたソシャゲ運営期間からすれば〝通常通り〟とも言えるが……）。

当時、オリジナル作品に挑戦できなかった理由をCygames社長の渡邊耕一《わたなべこういち》氏は「ゲーム制作の経験がない人が多かったのも大きいですね。しっかりした世界観があるIPものでゲームが創れなかったら、オリジナルでイチからゲームを作れるわけがない」と語っている。[02]

その後、Cygamesはこうした課題をいかに乗り越え、ソシャゲ市場の王者になっていくのだろうか。

「ブラウザ→スマホアプリ」の転換期を制した〝賢い戦略〟

その後は、新興チームでサイバーエージェントグループのサムザップやアプリボットの応援も頼みながらの開発であったため、制作経験を積む意味でも2012年はIPゲームの量産体制を整えることに注力。その後の2013年は『ナイツオブグローリー』含め、3作のオリジナルに挑戦することになる。この時期に設立3年目のCygamesは年商300億円を超え、gloops、クルーズ、Gumiといった競合よりも先んじたトップ開発会社に躍り出る。

2014年は分岐点の年だ。DeNAとGREEの「ブラウザゲーム」プラットフォーム市場規模を、アップルとグーグルの「アプリゲーム」市場（日本のみ）が抜き去り、ここから3000億円規模のソシャゲ市場は、2017年のピーク期（1兆円規模）まで、再びブーストされていく「第2の成長期」に入る。

『パズル&ドラゴンズ』（2012年2月、ガンホー社のアプリ市場向け）に始まり、『モンスターストライク』（2013年10月、MIXI社のアプリ市場向け）によって完全にアプリ向け優位

02 「週刊ファミ通」2021年5月27日号

の市場となり、いわゆる「ポチゲー」から複雑な操作性を伴うゲームらしいゲームが出てくるようになる。

Ｃｙｇａｍｅｓの『グランブルーファンタジー（以下、グラブル）』は、そんな転換期に始まった「最後のソシャゲ」とも言える。２０１４年３月にＭｏｂａｇｅ向けに展開されたファンタジーＲＰＧで、アプリ版も２０１４年５月にリリースされたとはいえ、この２０１４年になってから「ブラウザ向け」で出した点は当時の競合戦略と一線を画している。

Ｃｙｇａｍｅｓ　ＣＴＯ芦原栄登士《あしはらえいとし》氏の「アプリ１本でいくのもいいけど、ブラウザにはブラウザの強みがあるし、我々がこれまで培ってきたノウハウもある。だったらブラウザゲームの最高峰を目指そうと。……結果的にはそれでよかったと思っています」というコメント通り、端末の容量を気にせず、定期更新も楽なブラウザの利点を使い、各社がアプリばかり向くようになった時代にまだガラケーやスマホでのブラウザゲーム習慣を続けていたユーザーを多く取り込むことに成功する。[03]

とはいえ、アプリ展開が遅れていたというわけではない。

図表5-12　ソーシャルゲーム関連企業の売上推移

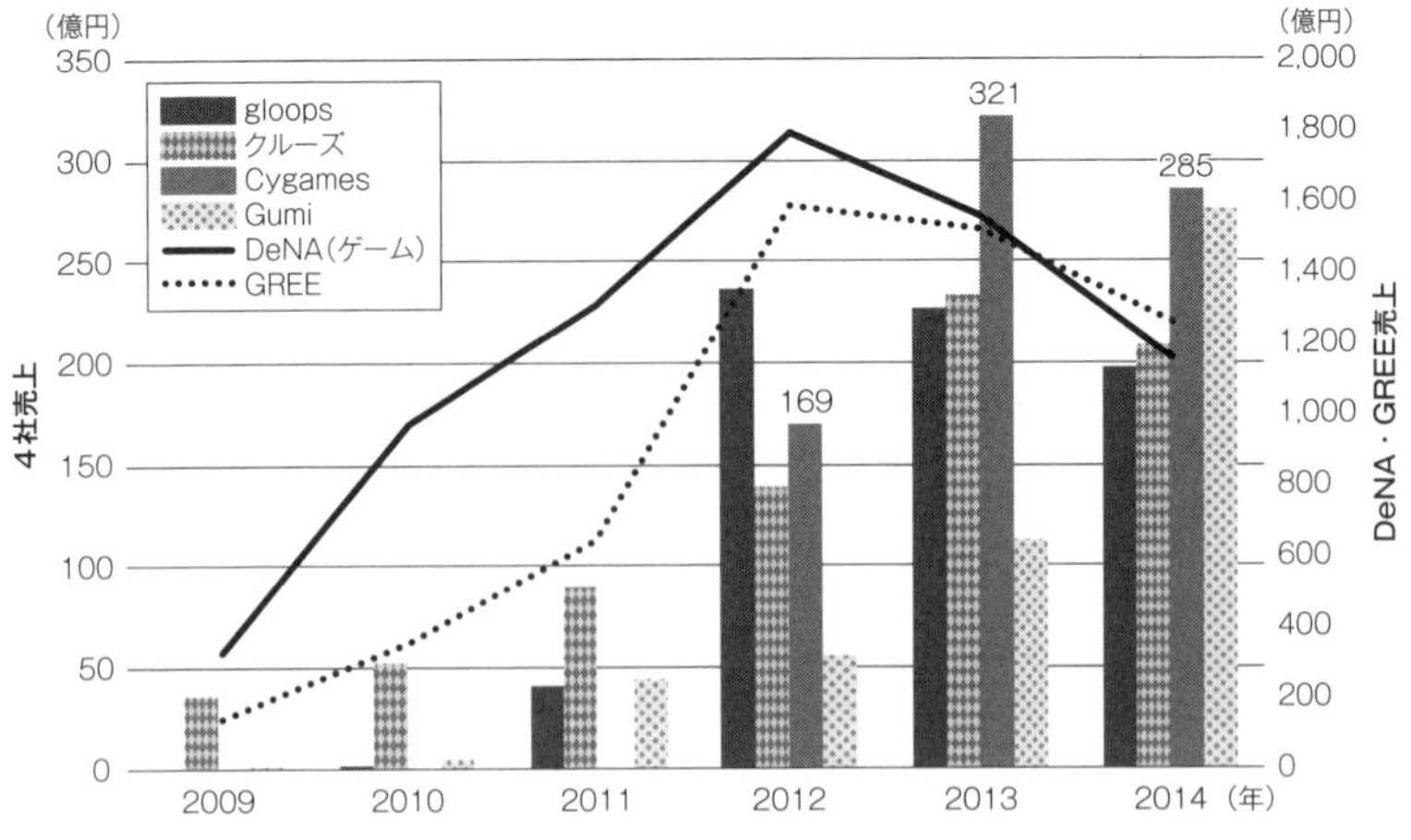

（出典：各種公表資料より筆者作成）

03　「週刊ファミ通」2021年6月3日号

２０１４年1月時点ですでに『ドラゴンクエストモンスターズ　スーパーライト』を成功させている。あくまでグラブルに関しては成熟・衰退期のブラウザから戦略的に始めた結果だったと言える。

　その後も２０１５年9月『アイドルマスター　シンデレラガールズ　スターライトステージ』、２０１６年6月『シャドウバース』、２０１８年2月『プリンセスコネクト！Ｒｅ：Ｄｉｖｅ』、設立10年となる２０２１年の2月『ウマ娘　プリティーダービー』までＣｙｇａｍｅｓはずっと日本のモバイル向けゲーム開発でトップ街道をひたすら走り続けた。

ただ『グラブル』は最初から成功したものではなかった。渡邊氏は「驚くほど、（手ごたえは）なかったですね（笑）。今でこそ大きくなりましたが、スタートから絶好調だったわけでもないんです」と語っている。[04]

　そもそもグラブルを楽しむために必要なスマホの所持率が２０１３年の36・8%から２０１７年の71・7%に急成長するこの時期にリリースされた同作品は、インフラとともに成長した作品と言える。[05]

図表5-13　グラブル関連KPIの月間トレンド

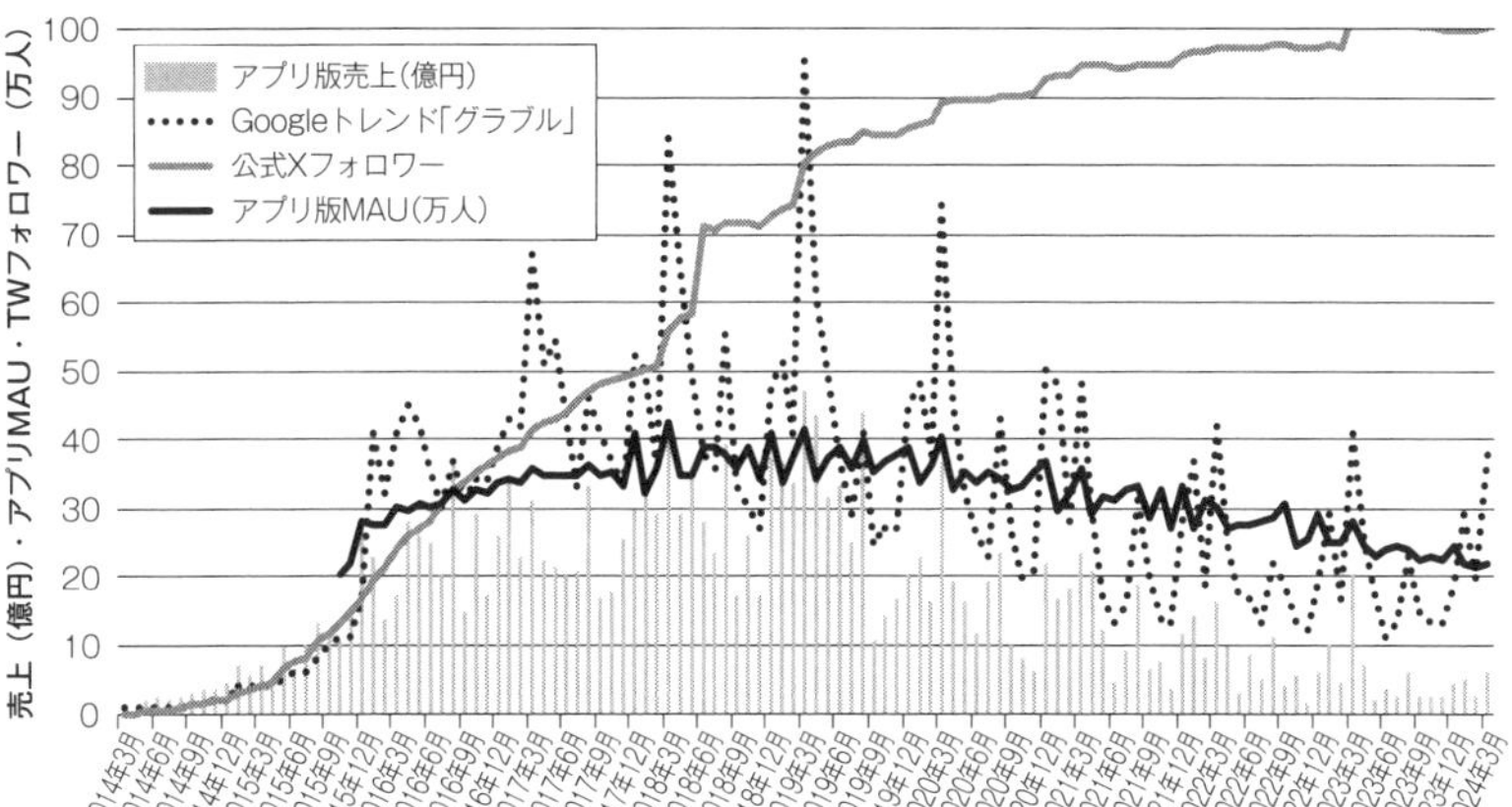

（出典：各種公表資料より筆者作成）

04　「週刊ファミ通」2021年5月27日号

この時期、コラボ作品も旺盛で、『ストリートファイター』『進撃の巨人』『名探偵コナン』『ガチャピン』『鬼滅の刃』など、有名IPを起用したイベントも年5～6回と続く。特にTwitterフォロワーが10万人単位で増えた2018年6月の『ペルソナ5』コラボや2019年3月のグラブル5周年企画などが本作で最も耳目を集めた時期かもしれない（もともと運営型のモバイルゲームらしく、Googleトレンドは毎年3月に大きく跳ねている）。2017年から毎年開催されてきたリアル開催イベント「グラブルフェス」も8万人を超える動員を誇る。

DeNA・GREEには真似できない？　Cygamesのビジネスモデル

なぜ、ここまで『神撃のバハムート』やCygamesという会社の成り立ちを長々と語ってきたか。その理由は同社の作品づくりにおける「スターシステム（映画、演劇などに見られ、人気俳優を中心に作品を製作・演出し、起用したスターの人気により観客動員を狙う手法）」に帰結する。

Cygamesのゲームは、世界観もキャラクターも共通し、1人のキャラクターがどの世界にも登場する。たとえば、キャラクターの1人「クラリス」は『神撃のバハムート』『グランブルーファンタジー』『シャドウバース』『ワールドフリッパー』などの作品にも出てくるが、その声優の佐倉綾音氏はゲームのみならずアニメでもボイスを担当している。

基本的にすべて「バハムート」という、会社の根幹を支えた神獣を中心としたファンタジー世界で、ミスタルシア（人類・天界・魔界の3つの種族が共存する世界）とイスタルシア（空の彼方、主人公が目指す星の島）という共通のワードを持ち、主人公やメインの戦場こそ異なるが、どこかでつながっており、どこかでパラレルしている『ファイナルファンタジー（ＦＦ）』のような世界なのだ。

こうした「ソシャゲメーカー」発の会社が、「ゲーム会社」になり「ＩＰ創出企業」にまでなっていった成功事例は極めて珍しい。キャラクターや世界自体に愛着を持たせるというのは、うまくお金のまわるモバイルゲームづくりとは別の、マンガ出版社やアニメ制作会社が築いてきた異なるビジネスモデルだ。

ＤｅＮＡやＧＲＥＥのように、プラットフォームを持ち、１００億円級のヒットゲームを作り、年商１０００億円を超えた成功企業でも「自社ＩＰ」づくりに成功していないことからもそれが分かる。ここが任天堂や並みいる老舗家庭用ゲーム企業とモバイル系メーカーが一線を画しているところだが、そうした中でＣｙｇａｍｅｓはほぼ唯一と言っても良いモバイル発ＩＰ創出成功企業であり、その境地を切り拓いたのが『神撃のバハムート』と『グランブルーファンタジー』なのである。

グラブルと並走するように２０１４年10月から始まった『神撃のバハムート GENESIS』アニメ1期。２０１５年3月にライツ事業部を新設し商品化による拡散を狙い、同時にアニメ事業部ができて自社でのアニメ投資が始まる。これが２０１６年4月の Cygames Pictures の設立にもつながる。同年には漫画事業部が始まり、「サイコミ」はＭＡＵ（Monthly Active

Users）１００万人を超える日本トップ10クラスのプラットフォームに育った。２０１７年2月には海外事業部が作られ、世界に広がっていく。

　こうした慣れない「ロジックの異なる商流」でＣｙｇａｍｅｓは妥協せず作品の質にこだわり続け、時に収益を度外視するような妥協を許さぬ姿勢が際立っていた。結局のところ、そうした〝作家性の強さ〟がグラブルをＩＰ化させた一番の理由だろう。

「グラブル」５０００億経済圏

　こうしてマンガ・アニメ・海外化への取り組みが、実際にその後『プリコネ』『シャドバ』そして『ウマ娘』をマス向けＩＰにしていくエンジンになっていく。グラブル経済圏の把握は実質的には不可能だ。なぜならそのプラットフォームはスマホブラウザとしてのＤｅＮＡ・ＧＲＥＥ、ＰＣに及び、アップルやグーグルのアプリ市場もその経済圏の一部にすぎない。

図表5-14　グランブルーファンタジーの推定キャラクター経済圏

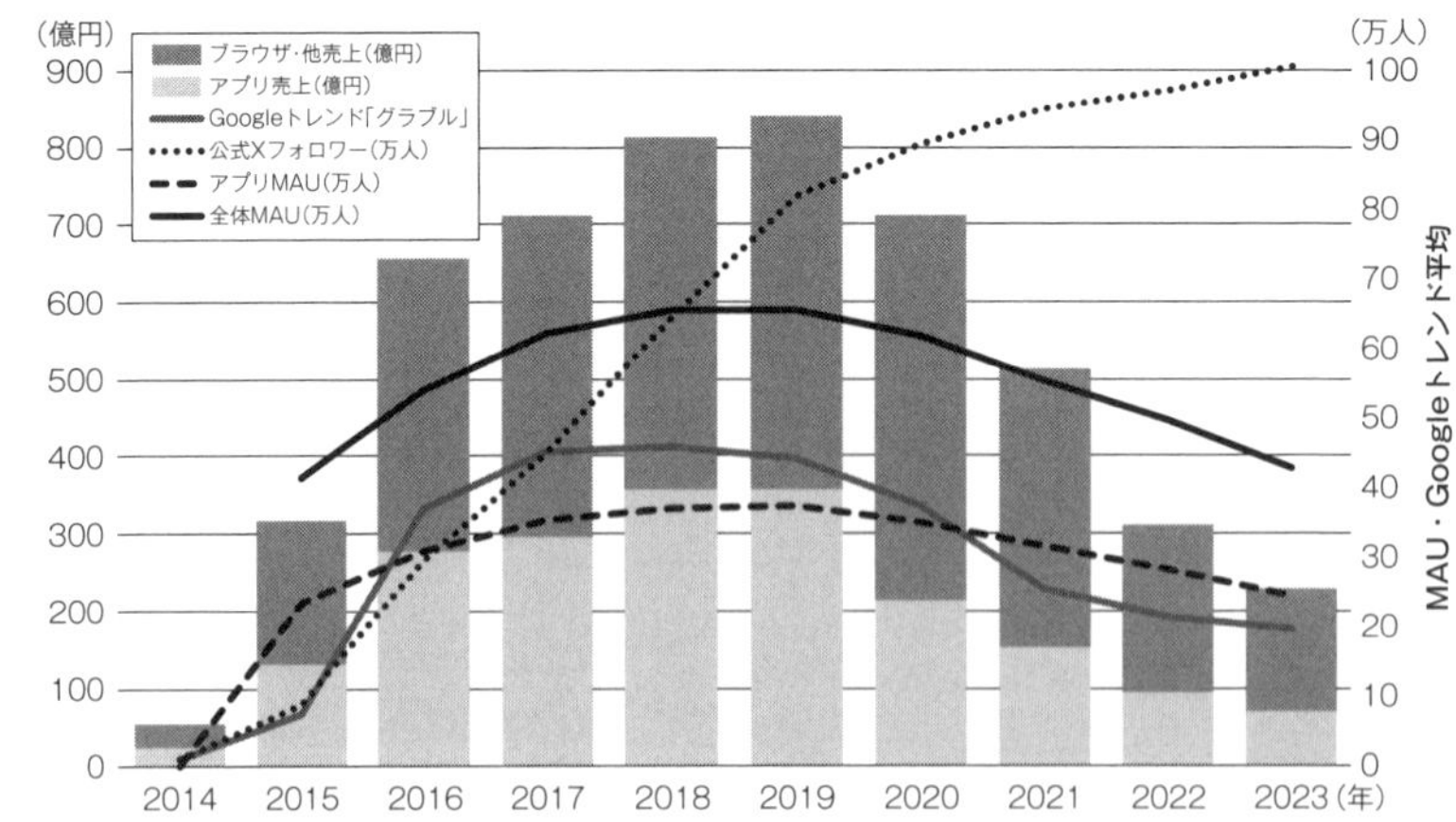

※サイバーエージェント IR のゲーム事業売上から「グラブル」数値を持分法適応で算出、その他各種調査ツールより抽出されたアプリ売上・MAU から割合で全体を推計した

（出典：各種資料より筆者試算）

だが、Xフォロワーが各種コラボのために大きく跳ねあがり『グラブル　リリンク』が2024年2月に100万本販売された事実からも、現在も100万人単位のファンを持つ巨大IPであることは間違いない。

ハイライトとも言える経済圏が図表5－14だ。サイバーエージェントのIR、Cygames企業分析、アプリ分析から抽出された推計数字であるが、2019年に800億円規模をつけ、コロナ後はそこから1／4ほどの規模になっている。

それにしてもモバイルゲーム発IPで10年継続して続き、家庭用ゲームも出て、アニメも3期分（「ぐらぶるっ！」含み）展開し、コミックスも小説も展開され、しかも作品名を冠して数万人を集めるイベントが10周年の2024年にも開催された作品は空前絶後である。その意味でも、グラブルは〝最初で最後のIP化したソシャゲ〟と言えるかもしれない。

第6章

次世代の世界レベルIPを目指して

戦略的IPビジネス

２０１０年代はＩＰビジネスが各企業単位で明確に戦略化していったタイミングだ。これまでみてきたように、東宝も任天堂も集英社もこの２０１０年代後半にＩＰ戦略のチームを公的に組成し、メディアミックスを企画段階から構想し、海外も視野にいれるようになった。つまりこの時代から生まれた「新興」ＩＰこそは、最初からＩＰビジネス化を企図した最初のキャラクター群であり、平成以前のキャラクターに比べると、マンガからアニメ化・映画化・ゲーム化のタイミングも頻度も、格段に洗練されている。そうした「戦略的ＩＰ」がどんな展開の違いを見せるのか。日本のＩＰビジネスの未来を占う意味でも、『僕のヒーローアカデミア』と『鬼滅の刃』の事例で本書を締めくくりたい。

僕のヒーローアカデミアが日本の歴史を変える、NARUTO超えの〝商売の秘密〟

ヒロアカの隙がない「メディアミックス戦略」

『僕のヒーローアカデミア（以下、ヒロアカ）』は、〝個性（超常能力）〟を持った異能力者が繰り広げるバトル漫画だ。ヒロアカは、世界の人口の8割が〝個性〟に目覚めなんらかの特異体質を持つ社会の中で、生まれながらに何の〝個性〟も持たなかった主人公の緑《みどり》谷《や》出《いず》久《く》（デク）が、犯罪者集団「ヴィラン（敵）」から社会を守る職業「ヒーロー」になることを目指す物語だ。

物語は、主人公デクのヒーロー的資質が買われ、デク自身が憧れていたNo．1ヒーロー「オールマイト」から〝個性〟を受け継ぐところから始まる。デクが継承した〝個性（名称：ワン・フォー・オール）〟は、パンチ、キック、ジャンプなどの能力が各段に上昇するというものだ。そしてデクは、ヒーローを育成する学校「雄英高校」で仲間たちと強くなっていく。

なぜ、これほど人気を集めたのだろうか。人気少年漫画と比較しても、本作のように物語の始まりと中盤でこれほど印象が変わる漫画は珍しいかもしれない。

主人公が通う学校での異能力者同士のバトルという朗らかな雰囲気で始まったヒロアカだったが、次第に社会から暴力的にはじき出されたヴィラン（敵キャラ）の存在が登場頻度を上げ、そのたびごとに深みをどんどん増している。

この物語の面白さはヒーロー側よりも、むしろヴィラン側によって際立つ。物語の初期は、衝動のままにそれぞれバラバラに暴れるだけだったヴィランたちが、信頼関係を築きあいながら社会に拒絶された苦しさを共有し結束していく。これは筆者の主観もあるが、とにかく近年は「社会・家庭の被害者としてヴィランを選ばざるを得なかったキャラクターたち」が魅力的で、話を運ぶ中心人物はヒーロー側ではなく、ヴィラン側になりつつある。

このように、ヒロアカの作品自体の魅力に加えて、重要なポイントがある。それは、ヒロアカの見事なメディアミックス戦略だ。

漫画がスタートして2年足らずで早速のテレビアニメ化。2016年以降はほぼ毎年アニメが続いており、しかも2期以降は2クール分（半年分）ずつ進んでおり、さらに劇場版までもつないでいきながら2023年3月までの第6期アニメでは2年遅れでコミックス33巻までキャッチアップしている。10年間での漫画400話分、アニメ138話分、劇場版3回分というストーリーテリングは「スキのない完璧なメディアミックス展開」と言える。

国内人気に陰りも……ヒロアカの絶頂期はいつだった？

このように隙のないメディアミックス戦略を可能にしているのは、アニメ制作会社ボンズの異常なる努力と言えるだろう。ただ、それでも漫画とアニメだけでは、消費者の〝飽き〟には勝てない。

日本におけるヒロアカは、明確にピークが存在している。それは、2018年4〜9月のTVアニメ3期・劇場版1期のタイミングだ（毎年行われるヒロアカのキャラクター人気投票も2018年の第4回が投票数8万票でピーク、その後5万票まで落ちて安定している）。コミックスもこの時期の23巻以降は売上を落とし、80〜100万部売れていたそれまでと比べ60〜70万部へと減少していく。連載開始から6年目の2019年は、明らかに国内ヒロアカ人気の成熟期だった。

ヒロアカの大逆転劇、NARUTO超えの〝ある数字〟とは

だが、ヒロアカの救いは〝海外〟だった。Googleトレンドで「僕のヒーローアカデミア」を分析すると、北米を中心とした海外ではむしろ3期以降に大きく跳ね上がっており（図表6−1）、米国2位のアニメ専門動画配信のファニメーション（1位のクランチロールとともに現在はSonyが所有している）を飛躍させたトップ級タイトルがまさにこの「My Hero

Academia: MHA（ヒロアカの英語名）」であり、２０２０～２０２１年のコロナ期に登録者数を急激に伸ばしている。

ヒロアカの海外コミックス売上もそれを顕著に示している。２０２０年末まで７年かけて国内で３０００万部まで増やしたコミックス売上は、その後たった１年強で２倍強になっている。理由は国内４５００万部に対して海外２０００万部と、海外純増分のほうが大きいのだ。さらに２０２２年の１年間で８５００万部。コロナ禍の最中に４５００万部も積み増しするほど、成熟化しつつあったヒロアカは海外で羽ばたいた。

もはや１億部という数字は目の前にあり、およそ半分が海外というほどに海外比率が高い漫画作品になるだろう。これは国内１・５億部、海外１億部と最も海外比率が高かった『ＮＡＲＵＴＯ－ナルト－』を越えてくるだろう、という予想である。

もともとアメコミの影響が強い世界観やキャラデザもさることながら、本作に登場するヒーローやヴィランたちの発言が、ＬＧＢＴＱなど多様化する現実に社会が追い付いていない海外でこそ強く人々の心に響いているようにも思える。

ヒーロー像としても、個の強さを求め、度々世界のピンチを

図表6-1　Googleトレンドから見る国内・海外でのヒロアカ検索トレンド

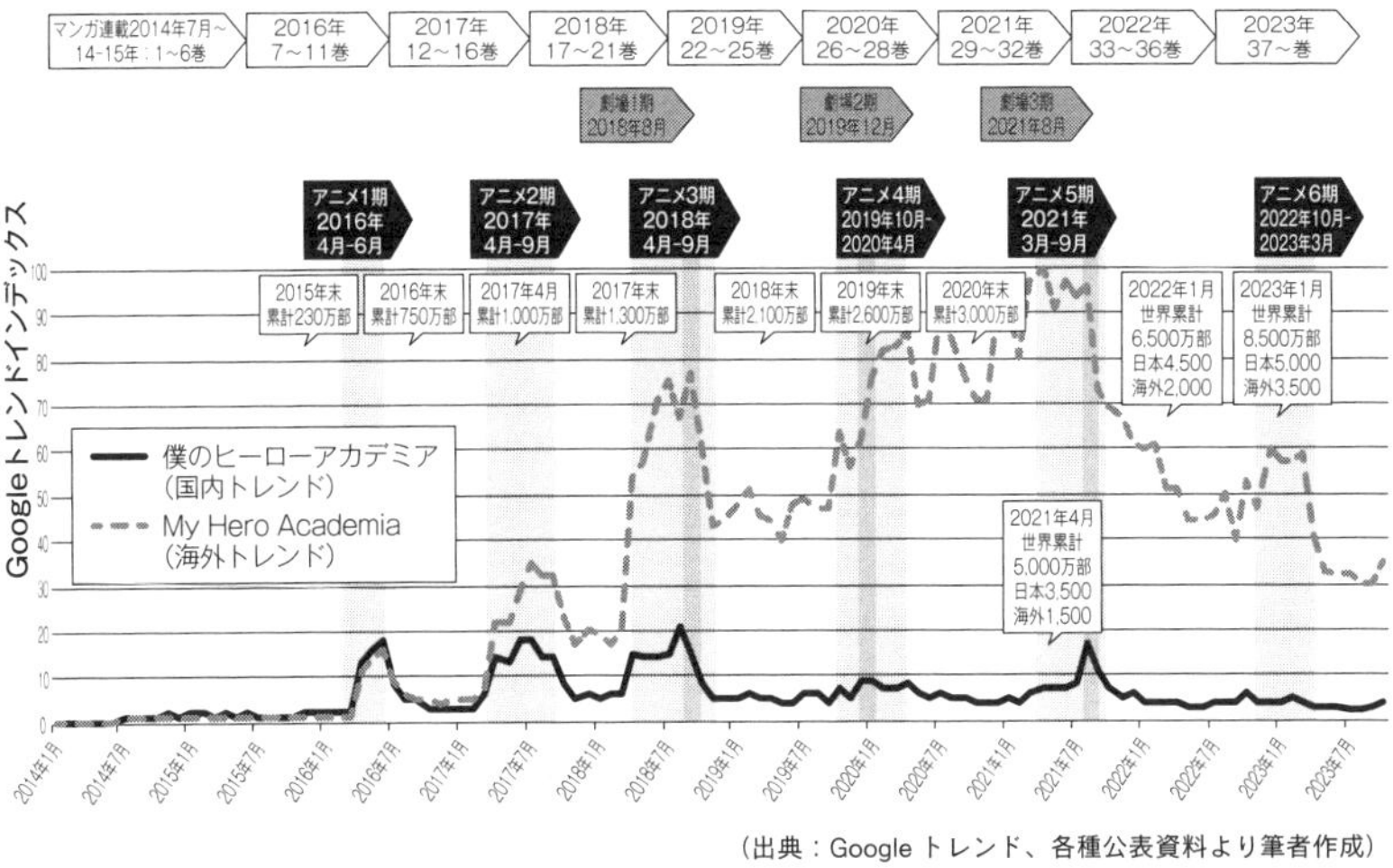

（出典：Googleトレンド、各種公表資料より筆者作成）

救う『ドラゴンボール』（１９８４年）の主人公・孫悟空や、仲間を集めながら異能を生かし楽天的で前向きな『ＯＮＥ ＰＩＥＣＥ』（１９９７年）の主人公・モンキー・Ｄ・ルフィから移り変わり、持たざる者から始まり仲間のために自己犠牲すら厭わぬ『僕のヒーローアカデミア』（２０１４年）の主人公・デクは、約15年周期で転換する世代別ヒーローアイコンを刷新する存在なのではないか、と思えるほど本作品は新時代のアイコンになっていると筆者は考える。

ヒロアカ1000億経済圏が切り開いた「新たな可能性」

それでは、ここまでをふまえてヒロアカの売上規模を見ていきたい。図表６－２がヒロアカの国内・海外合わせたキャラクター経済圏（筆者試算）である。

思えば２０１４年開始のヒロアカは日本漫画作品がアニメ動画配信の力でどんどん海外に運ばれるようになった時代の第一世代であり、まさにその連載の期間中だけで日本アニメの海外消費売上が３２６５億（２０１４年）から１兆３１３４億（２

図表6-2　僕のヒーローアカデミアの推定キャラクター経済圏

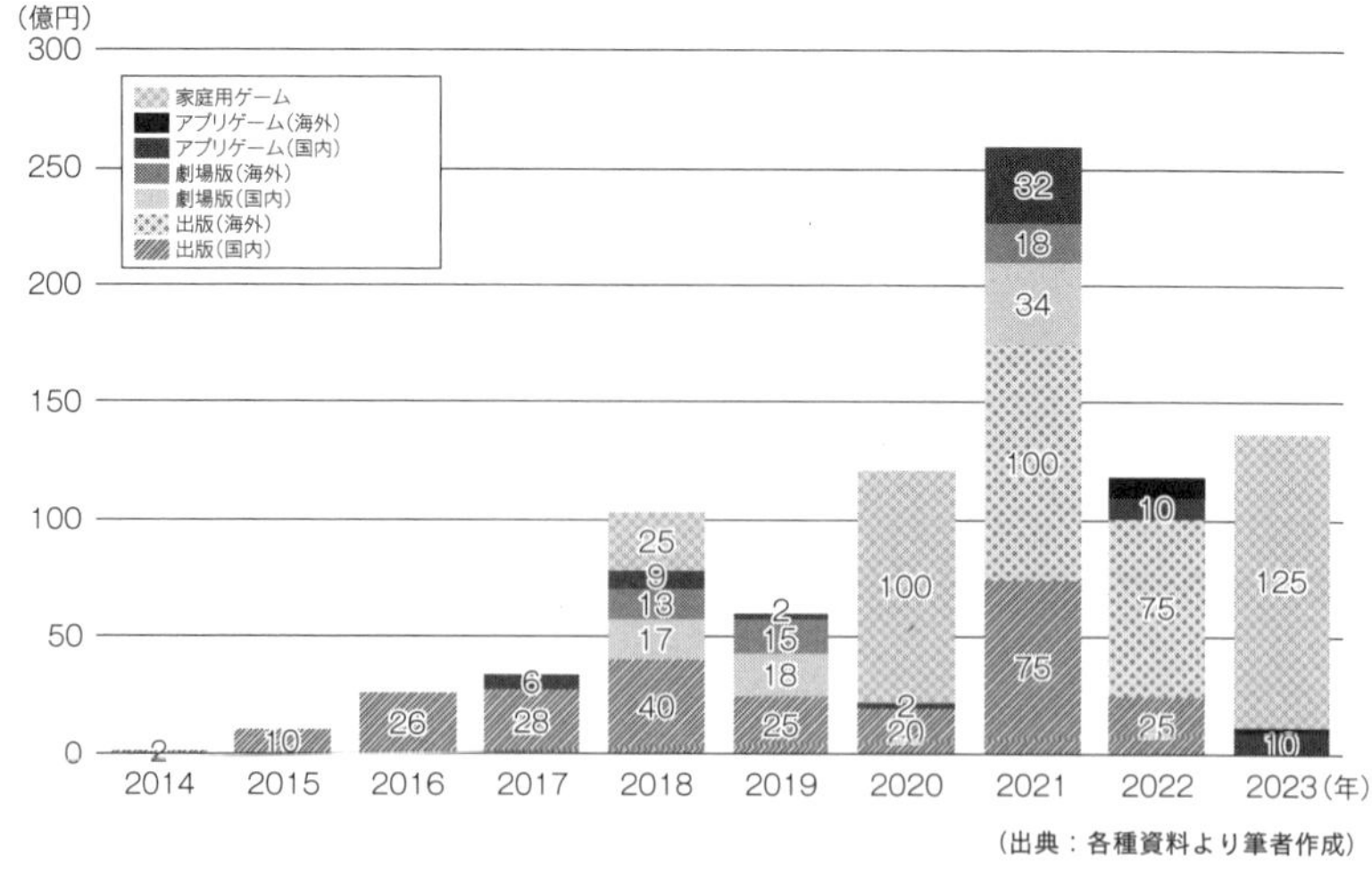

（出典：各種資料より筆者作成）

021年）と4倍規模にまで膨らんでいった黄金時代に位置している。アニメ海外化の旗手としてのヒロアカの成功は、今の日本コンテンツのポテンシャルを如実に表した成功事例と言えるだろう。

次のONE PIECEになれるか？ 欠けているヒロアカのある要素

時代を占う週刊少年ジャンプのトップ作品である『ドラゴンボール』や『ONE PIECE』も、2010年代後半に入ってからTVアニメ・新作劇場版を使って海外売上比率を急騰させていったが、それらと比較して現在のヒロアカに「死角」があるとすれば、それはアプリゲームだろう。

コミックスや家庭用ゲームではそれらと遜色のない売上を見せるようになってきているこの作品も、せっかくのアニメ人気を注目と消費の定常的な受け皿にかき集めるアプリゲームが低調なために、経済圏としては伸びきっていない。

2016年の家庭用ゲームは失墜し、2017年のアプリゲーム1作目『SMASH RISING』は海外に出すことなく国内運営だけで3年でクローズ（大型リニューアルを試みるも再浮上がうまくいかなかった）。アプリ2作目の『ULTRA IMPACT』もユーザー数としては国内：海外で半々になるほど需要ポテンシャルはあるが、売上としては期待されるほどではない。

現在のヒロアカ、ヒロアカ経済圏を牽引しているのは出版コミックスと家庭用ゲームである。

コミックスは前述したように２０２０年以降、急激に海外での部数が伸びてきている。Book Scanによると２０２１年は日本マンガとして米国1位の１８０万部、２０２２年も『チェンソーマン』『鬼滅の刃』など、他作品が伸びたこともあるが、それでも4位で１００万部を超える売上部数だ。

家庭用ゲームは２０１８年の50万本（25億円規模）から２０２０年２００万本（１００億円規模）、最新の２０２３年作品は２５０万（１２５億円規模）と、シリーズを重ねるごとに伸びてきている。今、ＭＨＡには数百万人という購入ハードルを越えられるユーザーが海外全体でも北米だけでも、存在しているという心強い数字だ。

２０１４～２０１８年の最初の５年間は日本における人気作でありながら、ピークを迎え日本市場では伸び悩んだヒロアカだが、アニメの力で２０１９～２０２３年という次の５年を北米を中心とした海外におけるブームで牽引している。

10年以上前から家庭用ゲームがそうであったように、５年以上前からＴＶアニメがそうなっていったように、ここ数年で劇場版アニメも紙のコミックすらも、海外のほうが売れるという期待が持てる時代に入ってきた。その旗手とも言える第一世代の成功タイトルが『僕のヒーローアカデミア』である。ドラゴンボールのように完結すれどもＩＰ継続する手段は開かれている。新時代のヒーロー像を確立させる作品性も併せて、目指すは次のＯＮＥ ＰＩＥＣＥになれるかどうか、というところだろう。

コロナによって世紀の大ヒットとなった鬼滅の刃　日本IPビジネス新時代

作家と編集の個人的な職人芸から生まれる、漫画というストーリーアート

約１２０年続く日本映画史上最も売れた映画は『鬼滅の刃　無限列車編』、国内４０４億、世界総興行収入５１７億円。全世界で４１３５万人が劇場に足を運んだ「世界で最高興行収入の日本アニメ映画」のギネス記録でもある。これはコロナが猛威を振るった２０２０年という例外的な時代において「２０２０年、世界一の興行収入を記録した映画作品」でもある。２０１６年にマンガ連載を開始し、２０１９年からアニメ化され、２０２０年の世界ギネスともなった『鬼滅の刃』経済圏について分析していきたい。

原作者の吾峠《ごとうげ》呼《こ》世晴《よはる》氏は１９８９年生まれの女性漫画家だ。高校３年生（２００７年）で初めて漫画制作を試みたときは全く描けなかったという彼女が２０１３年に初めて描いた作品が『過《か》狩《が》り狩《が》り』、明治・大正をテーマとして「鬼狩り」との闘いを描く作品は第70回ＪＵＭＰトレジャー新人漫画賞佳作。「編集部が『１ページ目から気になる漫画が来た』とザワついたの

をよく覚えています」という初代担当編集・片山達彦氏の言葉だが、漫画制作経験が短めの本作では「まだ、漫画の基礎がなっておらず、はっきりいって迷いました」とも語っている。[01]本人も「どうせダメだろう」と処分するつもりだった作品で家族の勧めで偶然応募したものだった。[02]

ここから3本の読み切りが掲載されたが、人気はいまひとつ。『蠅庭のジグザグ』『鈍痛風車』と立て続けに連載ネームが落ちてしまい、2015年に通らなければ「漫画家を辞めるつもりだった」ともいう。[03]編集の片山氏も頭を悩ませた。先輩に相談をすると「(芯があるが万人受けが難しい吾峠氏の才能を生かすには)みんなが知っている要素との組み合わせが必要だ」、と。『ONE PIECE』での海賊、『NARUTO』の忍者や学園といった入りやすい既知の要素を使いながら新しいものを生み出す。「原点」でもある『過狩り狩り』の吸血鬼、大正時代、刀といったモチーフで作らないかという編集の提案で生まれたのが『鬼殺の流』だった。[04]

片山氏が目を付けた吾峠の特筆すべき才能は「圧倒的なセリフの力」だった。冨岡《とみおか》義勇《ぎゆう》の「生殺与奪の権を他人に握らせるな」という言葉も有名だが、一言一言でそのキャラの背負った経験や人生を象徴するセリフの力が鬼滅を特徴づけており、それをどこまで一般に咀嚼《そしゃく》可能な形に「丸めるか」は編集と作家の職人芸だ。倒した鬼の手を握って「神様どうか/この人が今度生まれてくる時は/鬼になんてなりませんように」と願う炭治郎、このコマは「少年漫画らしくないからカットしようか」と迷う吾峠氏に、片山氏が「ここだけは絶対に入れてください。こんな主人公見たことないです。これが炭治郎ですよ!」と熱弁をふるって入れさせた。[05]

01 https://www.itmedia.co.jp/news/articles/2010/19/news117.html

02 https://news.livedoor.com/article/detail/17760339/

03 https://news.livedoor.com/article/detail/17760339/

04 ただこの『鬼殺の流』も一筋縄ではいかず、盲目、隻腕、両足義足という主人公の設定がシビアすぎて一度連載案は落ちている。ここにも片山氏は先輩のアドバイスを求め、『HUNTER × HUNTER』でも異色のキャラが多様にいるなかで主人公ゴンという"普通の人"が必要だというコ編集の迷いを作家の意思で跳ね返すケースも多い。藤襲山《ふじかさねやま》の最終選別編では「冨岡義勇が見守っているのはどうですかね」という片山氏の提案に、「義勇はすごく有能な剣士なので、こんなところで審査する立場ではないです」とにべもない。鬼殺隊入隊前の鱗滝《うろこだき》修行編も「序盤に置くには引きが弱い。もう少し短くできないか」という片山氏の反応に、「普通の人間がそんなにすぐ強くなるわけないと思います」と吾峠氏が押し返している。

読者はすぐに飽きるし、訓練の回は実際にジャンプ掲載順位でも伸びてはいなかった。だが我々が炭治郎《たんじろう》に感じる愛着や敬意は、一見冗長で無駄に思える会話や期間を共にすることで後々になって納得感とともに醸成される。連載マンガに常にある「尺の限界」という制約のなかで、何をどこまで見せるかという判断は常にこの作家と編集の個人的な会話で決められ、時に致命傷に、時に乾坤一擲《けんこんいってき》の神回にもなる。

編集者の力がヒットにどれほど影響するかという議論は、この半世紀多くなされてきた。だが特定の編集者にあまりにヒットが集中していることを考えると、素人の想像以上に編集者の影響は大きい。片山氏は２０１０年集英社入社で『ブラッククローバー』（２０１５年〜）、『鬼滅の刃』（２０１６〜２０２０年）、『呪術廻戦』（２０１８〜２０２４年）の立ち上げ編集者である。同じ法政大卒で先輩にあたる林士平《りんしへい》氏も、２０１８年に「少年ジャンプ＋」配属後、『ＳＰＹ×ＦＡＭＩＬＹ』（２０１９年〜）、『チェンソーマン』（２０１９年〜）、『ダンダダン』（２０２１年〜）とヒットを連発している。特定の編集者におけるヒットの出現率の高さは、作家の個性のみならず、編集者の個性の重要さを物語る。

メントを受け、吾峠氏に「この作品の中に、もうちょっと普通の子がいないですかね？」と探したところ、「炭を売っている男の子がいて、その子は家族全員殺されたうえに妹が鬼になっちゃって。男の子は妹を人間に戻すために鬼殺隊に入るんです」と話し始めた。最初サブキャラで考えていた炭治郎が主人公になった瞬間である。

05　https://news.livedoor.com/article/detail/17760339/

女性漫画家だった点も鬼滅の広がりに大きく作用したように感じる。鬼滅のキャラクターの時代背景や服装、空間的な細やかさはその後のアニメ化・商品化でキャラクターコンテンツ化していく武器であった。漫画家の性別は基本的に非公表だが、ＳＮＳ普及などによって近年は露見してきているケースも多く、『めだかボックス』（２００９〜２０１３年）の暁月《あかつき》あきら氏、『ハイキュー!!』（２０１２〜２０２０年）の古舘春一《ふるだてはるいち》氏、『青の祓魔師《エクソシスト》』（２００９年〜）の加藤和恵氏、『約束のネバーランド』（２０１６〜２０２０年）の出水《でみず》ぽすか氏など、２０１０年代のヒット作における女性マンガ家比率の確かな上昇を感じる。これはジャンプの女性比率が半分近くなってきて、「ジャンプ女子」という言葉が生まれる２０１０年前後という時代も影響している。

２０１６年は正直、マンガ業界にとって暗い時代だった。『週刊少年ジャンプ』は６５３万部に到達した１９９６年からずっと落ち続け、２０１４年頃から落ちが加速、ついには２００万部を割りかけていた。トップ作品はもう10年も『ＯＮＥ　ＰＩＥＣＥ』が君臨し、『ＮＡＲＵＴＯ』や『黒子のバスケ』『トリコ』も連載終了。熊本地震もあり、トランプ大統領誕生もあって２０１６年の漢字は「震」、電子マンガが急拡大する予兆がみえなかった夜明け前の暗い暗い時代に、輪をかけるようにシビアな世界観設定ではじまったのが『鬼滅の刃』であった。

掲載順位も下位だった段階でアニメ化を推進したAniplexの慧眼

本作はTVアニメとしても革新的なビジネスモデルを展開した。それまで20年にわたって「アニメ製作委員会」として分散的に出資するのが通例になっていた中で、TV局も広告代理店も入れずにほとんどがAniplex1社で出資され、委員会に名前を連ねるのも原作の集英社とアニメ制作会社のufotableだけ。この1社+2社での集中投資は驚くほど早いタイミングにジャッジされている。

2017年、この原作に目を付けアニメ化を希望したAniplex社長の岩上敦宏《いわかみあつひろ》氏と宣伝プロデューサーの高橋祐馬氏は『空《から》の境界』『活撃 刀剣乱舞』「Fateシリーズ」など10年以上にわたって一緒にやってきたufotableとアニメ化を推進した。

鬼滅はこの時代、ジャンプでは必ずしも人気作ではなかった。最初の20話まではほとんどが10位以下、5位以内に入るのは胡蝶《こちょう》しのぶが登場し、鬼殺隊柱合《ちゅうごう》裁判に至る連載半年経過後。遊郭編に入った2017年末頃にようやく5位までの人気上位に固定化していったことを考えると、もう1~2年アニメ化が遅れていてもおかしくはなかった。企画からリリースまで2~3年はゆうにかかるようになっていた当時で、鬼滅を連載スタートから2年強の2019年4~9月にアニメ化までもってきたのはAniplexの推進力の表れでもある。

そして高橋祐馬氏をして「知る限り前例がない」と言わしめるほどのプロモーションが行われる。19年3月に1~5話で構成される特別版を劇場公開し、4月からの公開も深夜アニメにもかかわらず地方20局で展開（通常は4～5局）。全国の70％のカバー率にもっていくためにはCMの枠代もずいぶんと高くつく（広げた地方局のCM枠代も製作委員会が負担する）。さらにその「売り物」になるCMすら第1話ではすべて廃した、視聴者の没入感を阻害しないために。

そして動画配信サービスの契約社も20社契約、Ａｂｅｍａからｄアニメからどんどんと広げる。制作費を回収するには「1社独占」で契約料をもらうのが通例であったが、そうした放送・配信から収益をたてるのではなく「とにかくリーチを広げること」を最重要視した。これらの高コストのプロモ戦略はよほど中身に自信がないと難しかっただろう。5～10社と思惑の異なる出資社がいればできなかった判断は、3社のみというスリムな出資体制だから実現できたことでもある。

『進撃の巨人』『Ｄｒ．Ｓｔｏｎｅ』『ヴィンランド・サガ』などトップアニメひしめくこのシーズンに実際に人気を博し、ソニー・ミュージック所属のＬｉＳＡが歌う主題歌「紅蓮華《ぐれんげ》」のヒットと２０１９年末の紅白初出場など話題も途切れず、「２０１９年大ヒットの1作」として目覚ましい成果を上げた。ここから約1年後に控える劇場版「無限列車編」まで駆け抜ける、はずだった。

コロナが生み出した衝撃の数字

鬼滅が「今年大ヒットの1作」から「今世紀大ヒットの1作」になったのは、コロナという世紀レベルの大激震の影響を抜きには語れない。２０２０年４月の緊急事態宣言にアニメ制作は総崩れとなり、20本以上の作品が放送延期で夏以降にズレた。全世界がリモート化に移行する中で、突然の自宅待機を命じられた人々の目に飛び込んだのはＡＣジャパンのＣＭと再放送番組ばかりの地上波、ほとんど新作のないアニメリールのなかで、どのチャンネルでもピックアップされていたのが〝昨年のヒットアニメ〟『鬼滅の刃』だった。売ることより広げることを最優先した２０１９年の戦略が、未曽有の事態において想像していなかった追い風となる。

毎日「#鬼滅の刃」というワードを何人がつぶやいているかの平均をとると、２０１９年のアニメ期は10〜12万人とかなりヒットした状態で、すでに「名探偵コナン」のピークを抜き去り、ドラえもんや進撃などを超えている。秋以降も紅白などで話題が途切れず、２０２０年に入っても維持。そして２０２０年10月の劇場版『無限列車』で〝毎日〟16万回つぶやかれる過去最高のピークをつけながら、そのままコラボ等が年間を通じて活性化したまま２０２１年12月からのアニメ２期「遊郭編」までずっと話題に上り続けていることが分かる。ＶＴｕｂｅｒ

図表6-3　近年のヒット作品のつぶやき件数

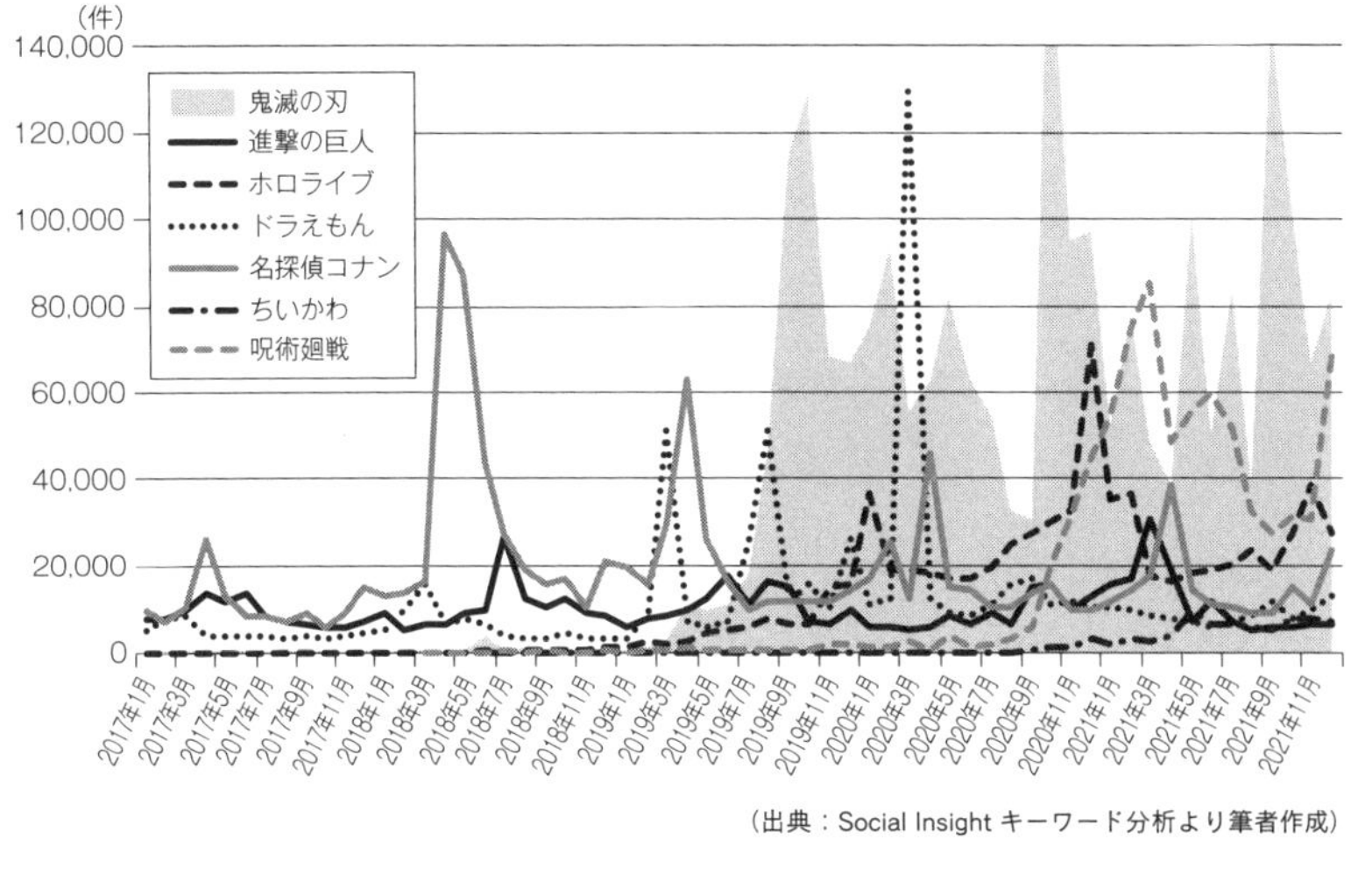

（出典：Social Insight キーワード分析より筆者作成）

ホロライブや初期ちいかわ、呪術廻戦をもってしてもここまで話題が維持されているという状態には及ばない。

より分かりやすいのは次の図だろう（図表6－4）。ファンになって最初に買うのはコミックス1巻。その購入者はアニメ期に月5万、終わってからも月5→10万と増え続け、19年末に累計100万人に至っていた「第1巻購入者」。実はその爆発期は2020年で、1～3月だけで150万人近くが購入、その後勢いとまらず「無限列車」の頃には400万人の手に渡っていた。「アニメ終了後、半年たってから4倍になった」というのは、明らかに違う年齢層がコロナ期に流入した証拠でもある。20～30代が中心の「マンガ連載読者」でも、10～20代が中心の「アニメ視聴者」でもなく、突然の子供とのロックダウン生活において『鬼滅の刃』こそがお茶の間に話題を提供し、共有するための社交材となったことで、2020年は30～40代の「マス・親世代」が最大の顧客になったのだ。

『鬼滅』コミックスはアニメ化前まで350万部、アニメ化放送後で2500万部。それが劇場版の爆発とともに20年末に1・2億部に到達した。「マスにヒットする」という意味でこれほど美

図表6-4　鬼滅の刃第１期のファンベース創造プロセス

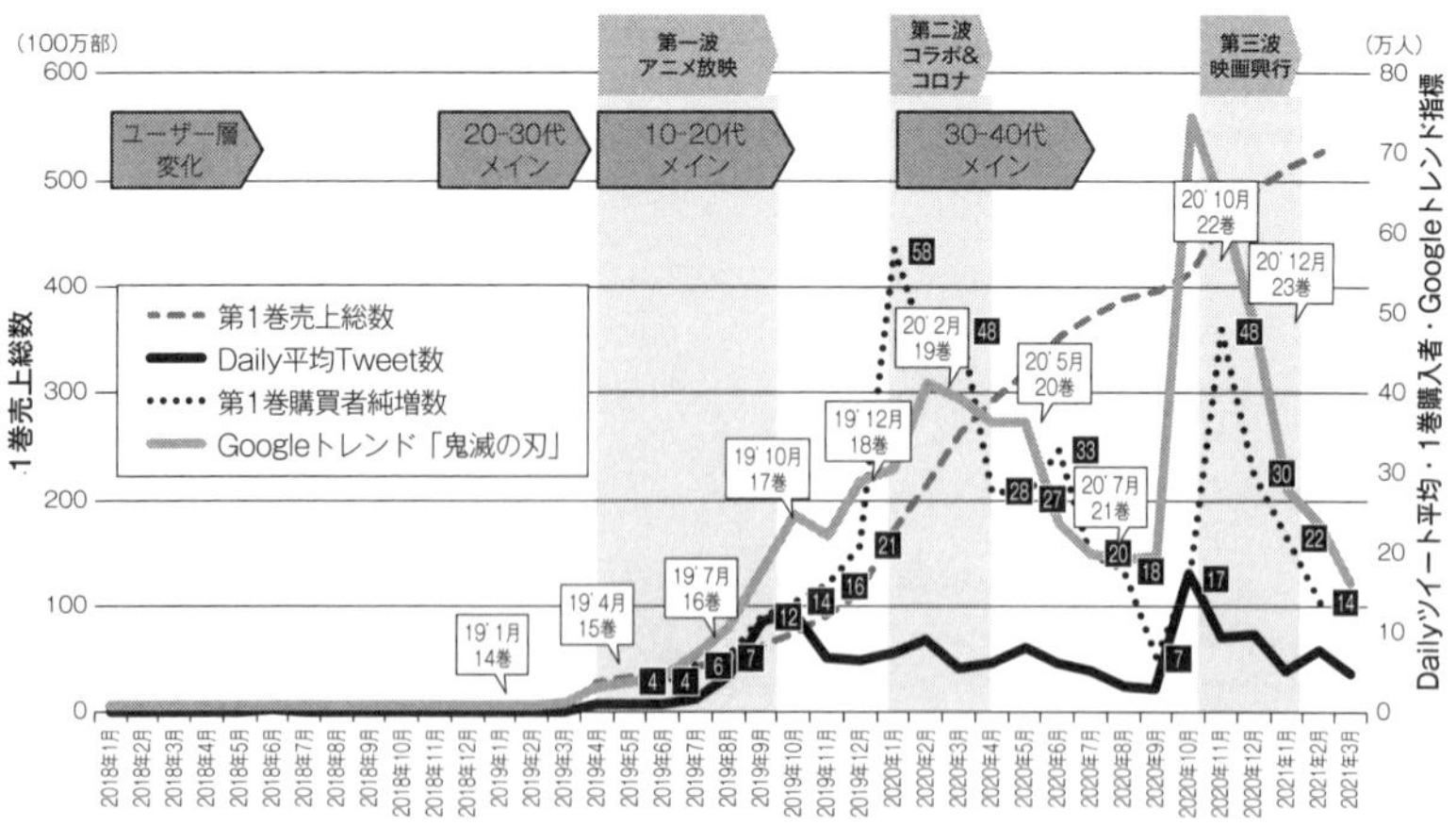

（出典：Twitter、各記事（https://manamina.valuesccg.com/articles/1123など）から筆者作成）

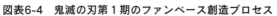

しい曲線を描いたマンガ作品は過去事例がない。2020年のベネッセの「小学生が選ぶ！2020年あこがれの人」アンケートでは1位：竈《かま》門《ど》炭治郎、2位：お母さん、3位：胡蝶しのぶで、10位に至るまで両親と先生以外はすべて鬼滅キャラで埋め尽くされる事態になった。

かつてここまで一つの作品が、国民全体に浸透したことがあっただろうか。2020年4〜5月の緊急事態宣言後、5月に漫画連載は終了。20年10月に放送された『無限列車』は幸運に恵まれ、2021年は1〜3月、4〜9月と繰り返される緊急事態宣言の間隙をぬって『千と千尋の神隠し』の記録を100億近く上回る404億。映画直前にTVアニメ版をゴールデンタイムで放送するプロモーション型の放送・劇場連動はその後『呪術廻戦』など他アニメでも定番の手法となった。20年12月の23巻（最終巻）コミックスの発売後、様々なコラボが走り、21年10月には『無限列車』の0話をいれたテレビ放送にゲーム『ヒノカミ血風譚』の発売、そのまま『遊郭編』の放送とつなぎ、一切のスキがない完璧なメディアミックスが実現した2年間だった。

ここ数年でTBS、日本テレビ、フジテレビ、テレビ朝日など放送局が相次いで映画事業部のアニメ担当者を基軸に「アニメ事業部」として昇格させたのも、10年以上前から続いていたクール・ジャパン政策がアニメを基軸に2023年頃から再起動されていったのも、このコロナ前とコロナ後の切れ目で世紀的大ヒットとなった『鬼滅の刃』の新しいアニメプロモーション戦略が多分に影響している。

鬼滅前と鬼滅後でアニメ産業そのものが変わった。そのピーク1年間での収益は小売ベースで約1兆円と予想される。これはポケモンやハローキティが最盛期に「全世界で消費された経済圏」規模であり、これがまだ国内数字が大半の時期と考えると日本キャラクター史の100年もの歴史でワンショットの最高額といってよい。

このうちAniplexに入った想定収益はロイヤリティなど含めて500～700億円。コストももちろんTVアニメ5億、劇場版10億円、様々な宣伝素材など1シーズン数十億円もかかっただろうが、それでも驚くほどの利益が出たはずだ。実際にAniplex社の営業利益は294億（2019年）↓535億（2020年）↓362億（2021年）でこの年に200億円以上膨らんでいる様子をみれば、『鬼滅の刃』のインパクト恐るべし、といったところだろう。

鬼滅の刃2兆円経済圏

経済圏としては2020年1兆円に対して、2021年5000億、2022年2000億円と減少傾向だが、もとより過去みてきたようにドラゴンボールやONE PIECEなどト

図表6-5　鬼滅の刃の経済圏の構造

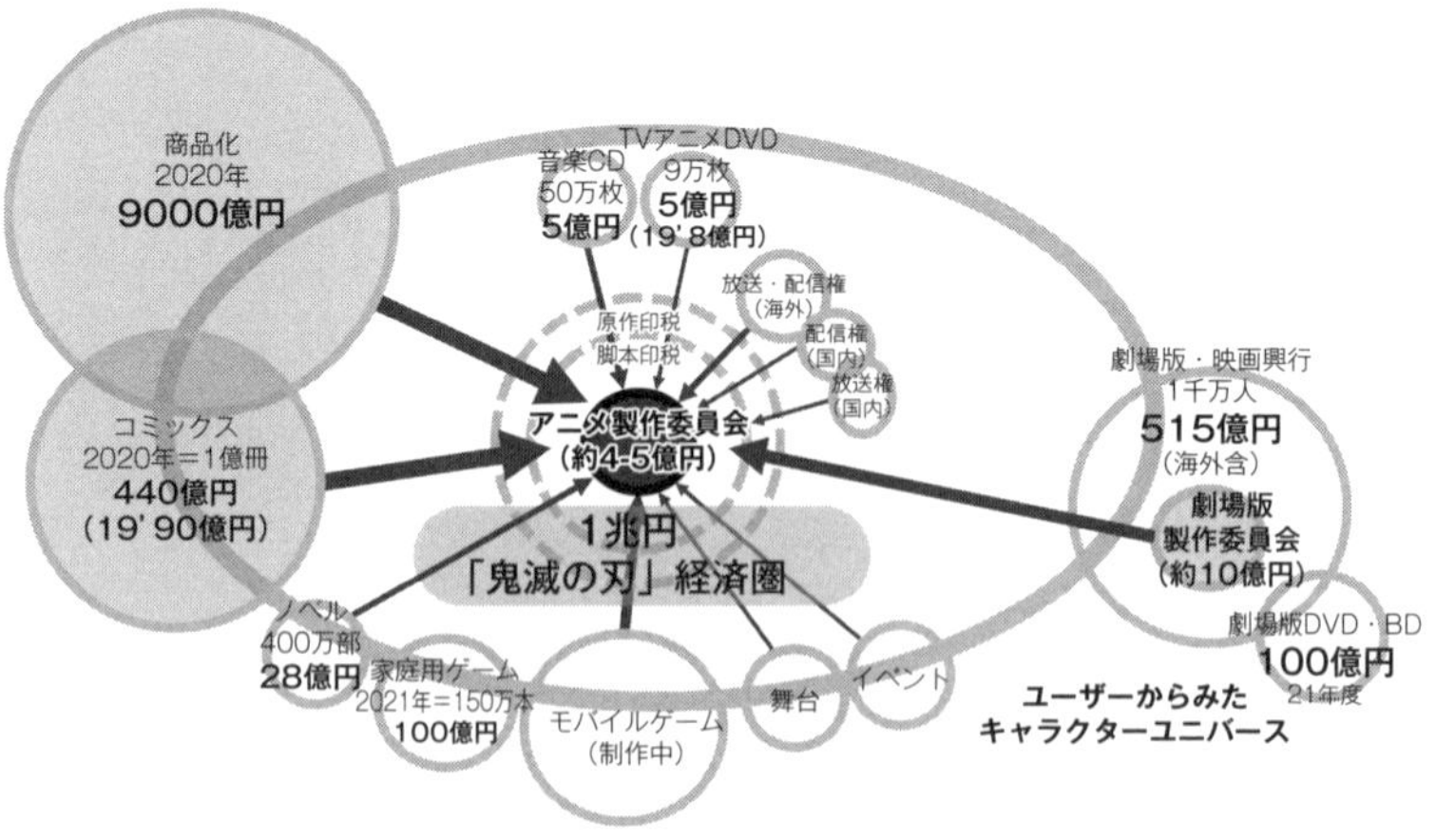

（出典：中山淳雄『推しエコノミー「仮想一等地」が変えるエンタメの未来』より筆者作成）

ップ作が年3000～5000億円規模であることを前提とすると十分なトップ作品水準。鬼滅の2020年だけがエポックメイキングすぎたのだ。いまだ実現していないが『鬼滅』のモバイルゲームが成功すればこの数字はさらに強大なものになるだろう。

2025年は2016年2月マンガ連載から10年目、この周年タイミングは鬼滅の様々な再活性化が予想される。アニメ『鬼滅の刃』もシーズンごとにクオリティを増しており、『劇場版「鬼滅の刃」無限城編』は3部作制作が発表済。2025年以降、2029年のアニメ10周年のタイミングに向けて、鬼滅は日本アニメビジネスの最前線を開拓し続ける金字塔となっていくことだろう。

図表6-6　鬼滅の刃の推定キャラクター経済圏

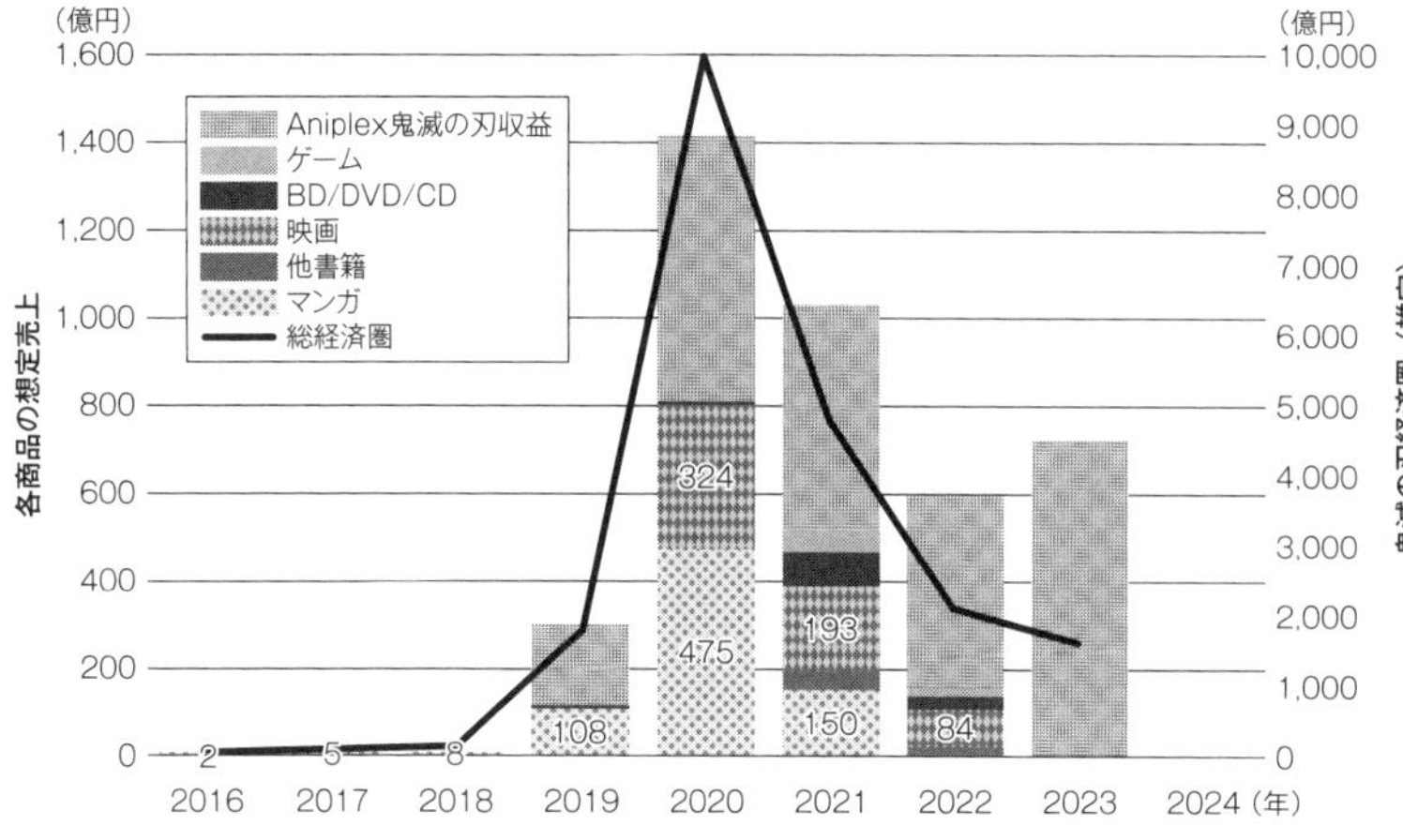

（出典：各種資料より筆者作成）

おわりに

IP（知的財産）ビジネスの目指すところ

日本キャラクター帝国衰亡期

1776年、英国において流行したエドワード・ギボン『ローマ帝国衰亡史』という本がある。それはちょうど16世紀に植民を開始し、大英帝国の経済を支えてきた「英国植民地アメリカ」が独立戦争で英国の手を離れることになり、「パックス・ブリタニカ」の栄華の時代に「衰退」の兆しがみえてきたタイミングであった。英国はこのときはじめて、1300年前に衰退をみたローマに学ぼうという回顧を始めるのだ。

同じことは日本においても言える。テレビ・出版・ゲームなどのメディアプラットフォームが栄華の時代にあった1980～90年代に「キャラクター経済圏」などという考えが及ぶ余地がなかった。なにせ需要に対して供給が足りず、新しい作品を創ることで目いっぱい。せっかく売れた作品があっても、「2を作ってくれ」なんて依頼は、当時野心的だったプロデューサーたちにとっては「屈辱」とすら感じられた。とにかくオリジナルヒットを作れと、テレビもマンガもゲームも自社のプラットフォームで新しい作品を作ることだけに邁進していた。

　メディアミックスといえば、講談社・小学館・集英社の１０００億円規模の大出版社群に太刀打ちできなかった１００億円規模の角川書店の１９７０年代、サンリオや任天堂・トミーなどに後れをとっていたバンダイがガンダムで玩菓・ガシャ・カードダスと二毛作しまくった１９８０年代、ウルトラマンを延命するために円谷がリバイバルを仕掛けた１９９０年代など、常に時代に置いていかれそうな、各産業で「弱者」であったプレイヤーが生存をかけてすがりついていた戦術でしかなかった。それもそのはず、20世紀は海外に広がるなんてラッキーゴールでしか起こらなかった時代。米国でヒットしても手元にお金が残らない、ライセンス技術も未熟な時代だった。

　同時にこれまで見てきたように、キャラクターＩＰというのはＩＰになる以前に泡沫的に流行してはすぐに消えていった。ゴジラもウルトラマンもドラえもんも、ヒットして頂点に達したときが一番危険で、３年とたたずに忘れ去られてしまうのが常だった。玩具も雑誌も２歳以下／３－６歳／７－10歳と細かく成長階段ごとにターゲティングされ、「全世代横断」とか「二世代コンテンツ」といったものは、幻想でしかなかった時代だ。親子で同じ趣味をもつなどという現象は、当時ほとんど起こりえなかった。あれだけジャンプ史上最も売れたとされた『Dr．スランプ』がたった4年で連載を終了し、その後メディアミックスをされていないのもむべなるかな。１つのヒットに拘泥していると、時代に置いてけぼりにされるのが20世紀の常だったのだ。

そう考えると１９６０～90年代に生まれたキャラクターが、２０２５年現在もまだ生きながらえるどころか、どんな新興キャラクターよりも売り上げるＩＰになっていることは、かなり特異で奇跡的なことだと考えるほうが自然だろう。

そもそも企業が戦略としてのＩＰビジネスに着手したのはいつからと言えるのか。２０１４年に東宝がゴジコンを作ったタイミング？　２０１５年に任天堂がＩＰ売上をゲームから切り離した時期？　それとも集英社がドラゴンボール室を作った２０１６年だろうか。いずれにせよ、ＩＰビジネスは平成の終わり頃によちよち歩きをはじめ、令和に入って各社どこもが声をあげはじめた「いまだ黎明期のビジネスモデル」にすぎない。

転換点は「コロナ×海外」だろう。『ウルトラマン』や『ドラえもん』は中国で、『ドラゴンボール』や『ＯＮＥ ＰＩＥＣＥ』は北米で、ほとんどの昭和ＩＰ・平成ＩＰの数字的な確変は国内ではなく海外からもたらされてきた。図７－１で見られるように、２０００年代に凋落を味わい、２０１０年代後半に急激に史上最高の経済圏を生み出しているのは「海外市場」と連動している。２０２３年、ゲーム・アニメ等のコンテンツは

図7-1　日本の産業別海外売上額推移

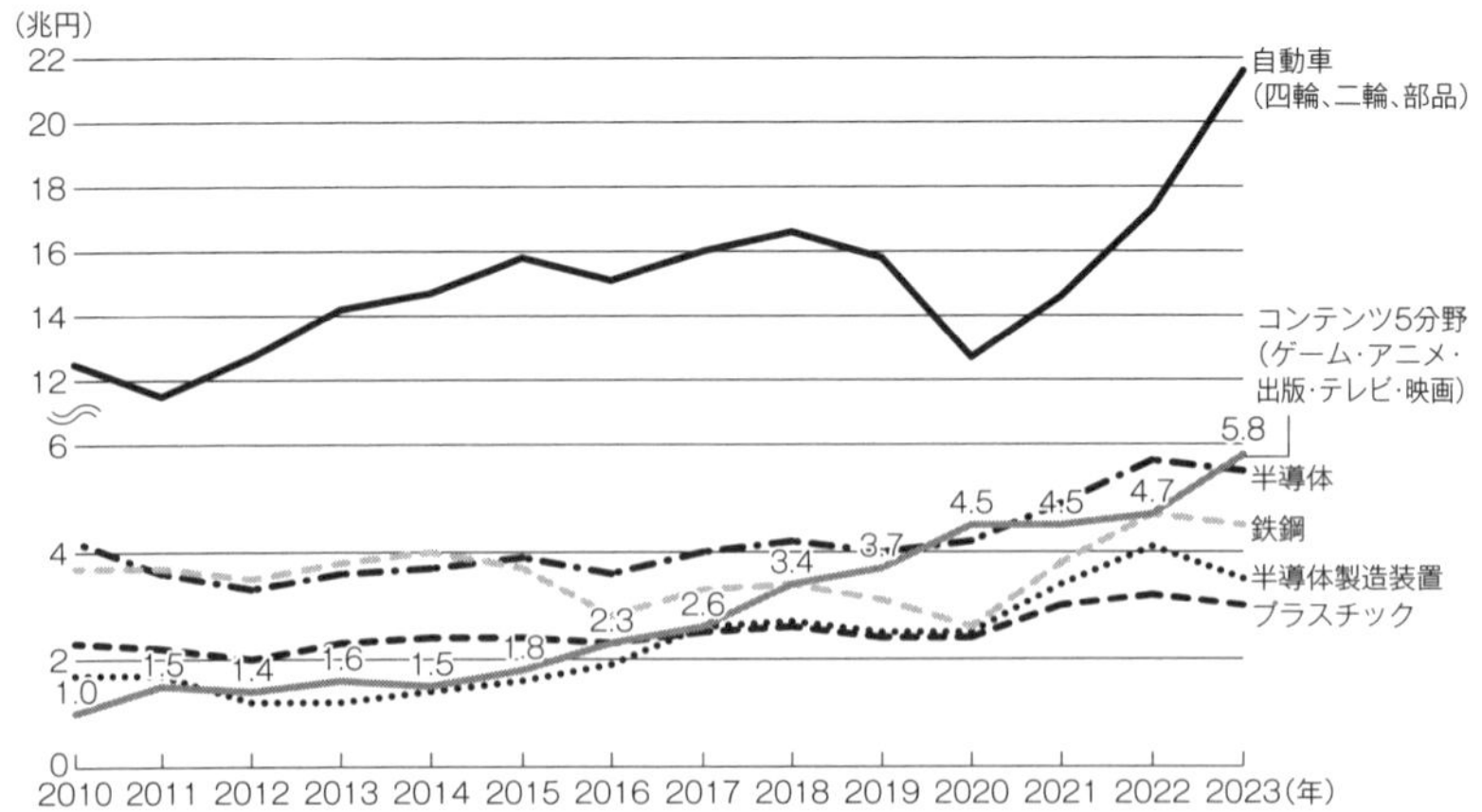

(出所：財務省「貿易統計」、ヒューマンメディア「日本と世界のメディア×コンテンツ市場データベース2023」をもとに一部推計して作成)

自動車に次ぐ日本2位の輸出品となった。10年で3倍以上に成長し、半導体や鉄鋼の輸出額を抜き去っている。ネット・ＳＮＳ・モバイルゲーム・動画配信といった２０１０年代のニューメディアの波にのったＩＰだけが再起動していて、その実有名だが本書に掲載されていない「忘れ去られた有名ＩＰ」は数えきれないほど存在する。ＩＰビジネスに乗せ替えることができた奇跡的な作品だけが、今、２世代目・３世代目、そして海外のユーザーを虜にしている状態なのだ。

本書は『日本キャラクター帝国衰亡史』である。その栄枯盛衰を辿ることは、なだらかな凋落の予兆を感じつつある今の日本にこそ必要で、いまだ幼児期ともいえる「キャラクター経済圏」というＩＰビジネスの萌芽をあたため、広げるための基軸となることだろう。本書では25キャラクターをＩＰビジネスとして分析し、その多様な商流、市場展開を子細に追ってきた。1作品は作者の「子供」であり、メディアとともにあたたかくインキュベーションされてきた。それがひょんなヒットで人気となり、複数メディアが重なり合うことで大ヒットとなり、海外への運び手を偶然得ることで世界に広がる。それでも10年とたたずに忘れ去られていくのがキャラクターの常である。忘却される重力にあらがい、１つの作品が数名で生まれたのに対して、数十、数百名どころかいつしか数千人といった人員が関わるようにもなり、映画を作り、ゲームを作り、グッズを届け続けながら、ＩＰのまわりには豊かな経済圏と巨大な企業群ができあがっている。そんな産業構造を可視化させることに少しは成功したのではないかと思う。

ディズニーに対抗しうる日本コンテンツ・コングロマリット

日本にもM&Aを繰り返して巨大化したディズニーのような「メディア・コングロマリット」は生まれるのだろうか？　1本に平均20億円もかけて年間20本作り、最低1000億近い興行収入を「毎年」上げ続けるという桁違いの勝負をかれこれ30年もやっているような企業に、日本がその十分の一の予算で辿り着くことができるのだろうか。2022年にみずほ銀行「コンテンツ産業の展望」で示唆されていたのは、逆の方向性である。日本が目指すべきは「コンテンツ・コングロマリット」である。それはアニメ、出版と一つ一つの産業軸では統合型の巨大な企業を生み出すのは難しい中で、逆にアニメ製作委員会のようにIPごとにゆるく連帯した「キャラクタービジネスのすりあわせ技術」集団があり、そこで原作者を中心に据えながら、IPプラットフォーム全体を協調的に広げていく行いである。

子供向けテレビ番組もアニメもマンガも、米国から始まった。しかしながら、輸入されて作り替えられたそれらが定着しているのはむしろ日本のほうだ。『スター・ウォーズ』が生まれるよりずっと前から『ゴジラ』『ウルトラマン』『仮面ライダー』があり、子供向けに『ドラえもん』が、青年向けに『ガンダム』があり、女性向けの『ハローキティ』まで生み出してしまった。この多様なキャラクターIPの生態系は米国市場では実現しなかったものである。

北米では実は女性向け雑誌の伝統が1920〜30年代で途絶えている。少年向けには玩具や特撮が、女性向けには人形遊びや恋愛マンガがあった日本は、当時欧米社会以上に性差を分け

図7-2　世界キャラクター経済圏マッピング

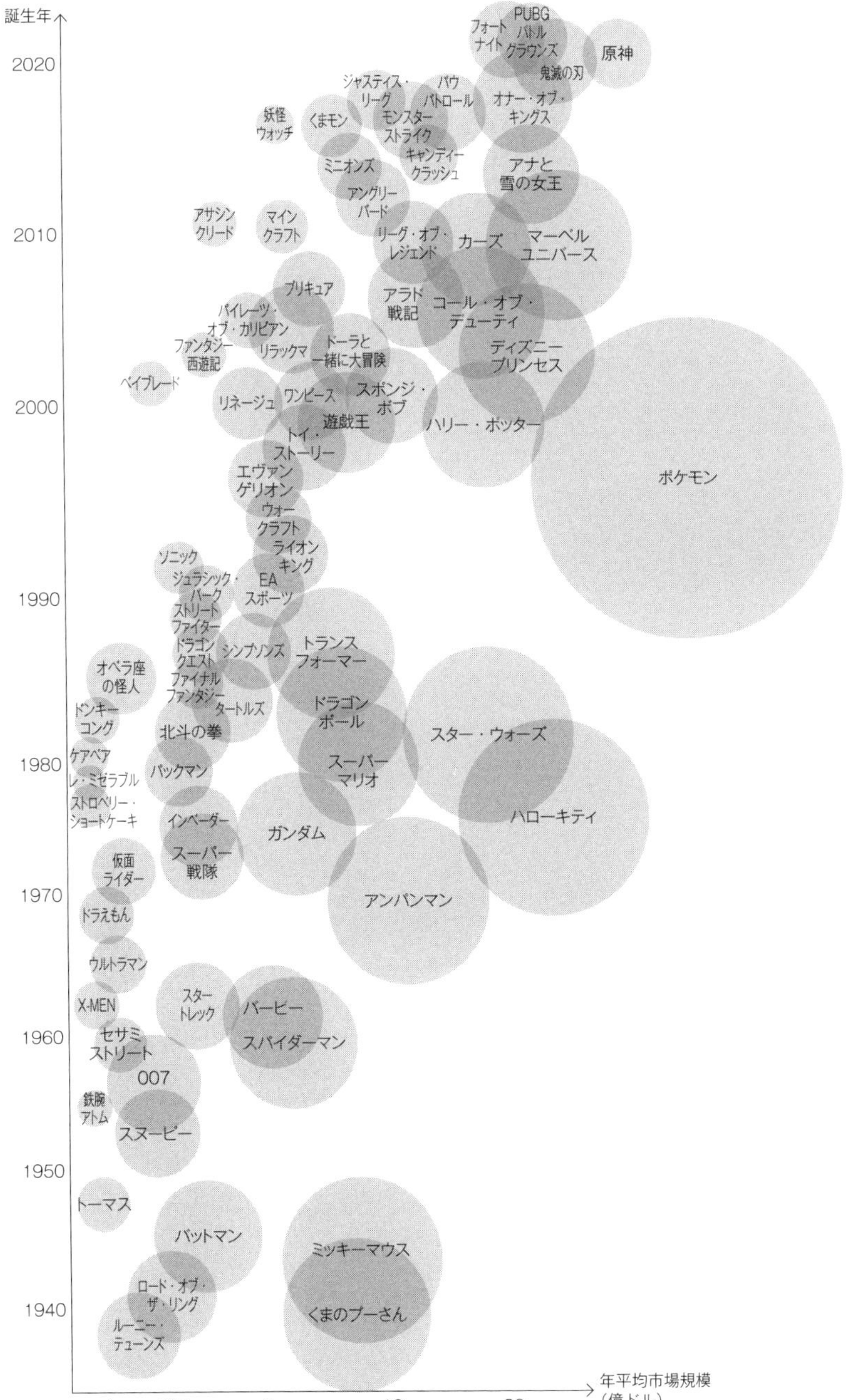

（出典：Wikipedia「Highest grossing media Franchise」より2023年8月時点での数字集計、累積5～10億ドル以上規模のキャラクターを抽出）

て細かなニーズを開拓する「平等志向」なメディアが乱立していた。「紙芝居の伝統」「歌詞文化の伝統」そして「女性漫画家集団の登場」、この3つが大きな要因として、日本には子供向けでありながら学年階層別に多様な出版文化が残り、それが様々な作品を育てたといわれている。[01]現代では女性の社会進出率や性別での平等性に遅れがある日本も、大正時代までは女給人口比率は世界トップクラス、家庭では女性が財布のヒモを握り、[02]消費者としての男性／女性、男児／女児が早期から分化される社会だった。そして1970～80年代にマンガ・アニメは子供たちを卒業させることなく、青年期になっても大人になっても追い続けられるよう底の深いメディアミックスを展開し続けてきた。

図7－2でみるように1970～80年代の日本は間違いなく世界一のIP生産地であった。ディズニーがハリウッド映画スタジオで時代遅れと称され、売却の瀬戸際にあったこの時代、日本が米国を圧倒していた。ドメスティックでクローズドな日本のマスメディアが培養し続けてきた、数少ない「日本の宝」と言える。

ヒット自体は「たまたま」かもしれない。シリーズ化で2作・3作と続くのも、ギリギリ「偶然の産物」だったのかもしれない。だがそれが「経済圏」として10年、15年と続いて「IPビジネスが継続する」という状態は、企業側が企図し戦略的に複数のメディアやプレイヤーを巻き込み、その展開にファンがついてきてくれることなしには実現しえない。ヒットは偶然かもしれないが、IPビジネスは必然の塊だ。

Success（成功する）とはSucceeding（継承する）という持続性をもってはじめて成立しうる

01 鶴見俊輔『戦後日本の大衆文化史』（岩波書店、1984）
02 増田悦佐『日本型ヒーローが世界を救う！』（宝島社、2006）

ものであり、２０２５年は日本でＩＰが「ビジネスとして」Succeedingされていくことを目指して、企業のみならず産業、そして産業横断的に、官も巻き込んで動くべき時代になっていることは、誰もが同意するところだろう。火は灯《とも》されている。あとはそれがろうそくを傾けるかのように企業、産業を横断して、「キャラクター経済圏」を移植していけるかどうか、なのだ。

中山淳雄（なかやま・あつお）
エンタメ社会学者。事業家（エンタメ専業の経営コンサル Re entertainment 創業 https://www.reentertainment.online/）やベンチャー企業役員（Plott、ファンダム）をしながら、研究者（慶應・立命館大研究員）・政策委員（経産省コンテンツ主査、内閣府知財戦略委員）・協会理事（Licensing International Japan、ATP）などを兼任し、日本エンタメの海外展開をライフワークとする。以前はリクルートスタッフィング、DeNA、デロイトを経て、バンダイナムコスタジオ、ブシロードで、カナダ・シンガポールでメディアミックスIPプロジェクトを推進＆アニメ・ゲーム・スポーツの海外展開を担当。著書に『クリエイターワンダーランド』『エンタメビジネス全史』『エンタの巨匠』『推しエコノミー』『オタク経済圏創世記』（いずれも日経BP）など。

読後アンケート：
感想をお寄せください
https://questant.jp/q/EBSRLRGK

X（Twitter）：https://x.com/atsuonakayama

本書はWebサイト「ビジネス＋ＩＴ」で
２０２２年６月から２０２４年12月に連載された
「キャラクター経済圏〜永続するコンテンツはどう誕生するのか」を
大幅に加筆修正、再構成したものです。

キャラクター大国《たいこく》
ニッポン
世界《せかい》を食《く》らう日本《にっぽん》IPの力《ちから》

2025年5月10日　初版発行

著　者　中山淳雄《なかやまあつお》
発行者　安部順一
発行所　中央公論新社
〒100-8152　東京都千代田区大手町 1-7-1
電　話　販売 03-5299-1730　編集 03-5299-1740
URL　https://www.chuko.co.jp/
DTP　明昌堂
印　刷　三松堂
製　本　大口製本印刷

Published by CHUOKORON-SHINSHA, INC.
Printed in Japan ISBN978-4-12-005915-5 C0034